INDICATEUR

DES

FABRIQUES DE SOIERIES

—

1869-1870

—

INDICATEUR

DES

FABRIQUES DE SOIERIES

DU

COMMERCE DES TISSUS EN GÉNÉRAL

DE LA DORURE

ET DES INDUSTRIES QUI S'Y RATTACHENT

CONTENANT

L'ADRESSE DES FABRICANTS ET MARCHANDS DE LYON

Et des Départements voisins

Classés par ordre alphabétique de départements, de villes et de professions

PUBLIÉ PAR

JULES BENOIT

—

1869-1870

LYON

ASSOCIATION TYPOGRAPHIQUE

REGARD, RUE TUPIN, 31.

—

INDICATEUR

DES

FABRIQUES DE SOIERIES

ET

COMMERCE DES TISSUS EN GÉNÉRAL

CONTENANT

CLASSES DES FABRICANTS ET MARCHANDS DE LYON

1869-1870

LYON

ASSOCIATION TYPOGRAPHIQUE

AVIS AU COMMERCE

Il ne nous appartient pas de faire l'éloge de notre livre ; seulement, il sera facile de se convaincre, par l'usage, que toutes nos indications ont été prises avec la plus scrupuleuse exactitude.

Rien n'a été négligé pour la belle exécution de cet **Indicateur Régional et Spécial**, divisé ainsi : 1° Lyon et ses Administrations ; 2° son Commerce ; 3° les Départements limitrophes. (Voir, pour les Chapitres, la table à la fin du volume.)

Nous avons l'espoir que ce travail, aussi complet qu'il puisse l'être, sera apprécié à sa juste valeur ; l'expérience que nous avons acquise depuis de longues années en ce genre, nous a permis d'agir avec connaissance.

Nous remercions nos nombreux souscripteurs d'avoir bien voulu nous favoriser dans ce travail.

Jules Benoit,

éditeur de l'Indicateur de Lyon du
service des Chemins de fer.

Lyon, le 2 février 1869.

[illegible]

[illegible]

[illegible]

[illegible]

[illegible]

[illegible]

VILLE DE LYON

—

PREMIÈRE PARTIE

COMPRENANT

Diverses administrations, la Chambre de Commerce, le Tribunal de Commerce, le Conseil des Prud'hommes, les Agents de change, les Consulats étrangers, la Condition des soies, le Magasin général des soies, des Renseignements sur la nature des soies, le Cours officiel des marchandises sur la place et la Banque de France.

CHAMBRE DE COMMERCE DE LYON.

Cette Chambre, dont la fondation remonte à 1702, fut frappée de proscription par une loi du 16 octobre 1791, puis rétablie par un arrêté des consuls de la République du 3 nivôse an XI. Elle es. composée de quinze membres, dont le renouvellement s'opère par tiers, tous les deux ans. Elle nomme son président dans son sein. M. le Préfet du département du Rhône en est, en outre, membre-né et le président d'honneur. Il préside effectivement les séances où il assiste en personne.

Liste des membres de la Chambre de commerce de Lyon.

Vidal (Alexis), toilier, rue de l'Impératrice.
Sevène, fabricant de soieries, rue Impériale, 1.
Schulz, fabricant de soieries, rue du Griffon. 8.
Brosset-Heckel (E.). fabricant de soieries, place Tholozan, 18.
Testenoire-Desfuts, marchand de soie, rue du Griffon, 13.
Perret (J.-B.), (de Chessy), quai Saint-Antoine, 35.

Vindry, teinturier, quai Saint-Vincent, 8.
Jame ✻, marchand de soies, rue Désirée, 4.
Fougasse ✻, commissionnaire en soieries, rue Sainte-Catherine, 2 et 4.
Pariset, fabricant de soieries, rue Royale, 29.
Galline ✻, banquier, rue Impériale, 13.
De la Rochette, maître de forges à Givors, quai de l'Hopital, 29.
Lyonnet ✻, épicier en gros, rue Bât-d'Argent, 31.
Guérin, banquier, marchand de soie, rue Puits-Gaillot, 31.
Duseigneur ✻, ancien marchand de soies, cours Morand, 29.

Bureau.

Président d'honneur, M. le Préfet du Rhône.
Président élu, M. Guérin (Louis).
Secrétaire-trésorier, M. Jame (Hippolyte).

Secrétariat.

Secrétaire-archiviste, M. Tisseur (Jean) ✻, rue de la Reine, 10.
Concierge, M. Chapuis, cours Bourbon, 15 et 17.

Le bureau du secrétariat de la Chambre, établi au *Palais du Commerce*, est ouvert tous les jours, excepté les dimanches et fêtes, depuis onze heures du matin jusqu'à quatre heures après midi.

Bibliothèque.

M. Morand, avenue de Noailles, 48.

Dans cette bibliothèque se trouvent rassemblés, avec les publications ministérielles, un grand nombre de documents commerciaux et industriels.
Le public est admis à la consulter, les mardi, mercredi, vendredi et samedi de chaque semaine, de midi à trois heures.

TRIBUNAL DE COMMERCE DE LYON

ANNÉE JUDICIAIRE 1868-1869.

Président.

Osmont (J.-C.), rue Puits-Galliot, 15.

Juges.

Mulaton (A.-C.), rue Neuve, 12.
Collenille (A.), cours Morand, 11.
Mottara fils (A.), r. Bât-d'Argent, 8.

Boffard (B.), q. de Retz, 12.
Devilliers (L.), r. Saint-Pierre, 28.
Mathevon (A.), pl. Tholozan, 26.
Million (A.), r. de l'Impératrice, 34.
Clément-Désormes (A.), q. Castellane, 20.
Villard (J.-J.), r. de l'Impératrice, 31.
Brolemann (A.), r. Impériale, 4.

Juges suppléants.

Bianchi (L.-C.), rue Puits-Gaillot, 1.
Desmarquet (F.-J.), r. de l'Impératrice, 1.
Audibert (L.), r. du Garet, 3.
Casati (Isaac), r. Bât-d'Argent, 12.
Chantre (J.), place des Célestins, 6.
Jurie (A.), r. Victor-Arnaud, 21.

Greffier.

Paturle (B.-A.), rue de Bourbon, 14.

Commis greffiers assermentés.

Buchet (C.), quai de l'Hôpital, 10.
Jacquin (F.-C.), r. des Farges, 3.
Chipier (M.-A.), r. du Commerce, 5.

Huissiers audienciers.

Bret jeune (A.), place Saint-Pierre, 2.
Borgat jeune (J.-A.), r. de l'Impératrice, 37.
Balmont (P.), r. Impériale, 28.

Secrétariat de la présidence.

Garonne (F.), quai Saint-Vincent, 20, *secrétaire*.
Bancillon (E.-L.), r. de la Platière, 8, *sous-secrétaire*.

Audiences (Palais-du-Commerce).

Lundis, mardis, jeudis et vendredis, à cinq heures du soir.
Mercredi, 1re et 2e chambre du Conseil, à midi.

Le Greffe du Tribunal, situé au Palais-du-Commerce, est ouvert tous les jours non fériés, de 8 h. du matin à 4 h. du soir, sans interruption.

Le Secrétariat de la Présidence, où se trouve la comptabilité des faillites, est situé au Palais-du-Commerce; il est ouvert tous les jours non fériés de 10 h. du matin à 3 h. du soir.

M. le Président reçoit à la Présidence, de 1 h. à 3 h. du soir, tous les jours non fériés, les mardi et samedi exceptés.

Brenot (C.), concierge du Tribunal, r. de la Bourse, 51.

Arbitres de commerce et syndics de faillite.

Dargère, place des Cordeliers, 12.
Grizard-Delaroue, r. Puis-Gaillot, 15.
Rolland (J.). r. de la Bourse, 53.
Hostache (J.), r. de la Platière, 9.
Dode (J.), r. Sainte-Catherine, 13.

Défenseurs au Tribunal de Commerce.

Abel, avocat, rue de la Préfecture, 4.
Gandil, r. Impériale, 33, et r. Tupin, 38.
Lavaraine, r. de Chartres, 32.
Martin, r. Ferrandière, 27.
Penet (L.), r. Sainte-Catherine. 6.
Rivals, r. de la Platière, 10.
Rongier, avocat, r. Grenette, 32.
Trahand, avocat, r. Impériale, 52.

Experts en affaires de commerce.

Bellay aîné, rue Sainte-Catherine, 3.
Muret, r. Lanterne, 6.
Ganeval, r. Sainte-Hélène, 6.
Garnier, c. Morand, 32.
Calley (L.), r. Ferrandière, 9.
Paoli, r. Sainte-Catherine, 13.
Morand, av. de Noailles, 48.
Dumas, r. Constantine, 8.
Desmeurs, r. de l'Annonciade, 16.
Vachez, r. Romarin, 16.

CONSEIL DES PRUD'HOMMES.

Thevenet (Jean-Antoine). *président*. rue Terme, 21.
Favrot (Jean), *vice-président*, q. de l'Hôpital, 9.

Section de la soierie.

FABRICANTS.

Silvent (Alexandre), rue Saint-Joseph, 44.
Gourd (Adrien), quai de Retz, 1.
Sévène (Auguste), r. Impériale, 1.
Pin (Anthelme), r. de l'Impératrice, 1.
Tapissier (Hippolyte), pl. Tholozan, 26.
Bollud (Claude-Marie), gr.-r. des Feuillants, 2.

Laboré (Charles), r. Puits-Gaillot, 33.
Falsan (Jean), r. Puits-Gaillot, 2.

CHÉFS D'ATELIER.

Carbonel (Pierre), place Saint-Georges, 44.
Thévenon (Melchior), passage Lamure, 3 (Croix-Rousse).
Couturier (Valentin), r. Lemot, 10.
Condamin (Paul), r. Lebrun, 7.
Burlat (Jean-Antoine). avenue des Tapis, 2.
Picot (Jean-Pierre). r. Suchet, 19.
Gadoux (Claude), montée Rey, 7 et 9.
Chepié (Jean-Baptiste), r. Sainte-Blandine, 5.
Bonnet (Jean), r. de la Madeleine, 16.

Section de la dorure et passementerie.

Simean (Claude), place Sathonay, 4.
Girerd (Louis), r. Bât-d'Argent, 12.
Fichet (Aimé), r. Puits-Gaillot, 3,
Ferra (Emmanuel-Charles), avenue de Saxe, 100.
Blanquet (Stanislas). r. Grôlée, 41.
Truchet, r. Neyret, 13.

Section des tulles et bonneterie.

Manigot (Jean), place Saint-Clair, 2.
Berthaud (Jean-François), place Rouville.
Fontaine (Jean-Baptiste), r. de la Terrasse, 4.
Devaux, r. Cuvier, 155.

Section de la chapellerie.

Noyer (Charles), cours Lafayette, 8.
André (Ferdinand). r. Saint-Joseph, 24.
Berger (Hugues), r. Palais-Grillet, 32.
Soubrat (Barthélemy), r. de l'Arbre-Sec, 35.
Charmette (Paul), r. Madame, 177.
Rodde (Alexandre), place Saint-Louis, 29.

AVOCAT DU CONSEIL.

M. le Bâtonnier de l'Ordre,

MÉDECIN DU CONSEIL.

Passot, rue du Plat, 16.

Secrétariat du Conseil.

Poly (Claudius), *secrétaire,* rue du Jardin-des-Plantes, 1.
Guiot (Octave), *secrétaire-adjoint,* rue de Bourbon, 30.
Fonbonne, *huissier,* rue Ferrandière, 34.
Ouvert tous les jours non fériés, de 10 h. du matin à 2 h. du soir.

Conservatoire des échantillons de tissus, vérification des plaques et cylindres pour la Jacquard.

Dova (Jean-Claude), conservateur et vérificateur, r. d'Ivry, 31, ouvert les mardis, jeudis et samedis, de 10 h. à 1 h.

Référé de M. le Président.

Lundis, mercredis et vendredis, de 10 h. à 11 h. du matin.

Audiences pour la soierie.

Lundis, mercredis et vendredis, à 6 h. du soir.

Arbitrages.

Lundis, mercredis et vendredis, à 10 h. du matin.

Audiences de la passementerie, la dorure et la chapellerie.

Lundis, mercredis et vendredis, à 10 h. du matin.

Audiences des tulles et de la bonneterie.

Le lundi de chaque semaine à 5 h. 1/2 du soir.

Caisse de prêts pour les ouvriers tisseurs.

Grand-Clément (François-Antoine), *agent comptable,* q. Saint-Antoine, 20.
Depalme (Joannès), *teneur de livres,* rue Saint-Denis, 16.
Ychalette (Pierre), *commis-visiteur,* rue des Tables-Clau-diennes, 11.
Jacquet (Hubert), *commis pour les livrets,* r. Montesquieu, 3.
Ouverte tous les jours non fériés, de 10 h. du matin à 2 h. du soir.

Garçon de bureau du Conseil.

Viala (Matthieu), rue de l'Annonciade, 17.

CONSULATS ÉTRANGERS.

Italie.

Ange Comello, gérant le consulat, rue Lafont, 10.

Belgique.

Quisard (Jean-Victor), rue Puits-Gaillot. 33.

Grèce.

Yéméniz fils, rue Ravez, 9, ou rue Royale, 6.

Brésil.

Puy (B.), fils, vice-consul du Brésil, place Bellecour, 8.
Les bureaux, Petite-Rue-des-Feuillants, 5.

Espagne.

Elviro Fabra, vice-consul, quai Saint-Clair, 3.

Etats-Unis.

Osterhaus (P.-J.), consul des Etats-Unis d'Amérique, cours
Morand, 21.
Albert de Zeyk, vice-consul.

Royaumes de Bavière et de Wurtemberg, grand-duché de Bade,
de Hesse et de Saxe-Weimar.

Schlenker (J.), consul, rue Sainte-Catherine, 5.
Schopfer, chancelier.

Portugal.

M..., vice-consul de Portugal.
Les bureaux, quai Saint-Clair, 3.

Suisse.

Rüffer (Alphonse), banquier, rue Impériale, 19.
Kimmerling, chancelier.
Thuillard (F.), secrétaire du consulat de la Confédération.

Turquie.

Yéméniz, consul de la Sublime-Porte ottomane, rue Sainte-
Hélène, 30. Bureaux, rue Royale, 6.

Vénézula et Uruguay.

Londe (Paul), consul, quai Castellane, 1.

COURS OFFICIEL

DES MARCHANDISES EN GROS SUR LA PLACE DE LYON.

(Ce cours se règle le vendredi à 3 heures pour les soies et à 4 heures pour les autres marchandises.)

Au Palais de la Bourse.

COMMISSION DÉSIGNÉE PAR LA CHAMBRE DE COMMERCE.

Cours des Soies.

MM. Jame (H.), membre de la Chambre de commerce. président, rue Désirée, 4 ; Besson, courtier inscrit, rue Impériale, 83 ; Raynaud, courtier inscrit, rue d'Algérie, 11 ; Giraud, courtier inscrit, rue Puits-Gaillot, 25 ; Joannon, courtier non inscrit, rue Puits-Gaillot, 27 ; Fitler, marchand de soie, rue Puits-Gaillot, 31 ; M'Roë, marchand de soie, rue Puits-Gaillot, 31 ; Arlès-Dufour, marchand de soie, place Tholozan, 19 ; Sevène, fabricant de soieries, rue Impériale, 1 ; Richard, fabricant de soieries, rue du Griffon, 8 ; Brosset-Heckel (E.), fabricant de soieries, port Saint-Clair, 18 ; Gourd, fabricant de soieries, quai de Retz, 1.

Cours des Marchandises autres que la soie.

MM. Jomain, ancien juge au tribunal de commerce, président, rue Sainte-Catherine, 11 ; Mulaton, négociant, rue Neuve, 12 ; Faynel, négociant, quai Saint-Antoine, 29 ; Janin, négociant, rue de l'Arbre-Sec, 40 ; Oriez, négociant, quai des Augustins, 9 ; Chabrand, courtier, passage des Terreaux ; Vachon fils, négociant, quai Saint-Vincent, 29 ; Vignet, courtier, avenue de Noailles, 49 ; Cazeneuve, négociant, rue Lanterne, 26.

CONDITION PUBLIQUE DES SOIES

Rue St-Polycarpe, 7.

Cet établissement, créé par un décret du 23 germinal an XIII, a pour destination de ramener toutes les soies qu'on y dépose à un degré uniforme d'humidité. Elles sont pesées à leur entrée en condition et au moment de leur sortie. Le poids auquel la dessication les a réduites fait foi entre le vendeur et l'acheteur.

Une ordonnance royale du 23 avril 1841 a complètement changé le procédé de conditionnement prescrit par le décret de fondation ; et celui qui est actuellement suivi a pour base la dessication absolue de la soie.

Les opérations de l'établissement de la Condition des soies de Lyon sont assujetties aux dispositions déterminées par le gouvernement, sous l'administration de la Chambre de commerce de Lyon, laquelle délègue, en outre, chaque mois, deux commissaires choisis, l'un parmi les marchands de soie l'autre parmi les fabricants d'étoffes de soie, pour surveiller l'exploitation.

La gestion de l'établissement est confiée à un directeur comptable et responsable, nommé par le ministre du commerce, sur la présentation de la Chambre de commerce, et qui exerce ses fonctions sous l'inspection d'une Commission administrative, composée du président et de cinq membres de ladite Chambre.

Commission administrative.

Guérin (L.), président de la Chambre de commerce.
Jame (Hippolyte) ✳, membre et secrétaire de la Chambre de commerce.
Sévène, membre de la Chambre de commerce.
Pariset ✳ (E.),   —
Duseigneur (E.), ✳,   —
Schulz,   —
Perret (Adrien), *directeur*, à la Condition.
Bouillard, *contrôleur*, rue Pizay, 4.

Droits à percevoir pour le conditionnement :

Pour la soie, de 1 à 20 kil., 2 fr. 60 c.
Pour toute partie excédant 20 kil., 14 c. le kilo.
Pour chaque partie de laines non filées, du poids total de moins de 100 kil., 3 fr.
Pour chaque partie de laines filées, du poids total de moins de 100 kil., 3 fr. 50 c.
Pour toutes les qualités au-dessus de 100 kil., filées ou non filées, 5 c., par kil.
Pour chaque opération de titrage 1 fr. 50 cent.

AGENTS DE CHANGE

Palais du Commerce, place des Cordeliers.

CHAMBRE SYNDICALE :

Legat, syndic, rue Impériale, 10.

Adjoints au syndic :

Page (F.), place de la Bourse, 3 ; Demoustier (R.), rue Gentil, 19 ; Rozier (Ant.), rue Impératrice, 37 ; Bizot (J.), rue Impériale, 7 ; Bouchard (P.), rue Impériale, 24 ; Thomas, rue de la Bourse, 39.

Aubert (J.), rue Impériale, 24 ; Bouchardy (L.), rue Claudia, 23 ; Delaroche (Léon), rue Neuve, 32 ; Desgaultière (Albert), rue de la Bourse 14 ; Ferrand (J.-F.), rue Impériale 20 ; Forest, rue Gentil, 11 ; Jauvat (Louis), rue Impériale, 9 ; Lavastre (Gustave), rue Impériale, 10 ; Mariéton (V.), rue Impériale, 24 ; Monier (J.), rue Impériale, 6 ; Morin-Pons, rue Impériale, 18 ; Neuhaus (T.), rue de la Bourse, 10 ; Picot (L.), rue Impériale, 17 ; Récamier (Alex.), rue Impériale, 1 ; Saunier (Marc), rue Impériale, 10 ; Serullaz (H.), place de la Bourse, 2 ; Steiner-Pons (E.), place de la Bourse, 3 ; Séjalon, rue Puits-Gaillot, 7 ; Thouverey (E.), rue Impériale, 22 ; Waldmann (E.) rue de la Bourse, 47.

Rey (H.), secrétaire général, Palais du Commerce.

SOCIÉTÉ LYONNAISE DES MAGASINS GÉNÉRAUX.

Place des Pénitents-de-la-Croix.

La Société lyonnaise des Magasins généraux est administrée par un conseil de dix-huit membres, et un comité de trois censeurs.

Elle est autorisée à recevoir dans les divers magasins les marchandises ci-après, sur lesquelles elle livre des warants, aux termes de la loi du 28 mai 1858.

A Lyon, cocons soie, déchets de soie et toutes matières textiles filées propres à la fabrication des tissus.

A Marseille, cocons soie et déchet de soie.

A Avignon, toute espèce de marchandises.

Président du Conseil d'administration, ARLÈS-DUFOUR, C. ✱

Philippe (V.), directeur général à Lyon ;

Lambert (E.), directeur particulier à Marseille ;

Fabre (F.), directeur particulier à Avignon ;

RENSEIGNEMENTS SUR LA SOIE

On appelle soie écrue les soies grèges ou moulinées qui n'ont subi aucune préparation de teinture. Les soies *écrues* sont, de leur nature, jaunes ou blanches, suivant les cocons dont elles ont été tirées ; elles sont dures au toucher : mais ce caractère disparaît lorsqu'elles ont été décruées, opération qui consiste à enlever à la soie la gomme dont elle est imprégnée, et qui représente environ 25 °/o de son poids. La soie *décrusée* est, dans le silence de la loi, assimilée aux soies écrues, quand elle n'a reçu aucune teinture ; dans le cas contraire, on doit la soumettre au droit des soies

La soie grége est la soie telle que le ver l'a produite : on l'a mise seulement dans l'eau bouillante, afin de pouvoir la tirer plus facilement de dessus les cocons et la dévider. Un fil de soie grége réunit, suivant le degré de finesse qu'on veut obtenir, depuis 3 jusqu'à **20** brins, c'est-à-dire qu'il faut, pour les former, ce même nombre de cocons. Les brins, tant par le dévidage que par une opération préparatoire qu'on leur fait subir, contractent une adhérence parfaite et ne peuvent plus être séparés. La soie grége est en écheveaux plus ou moins forts et pliés de différentes manières, suivant l'usage des pays d'où elle est importée.

Le fil de soie grége *en douppions* est formé de 10 à 12 brins ou cocons.

On désigne par soies moulinées les soies qui, gréges et par conséquent encore écrues, ont reçu par le moulinage la préparation nécessaire pour les rendre propres à être mises en œuvre ; elles prennent alors les noms d'*organsin*, *trame*, *poil*, *grenadine*, *rondelette*, etc. Ce qui les distingue entre elles, c'est, outre le nombre de fils dont elles sont formées, le plus ou le moins de tors donnés à la soie. — L'*organsin* est ordinairement formé de 2 ou 3 fils ou bouts réunis par 2 tors ; il est employé, comme chaîne, dans la fabrication des étoffes. —La *trame* est aussi composée de 2 ou 3 bouts, mais qui n'ont reçu qu'un léger tors : elle est employée comme trame pour les étoffes, et sert aussi pour la passementerie et la bonneterie. — Le *poil* n'a qu'un seul bout très-tordu ; il sert pour la rubannerie, la passementerie et la broderie. — L'*ovalé* a de 3 à 16 bouts légèrement tordus ; elle s'emploie pour la fabrication des lacets, des broderies et pour la couture des gants. — La *mi-perlée* n'a que 2 bouts légèrement tordus. — La *grenadine*, la *soie perlée* (espèce de grenadine de qualité inférieure) et la *rondelette* ou *rondelettine*, sont formées de 2 bouts très-tordus ; elles servent, la première, pour faire des effilés ou des dentelles grossières et les deux autres pour la passementerie et la fabrication des boutons.

BANQUE DE FRANCE

SUCCURSALE DE LYON

Hôtel, rue Impériale, 14.

Monet (J.), directeur ; Auger, caissier principal.

CONSEIL D'ADMINISTRATION

Administrateurs :

Guérin (L.), négociant ; Galline (Oscar), banquier ; Morin (A.), banquier ; Roux (André), ancien négociant ; La Selve, ancien fabricant ; Monterrad, ancien fabricant ; Desgrand, négociant ; Dugas (P.), négociant ; Faure (Bruno), négociant ; Lyonnet, président du Tribunal de commerce ; Michel (César), fabricant.

Censeurs :

Arlès-Dufour, négociant ; Le Febvre, ancien receveur général ; D'Espagny, trésorier général.

Chefs de service :

Le Bègue, secrétaire de la direction ; Lefebre, chef des livres ; Fontanel, chef des titres ; Alluy, chef d'escompte ; Lerch, caissier des paiements.

DEUXIÈME PARTIE

COMPRENANT

Les Banquiers, la Liste des récompenses obtenues à l'Exposition du Havre par les exposants lyonnais, les Marchands et Courtiers de Soies, les Fabricants d'Étoffes de soies, les Fabricants de Châles, les Fabricants de Tulles et les Commissionnaires en Soieries.

Banquiers :

Aynard et Rüffer, rue Impériale, 19.

Banque des Actionnaires, siège à Paris, 17, rue de Provence, succursale à Lyon, 15, rue Impériale. La caisse des dépôts et de comptes courants accepte les dépôts de fonds avec chèque et à échéance fixe. La banque reçoit les titres en rente française et autres valeurs de Bourse en compte courant avec intérêt ; paiement de tous coupons échus, ordre de Bourse, vente et achats d'actions et d'obligations ; renseignements et notice au bureau de la succursale (écrire *franco*).

Collet (A.-F.) et Cie, Comptoir d'escompte, rue Saint-Côme, 9.

Comptoir d'escompte de Paris, capital 100 millions, banque et recouvrements ; dépôt d'espèces avec chèques ; agence dans les Indes, la Chine et le Japon ; directeur : Philippe Germain ; sous-directeur : E. Cottet, rue Impériale, 17.

Côte (Marius), rue de l'Impératrice, 32.

Crédit Lyonnais, société à responsabilité limitée au capital de vingt millions. Le Crédit Lyonnais, est autorisé par ses statuts à faire toutes les opérations de banque en France et à l'étranger, il est administré par un conseil de dix-huit membres : président, H. Germain ; directeur, J. Letourneur ; Palais-de-la-Bourse, rue Impériale, Lyon. Succursales : à Paris, boulevard des Capucines, 6 ; agence à Marseille, place Royale, 1.

Decour Vincent et Cie, rue Bât-d'Argent, 8.

Deriaz-Audra et Cie, quai de Retz, 10.

Droche ✻, Robin et Cie, Comptoir lyonnais, rue de l'Impératrice, 38, maison à Marseille.

Dubost et fils, cuirs et banques, rue Champier, 5.

Evesque et Cie, marchands de soie, rue Puits-Gaillot, 31.

Galline (P.) et Cie, rue Impériale, 13.

Garcin (J.-V.), marchand de soie, rue du Griffon, 13.

Guérin (Vve) et fils, marchands de soie, rue Puits-Gaillot, 31, maison à Saint-Etienne.

Joannon (A.), négociant, quai Tilsitt, 23.

Morin-Pons (Vve) et Morin, rue Impériale, 12.

Office des coupons, banque et change, rue de l'Impératrice, 85.

Quisard ✻ et Cie, marchands de soie, rue Puits-Gaillot, 33.

Recouvrements et encaissements sur Lyon et les départements et acquittement à la commission, d'effets et valeurs, payables à son domicile, par Ami fils aîné, quai de Retz, 27.

Reboulet, cours de Brosses, 11.

Schlenker et Cie, Grande-Rue-Sainte-Catherine, 5.

Société Générale pour favoriser le développement du Commerce et de l'Industrie en France. Agence de Lyon, rue Impériale, 6. Directeur, Henry Rolland.

Société lyonnaise de Dépôts et Comptes courants et de Crédit industriel. Administrateur, Robert (F.). Palais-Saint-Pierre, rue de l'Impératrice, 20.

Société lyonnaise du Crédit au Travail, à responsabilité limitée, capital : quatre-vingt-dix mille francs. A. Gérard, directeur, 27, Grande-Rue-Longue, 1er escalier à gauche au 2me. Les bureaux sont ouverts de 10 heures à midi et de 3 heures à 6 heures.

Verlonjus, comptoir d'escompte, rue de Créqui, 101.

Vitta, soie et banque, rue Lafond, 8.

L'*Epargne*, guide des actionnaires et des obligataires, journal financier paraissant chaque semaine ; abonnement 2 fr. 40 l'an. Lyon, rue de l'Impératrice, 92 ; Paris, place de la Bourse, 7.

EXPOSITION INTERNATIONALE MARITIME DU HAVRE

MEMBRES DU JURY *(Hors concours).*

E. Blache (maison Blache Adrien et Lemaitre), *président.*
A. Pin (maison Pin et Cie).
Tapissier fils (maison Tapissier fils et Debry).
J. Gillet (maison Gillet et Pierron.).
Léon Emery (maison Léon et Adrien Emery).
E. Hoschede (maison Hoschede-Blemont) de Paris.

Liste des récompenses obtenues à l'Exposition du Havre par les exposants lyonnais :

CLASSE VIII. — SECTION VII.

Soieries de Lyon et de Saint-Étienne, soies gréges ouvrées et teintes, tulles et crêpes, dentelles, châles brochés de Paris, Lyon et Nîmes.

Grands diplômes d'honneur.

Les petits-fils de C.-J. Bonnet ; Baboin aîné ; Palluat et Testenoire ; Brunet-Lecomte Devillaine et Cie ; Brosset-Heckel et Cie ; Montessuy et Chomer ; Jules Gauthier et Cie ; Yéméniz ; Maillard et Bréaut ; Lecornu (à Caen) ; Bardon et Ritton ; Charles Bruno.

Dix médailles d'or.

Gindre et Cie ; J.-A. Henry ; Algoud frères ; Pascal Tabard; Bonnet jeune, à Bayeux ; Brébant Salomon et Cie; E. Drevon et Cie ; Renard et Villet ; Macors et Cie ; Tassinari Chatel Viennois.

Vingt médailles d'argent.

Boirivent frères ; Ch. Mehier et Cie ; Trapadoux et Cie ; Fraisse-Brossard fils, de Saint-Étienne ; Mauvernay et Cie ; Papillon et Cie ; Castellan, Audras et Cie ; Gueydan et Chavassieux ; Ogier aîné et Cie ; Gondre et Cie ; Burlaton et Cie ; Laboré et Barbequot ; Ernest Gast, de Caen ; J. Chanel ; Richard et Gelly ; Gouïn, Janoray et Cie ; Truchot et Bruneau ; Jame et Perret ; Ambroise Clerc ; Mantoux et Cie.

Vingt-deux médailles de bronze.

J.-M. Bidon ; Ducros et Robert ; Romans et Cie ; Doux et Brun ; Galland ; Bruny-Fillion et Blanc ; Arlin frères ; Fourtoul père et fils ; Berger et Ritton ; Bonnetain et Richarme ; Arnaud et Cie, de Saint-Étienne ; Geay et Cie ; Morel et Cie ;

Fleury fils, de Saint-Étienne ; Mullatier-Silvent et Villon ; A.
Solichon ; L. Reverchon et Cie ; Rivoiron et Cie ; Mounier et
Cie ; Association des Tisseurs ; République du Chili ; Lehou-
sel, de Paris.

*Récompenses réservées aux coopérateurs qui ont contribué
au succès individuel des exposants :*

10 médailles d'argent.
21   —   de bronze.
51 mentions honorables.

Soie (commissionnaires et marchands de)

Arlès-Dufour C. ✳ et Cie, place Tholozan, 19 ; maisons à Pa-
ris, rue du Conservatoire, 11 ;   Saint-Étienne, Marseille,
Bâle et Créfeld.
Armandy et Cie, commissionnaires, quai de Retz, 8.
Astesani, place Tholozan, 21.

Bard et Woringer. rue Désirée, 6.
Barrel, rue Désirée, 4.
Beauser, soies teintes et écrues en tous genres, trame et or-
gansin pour fabrique, gros et détail, rue de la Poulaille-
rie, 3.
Beaux (A.) et Gervais frères, place Croix-Pâquet, 11.
Benoît (A.), Miroglio (J.) et Cie, rue Puits Gaillot, 29.
Berjon (A.) fils et Aillaud, rue Pizay, 7.
Bertholon, rue Désirée, 4.
Bianchini (P.), commissionnaire, rue Pizay, 3.
Bié père et fils, commissionnaire, quai de Retz, 1.
Blanc-Gindre, rue du Garet, 4.
Boldetti, rue Désirée, 6.
Bouiller (V.) et Cie, commissionnaires, rue Désirée, 14.
Boule (E.) et Kitz, rue Romarin, 33, et rue Puits-Gaillot, 1.
Bouniard et Volle, rue Désirée, 9.
Bouniols (E.), commissionnaire, quai de Retz, 16.
Brémal (T.) et Fayolle (L.), rue Pizay, 3.
Brunet (P.) et Vieil (A.), rue Pizay, 5.

Caccianiga, représentant, rue Désirée, 6.
Casati-Brochier et Cie, commissionnaires, r. Puits-Gaillot, 23.
Ceresole et Montu, rue de l'Arbre-Sec, 3.
Cesano et Zurcher, rue Désirée, 14.
Chabannes, commissionnaire, rue Désirée, 9; boîte, rue Puits-
Gaillot, 25.
Chartron père et fils et Monnier, filature et moulinage de soies
à Saint-Vallier et Saint-Donnat (Drôme), rue de l'Arbre-
Sec, 11.   2

Chapuis jeune et Cie, fantaisie et soie, rue Désirée, 4.
Chomel, Auvergne et Mollard, petite rue des Feuillants, 5.
Comi (Ch.), commissionnaire en soie et déchets, rue Saint-
Polycarpe, 10.
Conrad frères, gréges et ouvrées, rue Puits-Gaillot, 1.
Contant (Eug.), soies teintes et écrues, rue Pizay, 5.
Comte et Vignard, déchets, quai Saint-Clair, 13.
Coumert et Jaillard, rue Pizay, 18 ; rue Impériale, 4.
Creton et Cie, soies ouvrées, quai de Retz, 4.

De Micheaux (F.) et Cie, rue Pizay, 16.
Derussy (Vve), Gauthier et Cie, rue du Griffon, 14.
Desgeorges (F.) et Cie, rue Puits-Gaillot, 19.
Desgrand père et fils, commissionnaires en soies françaises et
étrangères, maison à Créfeld. rue du Garet, 5.
Desgrand (L.) et Cie, commissionnaires en soies , maisons à
Londres, Marseille et Milan, rue Lafond, 24.
Desplagnes (J. et E.) frères, rue du Griffon, 3.
Dubost, rue Désirée, 19.
Ducarre (P.) et Cie, rue Pizay, 14.
Dugas (P.) et banque, place Tholozan, 22.
Dumontel et Craponne, maison à Turin, rue du Garet, 3.
Dunod (C.). commissionnaire et courtier pour la soie, quai
de Retz, 10.
Duplay et Repelin, rue Pizay, 9.
Durieux (A.), commissionnaire, rue de l'Arbre-Sec, 3.
Durieux et Charbon. rue Impériale, 24.

Evesque et Cie, et banque, rue Puits-Gaillot, 31.

Fermaud, commissionnaire, rue de l'Arbre-Sec, 16.
Feroldi (L.) et Cie, commissionnaires, rue Pizay, 5.
Ferrieu (J.-A.), maison à Marseille, rue Lafond, 20.
Fischer (E.), commissionnaire, rue Lafond, 24.
Forrer et Vergnier, laines et fantaisies, rue Bât-d'Argent, 17.
Frau (Henri), rue Désirée, 4.
Fréval (Eug.), rue Terraille, 13.

Gamot et Cie, maison à Marseille, rue Puits-Gaillot, 11.
Garcin (J.-V.), rue du Griffon, 13.
Gassier (H), représentant, rue Romarin, 33.
Germain frères et Cie, gréges et ouvrées, rue Sainte-Cathe-
rine, 3.
Gignoux (C.) et Cie, et soieries, rue du Garet, 3.
Godard (T.) et Cie, rue Lafond, 3.
Grisillon (A.) et Cie, rue Lafond, 16.

Guérin (Ve) et fils, et banque, rue Puits-Galliot, 31.
Guichard (V.) et E. Mercier, rue de l'Arbre-Sec, 6, maison à
  Saint-Étienne,

Harmand, Mégemond et Ce, rue Désirée, 2.
Hecht, Lilienthal et Ce, comptoir au Japon, rue du Garet, 3.
Heitz et Devèze, commissionnaires, rue de l'Arbre-Sec, 16.

Jame (H.) et Perret, rue Désirée, 4.

Kayser-Siegfried et Ce, maison à Créfeld, place Tholozan, 24.

Lacroix cousins et Ce, maison à Londres, rue Désirée, 15.
Lardon (P.), rue Désirée, 19.
Larivière (H.), spécialités de soies grèges Cévennes, rue des
  Capucins, 22.
Laurent (R.), commissionnaire, rue Terraille, 18.
Lehmann et Ce, de Londres, rue Pizay, 22.
Lombard et Ce, rue Désirée, 19.
Longin et Ce, rue Désirée, 16.
Lyon Albert commissionnaire, place des Terreaux, 1.

Mallier (P.), rue Pizay, 22.
Martin (L.) et Ce, rue Lafond, 16,
Martorelli et Ce, place Tholozan, 23.
Mathieu (J.), place Croix-Pâquet, 5.
Mathieu (M.) et Charreton, rue de l'Arbre-Sec, 20.
Maurer (L.), comissionnaire, rue Sainte-Catherine, 13.
Mayor, Leydier et Ce, rue de l'Arbre-Sec, 16.
Mayrargues et Ce, commissionnaires, rue de l'Arbre-Sec, 40.
Meyer, Schinz et Ce, place Tholozan, 21.
Milsom (F.), Poy et Ch. Berry, place Tholozan, 19.
Momfaure et Ce, commissionnaires, rue de l'Arbre-Sec, 11.
Montagny (P.), Petite rue Pizay, 4.
Montet et Rougane, rue Désirée, 14.
Moro (M.) et Ce, représentants, rue Pizay, 22.

Olivier (B.), rue Terraille, 22.

Palix (J.), rue Pizay, 5.
Palluat (H.) et Testenoire, rue du Griffon, 13.
Pattison (J.) et Son (J.), Tronel, représentant, r. Puits-Gaillot, 1.
Pavia, Osio et Ce, rue de l'Arbre-Sec, 18.
Payen (L.) et Ce, petite rue des Feuillants, 5.
Penet, Reiser et Ce, rue de l'Arbre-Sec, 13.
Picollet (J.) fils et Ce, fabricants de soies pour dorures, grande
  rue Longue, 20 et rue de la Fromagerie, 5.
Pirjantz (A.) et soieries, rue Puits-Galliot, 31.

Pittaluga (F.), place Tholozan, 19.
Ponson (A.) fils, représentant, rue Pizay, 22.
Ponzio, la Nicca et Cᵉ commissionnaires, rue Désirée, 4, maison à Marseille, rue Breteuil, 43.

Quisard ✻ et Cᵉ, rue Puits-Gaillot, 33.

Raffard et Chassignol, rue des Capucins, 25.
Rambaud-Thoral et Sestier, quai de Retz, 7.
Revol et Dassier, rue Bât-d'Argent, 18.

Semenza (E.), rue Pizay, 3, maison à Londres, sous la raison sociale : Semenza Mazini et Cᵉ; maison à Milan, sous la raison : Ferri et Cᵉ.
Seux (A.) et Cᵉ, rue Pizay, 11.
Simian (O.), rue Désirée, 2.

Tavernier et Thevenin, rue Sainte-Catherine, 7.
Thomas frères, rue Lafont, 16.
Tillard (Ch.), rue Désirée, 13.
Thompson et Pattinson, rue Bât-d'Argent, 6.
Tonoir (A.), rue Désirée, 16.
Thommasi Gavazzi et Cᵉ, commissionnaires, r. Puits-Gaillot, 7.
Travi et Denavit, place Tholozan, 22.
Tronel (Côme), rue Puits-Gaillot, 25.
Tronel (J.-F), représentant de la maison Patinsson (J.) et fils, de Londres, rue Puits-Gaillot, 1.

Vallelion (J.), rue Romarin, 33, et rue Puits-Gaillot, 1.
Vernier (Francis), commissionnaire, rue Mulet, 18.
Vincens et Soulier, pour tulles, rue Désirée, 4.
Vitta (J.), rue Lafond, 8.

Courtiers pour la soie.

Armand (Ch.), bureau, 31, rue Puits-Gaillot, boîte même rue nº 25.

Barrel (P.), bureau, 4, rue Désirée et 7, rue Puits-Gaillot.
Bergeret (F.), bureau, 7, rue du Griffon, boîte rue Puits-Gaillot, 25.
Besson (F.-L.-M.), bureau et dépôt d'échantillons, 27, rue Puits-Gaillot, boîte même rue nº 25.
Besson (J.), rue Puits-Gaillot, 5.
Brisson (H.), bureau, 29, rue Puits-Gaillot; domicile rue Terme, 16.

Delcroix (N.), bureau, 2, r. Désirée, boîte r. Puits-Gaillot, 2.
Duclaux (C.-J), bureau, 7, rue de l'Arbre-Sec, boîte rue Puits-
  Gaillot, 25.
Dussourd (T.), boîte, rue Puits-Gaillot, 25, bureau place Croix-
  Paquet, 5.

Eymard (V.), boîte, rue Puits-Gaillot, 21, domicile, rue Car-
  dinal-Fesch, 48.
Eymard (René), bureau, rue Désirée, 21.

Girerd, rue des Capucins, 23.
Guerrier et Maurel, bureau, rue de l'Arbre-Sec, 19.

Janson (C.), boîte, rue Puits-Gaillot, 27.
Jarrosson (P.-M.), boîte, rue Puits-Gaillot, 2.
Joannon (E.), bureau, 14, rue du Griffon, boîte, rue Puits-
  Gaillot, 27.

Montet (A.), bureau, 14, r. du Griffon, boîte, r. Puits-Gaillot, 27
Mazeirat (P.-A.), boîte, rue Puits-Gaillot, 25 ; domicile, rue
  Vaubecour, 15.

Peter Moll, rue du Griffon, 14.
Podesta, rue des Capucins, 18.

Raynaud (L.), boîte, rue Impériale, 1.
Roque (M.), bureau, 14, rue du Griffon ; boîte, rue Puits-
  Gaillot, 27.

Sève (C.-L.), boîte, rue Puits-Gaillot, 2; domicile rue Pizay, 3.
Sorlin, rue du Théâtre, 1.

Tardy (J.-L.-F.), bureau, 14, rue Puits-Gaillot; boîte, même
  rue n° 31.
Troubat (A.), bureau, 14, rue du Griffon ; boîte, place des
  Terreaux, 1.

Soieries, foulards, châles. velours (Fabr. de)

Association de la fabrique lyonnaise, chambre syndicale,
président, Pariset ; secrétaire-archiviste, Réné Mas, rue Impériale, 7.

Adam (H.) et Cᵉ, unies et façonnées, rue Lafont, 18.
Affre et Jobert, foulards imp., rue des Capucins, 20.
Algoud frères, unies, médaille argent Exposition 1867, rue du
  Griffon, 3.
Amiet et Proux, unies et nouv., rue des Capucins, 25.
Andréan (Ch.), nouveautés, cravates, rue St-Polycarpe, 14.

Araud frères, parapluies, rue St-Polycarpe, 12.
Arlin frères, unies et nouveautés, place Croix-Pâquet, 11.
Audry (B.), velours unis, couleurs, rue Puits-Gaillot, 33.
Association des tisseurs de Lyon, fabrique et vente de tissus en
tous genres, rue Romarin, 1, et place du Griffon, 7, au 1er.

Bac (E.) et Cie, taffetas, rue du Griffon, 5.
Bachelu et Ribolet, robes nouveautés. rue Romarin, 3.
Ballard (J.-B.) foulards imprimés, rue Royale, 20.
Balmont et Ce, velours et étoffes pour voitures, rue de l'Arbre-
Sec, 20.
Bardin et Ce, étoffes brochées, rue St-Polycarpe, 9.
Bardon et Ritton, armures et unies, gr. rue des Feuillants, 4.
Barogy (Ve) et Bouteille, chapellerie, rue des Capucins, 14.
Battur (V.) et Ce, manufacture de cols-cravates, soieries et
foulards, rue du Plâtre, 4.
Baudinot, Couturier et Ce, velours, rue des Capucins, 18.
Bayard aîné et fils, chapellerie, rue Bât-d'Argent, 17.
Bayard (L.), chapellerie, rue de l'Impératrice, 100.
Bayzelon (A.) et fils, étoffes pour ameublements, rue Pizay, 9,
et rue Lafont, 8.
Bellaton (J.-B.) et Ce, étoffes noires, place Tholozan, 26.
Belmont frères et Ce, unies et façonnées, pl. Croix-Pâquet, 5.
Berger (Ve) et Ce, gilets et cravates, place Croix-Pâquet, 5.
Berger (J.-B.), armures, gilets, cols-cravates, place Croix-
Pâquet. 2.
Berger et Ritton, velours pour gilets, place Croix-Pâquet, 11.
Bergeron (A.), velours unis, rue Puits-Gaillot, 29.
Berthuin aîné, soieries, nouveautés, cravates, étoffes pour cols,
rue du Griffon, 7, et place Tholozan, 21.
Bernard (J.) et Gonin, fabrique de velours, satins et moire
antique, rue Lafont, 20.
Bertrand et Floret, unies et façonnées, place Tholozan, 26.
Bidon (J.-M.), ornements d'église, rue St-Polycarpe, 12.
Billiard frères et Ce, velours, rue des Capucins, 25.
Binoux et Drogue frères, velours, gr. rue des Feuillants, 1.
Blache, André et Lemaître, velours, place Tholozan, 27.
Bloch (J.), foulards imprimés, rue des Capucins, 19.
Boirivant (A.) aîné, noirs unis, rue des Capucins, 25.
Boissieu (de) et Cochaud, unies et façonnées, r. du Griffon, 17.
Bonnet (les petits-fils de C.-J.) et Ce, unies noires, rue du
Griffon, 8.
Bonnet, Cottin et Piot, unies et façonnées, rue Terraille, 15.
Bonnetain (E.) et Ch. Richarme, cols-cravates, place Croix-
Pâquet, 11.
Bonnevay aîné et A. Mietton, ornements d'église, articles
brochés, rue Romarin, 16.

Borgnis (F.) et Cie, unis et nouveautés, rue du Griffon, 8.
Botto et Richard, ornements d'église, rue Romarin, 27.
Botton L. Chavant et Cie, nouveautés. rue Victor-Arnaud, 21.
Bourdon et Richarme, unies et armures, place Tholozan, 18.
Boyrien frères et Cie, soieries pour voitures, place Croix-
Pâquet, 5.
Brassier (A.), fabrique de gazes, soie pour bluterie en tout
genre. étamine pour rabats, gaze pour implantation, rue
Sainte-Catherine, 12. et place des Terreaux, 6.
Brebant. Salomon et Cie, unies et façonnées, grande rue des
Feuillants, 1.
Breyton (J.) aîné, châles et nouveautés, rue Romarin, 27.
Brisson (E. et G.), velours unis, rue Lafond, 24.
Brosset-Heckel et Cie. satin et armures, place Tholozan, 18.
Brun (J.), parapluies et taffetas noirs, rue Terraille, 18.
Brunet-Lecomte ✳, Devillaine et Cie, nouveautés et foulards.
place Tholozan, 24.
Bruny, Fillon et Blanc, parapluies, rue des Capucins, 16.
Buffe (A.), unies et armures, grande rue des Feuillants. 5.
Burel oncle, neveu et Cie, gilets et ornements d'église, arti-
cles du Levant, rue Saint-Polycarpe, 14.
Burlaton et Cie, velours et gilets, rue des Capucins, 22.

Caffarel (F.), unies, rue du Griffon, 3.
Camus (G.), velours unis, rue Royale, 31.
Caquet-Vauzelle ✳ et Côte, tous genres, grande rue des Feuil-
lants, 6.
Carrabin et Cie, velours unis noirs et couleurs, r. Lafond. 8.
Carran (E.), rue Saint-Marcel, 19.
Carrier et Schenk, taffetas noirs et lustrines. r. du Griffon, 3.
Castellan, Audras et Cie, nouveautés, cravates, r. Royale, 29.
Chabanit, fabrique d'écharpes, quai Joinville, 41.
Chaboud aîné, ornements d'église, rue Saint-Polycarpe, 10.
Chaffanjon et Blanc, unies. nouveautés, petite rue des Feuil-
lants, 9.
Challand frères, spécialité de grenadines unies toutes largeurs,
marchandises disponibles, rue du Garet, 9.
Champagne, Humbert et Cie, unies. nouveautés, grande rue
des Feuillants, 6.
Chamard et Bollud, velours unis, grande r. des Feuillants. 2.
Chanay (A.), florence et taffetas, rue Lafond, 8.
Chapuy (E.), parapluies et ombrelles, rue Saint-Polycarpe. 8.
Charbin (F.) et Cie, velours, place Tholozan, 27.
Charbonnet fils et Roche-Janez, velours unis, place Tholo-
zan, 27.
Chardon et Daudet aîné, foulards, rue du Griffon, 3.
Chavent (A.), et Cie, façonnées, rue Puits-Gaillot, 2.

Chenevier, Duressy et Cie. châles, crêpes de Chine, unies et brodées, rue des Capucins, 19.
Chéreau fils. nouveautés pour deuil, r. de l'Impératrice, 29.
Christin (A.) et Cie, foulards, rue des Capucins, 24.
Cirlot et Frachon, foulards, rue des Capucins, 21.
Clayette et Mantelier jeune, velours coupés, place Tholozan, 18.
Clerc (A.), fabr. de crêpes, exportation, r. Puits-Gaillot, 27.
Colin et Berger, unies et armures, gr. rue des Feuillants, 1.
Cornu (G.), parapluies et velours, rue des Capucins, 15.
Corrompt (J.), et fils. foulards, rue Victor-Arnaud, 13.
Coste (E.), cravates et taffetas, grande rue des Feuillants, 8.
Couder (P.) et Cie, cravates et cols, rue Lafond, 20.

Dalmais (J.-J.), pour chapellerie, rue Sainte-Catherine, 11.
Darier (S.), fabrique, cols-cravates. rue de l'Impératrice, 15.
David et Scipion, taffetas noir, rue Romarin, 3.
Derbez (A.) et Cie, unies et nouveautés, quai de Retz, 6.
De Clavières (G.) et Cie, (ancienne maison Courtet), soieries pour ornements d'église et militaire, rue Saint-Marcel, 30 ; maison à Paris, rue Hauteville, 21.
Desgranges. gazes, rue Bât-d'Argent. 2.
De La Rue (D.), successeur de l'ancienne maison Jouve frères, dorures, étoffes de soie, broderie et passementerie. ornements d'église, ameublements. rue de l'Arbre-Sec, 3 ; maison à Bruxelles, r. Galilée, 14, boulevard de l'Observatoire.
Desmarquet (F.), Prenat et Cie, velours unis, rue de l'Impératrice, 1.
Desq (P.) et Cie, unies pour modes, rue Puits-Gaillot, 23.
Detroyat (C.), ameublements, rue des Capucins, 12.
Detroyat et Josserand, parapluies, rue des Capucins, 20.
Donat (A.), Suchet et Vallet, étoffes nouveautés, velours pour gilets et tissus grenadine pour robes et châles, place Croix-Pâquet, 3.
Delasalle (E.) et Rebatel, pour voitures, rue des Capucins, 29.
Delosme (J.), soierie pour chapellerie, rue Impériale, 37.
Doux, Brun (A.) et Cie, satin, unis, rue Romarin, 1.
Dornon, gaze, soie pour bluterie. rue Neuve, 17.
Dreyfus et Cie, foulards et articles, cols cravates, rue Puits-Gaillot, 15.
Drogue (L.) et Cie, popelines, Petite-rue-des-Feuillants, 9.
Dubois jeune, foulards imprimés, rue Puits-Gaillot, 23.
Dufêtre père et fils, parapluies. rue Saint-Polycarpe, 14.
Douillet (E.), fabrique de bannières, rue Monsieur, 60.
Dumaine frères, robes, cravates, rue des Capucins, 22.
Dumont (F.), robes, rue Puits-Gaillot, 27.
Dumond et Rolland, unies. foulards, rue Pizay, 14.
Duplan et Secrétant, ameublements, rue des Capucins, 19.

Dupont fils et G. Blanc, satin, armures et velours unis, rue
    Victor-Arnaud, 17.
Durand frères, crêpes, foulards, gazes, rue de l'Arbre-Sec, 19.
Durieux (P.) fils, parapluies, rue Saint-Polycarpe, 5.
Duringe, Gouttebaron et Cie, unies, rue Puits-Gaillot, 4.

Emery (Léon et Adrien), brochés d'or et ameublements, rue
    Bât-d'Argent, 17.
Espiard frères et Cie, façonnées, grande rue des Feuillants, 6.
Eude, Vieugué et Cie, soieries pour meubles, velours d'Utrecht
    et toutes étoffes pour ameublement, rue Grenette, 4.

Falsant et Cie, velours unis, rue Puits-Gaillot, 2.
Favrot frères, foulards et robes, rue des Capucins, 31.
Faye et Thevenin, unies et nouveautés, place Tholozan, 21.
Félix (A.) et Veil, foulards, rue Constantine, 9.
Ferteau jeune et Cie, ameublements, rue Sainte-Catherine, 18.
Ferteau et Clarion, unies et façonnées, rue Pizay, 7.
Flandrin (A.), unies et à disposition, rue Impériale, 1.
Font, Chambeyron et Benoît, velours unis, rue Impériale, 2.
Fortoul (P.) et fils, taffetas failles et satins noirs, impasse
    Lorette, 11.
Fornas et Bassieux frères, velours, rue Lafont, 6.
Fournier (E.), étoffes brochées, rue Désirée, 6.
Framinet frères et Cᵉ, unies pour modes, place Tholozan, 24.
Furnion fils aîné, nouveautés pour confection, rue Désirée, 2.
Furnion (F.) et Cᵉ, gilets, velours, rue du Griffon, 10.

Galland (F.), cravates et façonnées, place Croix-Pâquet, 5.
Galle (Aimé) et Cie, unies et nouveautés, grande rue des
    Feuillants, 3.
Gamot et Delahaye, ameublement, rue Vieille-Monnaie, 33.
Garcin (A.) et Cie, velours unis, rue Lafont, 10.
Garin et Cie, gilets nouveautés, place Croix-Pâquet, 2.
Garnier et Cie, velours, rue Puits-Gaillot, 17.
Gauthier (J.) et Cie, velours, place Tholozan, 27.
Gauthier et Odet, ornements d'église, rue St-Polycarpe, 14.
Gelot, Vermorel et Cie, unies pour modes, rue Royale, 27.
Gillot, b. s. g. d. g., fabrique d'étoffes unies et façonnées, or-
    nements d'église et ameublements, velours unis, rue Ste-
    Catherine, 13.
Gindre et Cie, satins unis, rue Puits-Gaillot, 2.
Girard oncle et neveu, taffetas, florence, lustrine, rue des
    Capucins, 26.
Giraud frères, unies noires, place Tholozan, 19.
Giraud (A.) et Cie, étoffes unies pour parapluies noires et
    nouveautés, rue du Griffon, 12.
Girerd (J.), unies et cravates sergées, petite r. des Feuillants, 6.

Girerd frères, ornements d'église, rue Bât-d'Argent, 12.
Girod et Richard, parapluies, rue des Capucins, 18.
Girodon (A.), ✳, nouveautés, quai de Retz, 3.
Gondre et Cie, velours satin nouveautés , place Tholozan, 19.
Gonon, Vallorges et Cie, unies et nouveautés. rue de l'Arbre-
    Sec, 26.
Gonnet et Cie, foulards imprimés, rue de l'Arbre-Sec, 3.
Goujon (F.), unies et façonnées, rue de l'Arbre-Sec, 3.
Gourd, Croizat fils et Dubost, unies, façonnées et satins unis,
    quai de Retz, 1.
Gourd et Pelet, foulards et chapellerie, rue Impériale, 7.
Goux, pour chapellerie, rue Impériale, 45.
Gouzène (F.) et Cie, foulards et couvertures, rue Pizay. 22.
Graissot et Claret, foulards unis et façonnés. rue Pizay, 11.
Grand ✳ frères, ameublements, rue Impériale, 7.
Guéneau (C.), étoffes unies et façonnées, rue du Griffon, 3.
Gueydan et Chavassieux, gilets, nouveautés, spécialité de cols-
    cravates, rue des Capucins, 18.
Guibout (J.) et Cie, ornements d'église, rue des Capucins, 16.
Guinet (Joseph) et fils, unies et façonnées, rue Lafont, 20.
Guinet (A.) et Cie, unies et velours, rue du Griffon, 13.
Guise frères et Cie, fabrique d'étoffes unies et velours, rue
    Lafont, 8.
Guitard (A.), velours unis, rue Romarin, 12.
Guivet (J.), unies, grenadine, gilets, rue des Capucins, 14.
Guyot (S.) cravates et nouveautés, rue St-Polycarpe, 16.
Guyot, fabricant de cols-cravates et foulards, rue Bât-d'Ar-
    gent, 4.

Henry (J.-A), ornements d'église, rue du Garet, 3.

Industrie stéphanoise, tissage de soieries à Bourg-Argental
    (Loire), dépôt rue des Capucins, 12.

Jaillard père et fils, ornements d'église, rue Impériale, 12.
Jametton (A.) et Cie, unies, rue des Capucins, 22.
Jandin (C.) et A. Duval, foulards, rue Puits-Gaillot, 31.
Janin et Cie, velours unis, rue Puits-Gaillot, 29.
Jarrosson (L.), crêpes, rue Puits-Gaillot, 19.
Jaubert, Lions, Audras et Cie, unies, rue du Griffon, 8.
Josserand, Fevrot et Cie, nouveautés, place Tholozan, 19.
Jourdan, Verchère et Cie, foulards et taffetas unis, rue des
    Capucins, 23.
Jullien, Jance et Cie, unies et nouveautés, rue Puits-Gaillot, 29.
Jurien fils et Domenjon, impressions, châles, rue Saint-Poly-
    carpe, 9.

Kuppenheim et Lévy, foulards, rue Impériale, 5.

Labaume frères, taffetas noirs, rue des Capucins, 22.
Laboré (C.) et Barbequot, unies et façonnées, rue Puits-Gaillot, 33.
Lachard et Besson, châles et robes, rue Puits-Gaillot, 31.
Lacroix-Martin (J.), unies et nouveautés, rue Désirée, 16.
Lafont (E.) et Cie, unies, façonnées, gr. rue des Feuillants, 8.
Laguaite (A.) et Escot, nouveautés pour modes, place Tholozan, 25.
Lamy (Ant.), Aug. Giraud et Cie, robes, nouveautés, ameublements et ornements d'église, quai de Retz, 3.
Lang et Buffavant, nouveautés pour cols, grande rue des Feuillants, 6.
Landru (E.), parapluies et ombrelles, rue des Capucins, 16.
Lardy (F.), foulards, petite rue des Feuillants, 3.
Lavenir et Merle aîné, cols-cravates, rue Coustou, 6.
Lempereur et Despinay, florence et lustrine, rue Pizay, 17.
Lotiron, velours, rue du Plâtre, 8.

Macors (E.) et Cie, unies, dispositions, rue des Capucins, 23.
Maffei et Bouvier, foulards, cravates. place Croix-Pâquet, 11.
Magnillat (J.), parapluies et ombrelles, rue des Capucins, 31.
Magnin (A.), étoffes pour cols-cravates, rue Puits-Gaillot, 33.
Mantoux (J.-M.) et Cie, gilets, rue du Griffon, 11.
Mancardi (A.). unies et à disposition, place Croix-Paquet, 2.
Margaron (J.) et Cie, unies et façonnées, rue Saint-Pierre, 41.
Marion (H.), satins unies et foulards. rue Puits-Gaillot, 7.
Marix-Picard frères, cols-cravates, rue Puits-Gaillot, 9.
Martin (J.-B.) ❀ et P ❀, peluches pour la chapellerie et velours, médaille d'honneur 1855 (PM) Londres 1861 ; quai de Retz, 3, et à Paris, rue Béranger, 24 ; manufacture à Tarare et à Metz ; teinturerie à Roanne (Loire).
Martin (P.), parapluies et ombrelles, rue des Capucins, 20.
Martin et Dolbeau, façonnées et châles soie, rue Pizay, 5.
Martin et Payan, unies armures, place Tholozan, 19.
Matile et Cie, rue Royale, 17, foulards.
Mathon (A.), pour modes et chapellerie, rue de la Bourse, 33.
Mathevon et Bouvard, ameublements, place Tholozan, 26.
Mauvernay et Cie, unies, pl. Tholozan, 21, et r. du Griffon, 7.
Mayet et Reignier, foulards, rue du Griffon, 1.
Mayet et Thevenet, robes et nouveautés, rue Puits-Gaillot, 21.
Menet (H.), taffetas en tous genres, place Tholozan, 20.
Mermet et Mouly, satin et taffetas, rue, Lafont, 20.
Miegemolle et Uchan, foulards. place du Pont, 12 (Guillotière).
Michel frères, unies noires et couleurs, rue Royale, 27.
Michel (J. et P.), foulards nouveautés, place Tholozan, 21.
Micol et Triquet, velours unis, noirs et couleurs, rue Lafont, 10.
Million (J.-P.) et Servier, unies et taffetas, quai St-Clair, 12.

Millioz (J.) et Cie, cols-cravates et fichus, place Croix-Pâquet, 5.
Misset, fabricant de coiffes pour chapell., r. Palais-Grillet, 12.
Mollard et Michoud, unies noires, Grande-Rue-des-Feuillants, 1.
Monestier ✻ aîné et Cie, taffetas unis, rue Pizay, 20.
Mongrenier père et fils, unies, rue de Thou, 1.
Montessuy (A.) ✻ et A. Chomer, crêpes, pl. de la Comédie, 25.
Morel-Patel (Vve) et fils, unies noires, rue Impériale, 1.
Morel et Cie, ornements d'église, rue de l'Impératrice, 9.
Morier et Grosset, velours unis, rue Lafont, 10, et r. Pizay, 11.
Morin et Bost aîné, pour meubles, dorure, rue Désirée, 14.
Mortier-Mazet, velours et taffetas, rue de l'Impératrice, 42.
Mousset (L.), velours unis, noirs et couleurs, rue Pizay, 14.
Moyet et Chaboud, nouveautés pour robes, rue des Capucins, 26.
Mulatier-Silvent et Villion, foulards unis, pl. Croix-Pâquet, 11.
Mulet et Cie, velours unis, rue du Griffon, 9.
Muler, rue Bât-d'Argent, 6.

Neyret (Ant.), pour chapellerie, rue Pizay, 22.
Nouveau (L.), ornements d'église, rue Désirée, 2.
Nouvellet (J.), unies et nouveautés, place Tholozan, 20.

Odin Péronnier et Cie, fabricants de soieries unies, couleurs, taffetas, fantaisie et armures, rue Puits-Gaillot, 17.
Ogier aîné et Cie, unies et armures, rue Romarin, 1.
Ogier (Victor) et Cie, rue Pizay, 11.

Pansut (L.), pour ornements d'église, rue des Capucins, 13.
Papillon (C.) et Cie, nouveautés pour robes et articles du Levant, spécialité de velours découpés à réserve, quai de Retz, 2.
Parenthou et Cie, nouveautés, velours, rue Romarin, 10.
Pascal et Tabard, unies; médaille d'argent 1867, rue Lafont, 18.
Patin aîné et Cie, pour parapluies, rue des Capucins, 22.
Paule et Coudurier, etoffes noires et pour modes, r. Royale, 29.
Pealat (L.), gaze et grenadine, rue Impériale, 2.
Peillot (F.) Sigaud et Cie, velours, rue Puits-Gaillot, 4.
Penet aîné, pour parapluies, rue Saint-Polycarpe, 14.
Perrat (J.), taffetas et parapluies, rue du Griffon, 11.
Perret (A.), unies, place Croix-Pâquet, 3.
Perrin et Revol-Sandoz, foulards, châles, rue Désirée, 14.
Perriolat (S.) fils et Dumoulin, unies, rue du Griffon, 15.
Peyroud et Cie, cols-cravates et gilets, rue Saint-Polycarpe, 8.
Philippon (J.) Blanc et Cie, unies et façonnées, rue Pizay, 16.
Pierron et Roche, foulards imprimés, rue du Griffon, 17.
Piotet (J.-M.), pour robes, Grande-Rue-des-Feuillants, 4.
Placet (E.) et Cie, châles en tous genres, rue Impériale, 6.
Poidebard Gondard et Cie, unies et nouveaut., pl. Tholozan, 19.
Pollard et Viennois, noirs et armures, rue du Griffon, 12.
Poncet Lenoir et Cie, unies, place Tholozan, 26.

Poncet et Girodon, fabrique de soieries nouveautés, articles du Levant, rue du Griffon, 3.
Ponson ✻ (C.), étoffes unis et nouveautés, r. Victor-Arnaud, 21.
Pradel père et fils, foulards, rue Romarin, 8.
Pradel cadet et fils, rue Sainte-Marie, 5.
Pradère frères, foulards, couvertures soies, c. de Brosses, 15.
Pradère (B.), foulards et couvertures, rue de l'Arbre-Sec, 40.
Pramondon Veyret et Coront, ameublements, quai St-Clair, 11.
Pravaz (J.), crêpes, rue Saint-Polycarpe, 16.
Pravaz et Cie, crêpes, rue Lafont, 16.
Pugin frères, gilets et cravates, rue de l'Arbre-Sec, 11.
Puigsech et Ponchon, foulards unis et façonnés, r. Romarin, 3.

Quinson (F.) et Cie, velours, rue Impériale, 8.

Rabatel et Vachon, unies et façonnées, rue Lafont, 20.
Ramaz (J.), étoffes pour cols, rue Romarin, 11.
Rave (A.) aîné, pour parapluies, rue du Griffon, 2
Rave et Chenaud, pour parapluies, rue du Griffon, 1.
Ravier Chanu et Sauzion, velours et nouv., pl. Tholozan, 22.
Ray jeune et Cie, foulards imprimés, place Croix-Pâquet, 2.
Reyre Louvier Verset et Cie, serge et satins, rue Lafont, 2.
Régné et fils, pour parapluies, rue Saint-Polycarpe, 5.
Renaudin (F.), pour parapluies, rue Saint-Polycarpe, 10.
Revay cousins, taffetas noir, rue des Capucins, 29.
Reverchon, foulards et cravates, rue des Capucins, 27.
Reynier et Bosson, châles et fichus. rue du Griffon, 12.
Ribollet et Piraud, unies et façonnées, rue du Griffon, 8.
Ribollet et Cie, velours façonnés, rue Victor-Arnaud, 21.
Riboud frères, velours unis, rue des Capucins, 20.
Richard (Jules), foulards et chapellerie, pl. Croix-Pâquet, 11.
Richard et Gelly, unies et nouveautés, rue Impériale, 3.
Richerot, Janoray et Cie, velours unis, place Croix-Pâquet, 3.
Rivière (J.-L.), velours unis, rue Saint-Polycarpe, 8.
Rivière (A.), manufacture de crêpes, quai de Retz, 5.
Roche (A.) et Cie, velours unis, place Croix-Pâquet, 4.
Roche (Alfred) et Cie, nouveauté, grande rue des Feuillants, 6.
Roche jeune, velours, place Croix-Pâquet, 11.
Roche (H.), ornements d'église, quai St-Vincent, 51.
Rolland aîné et Cie, cols et nouveautés, rue Puits-Gaillot, 4.
Rosset et Rendu, grenadine et châles, rue du Griffon, 9.
Rousset (L.), velours et étoffes unies, rue des Capucins, 9.
Rouveure et Musy, velours unis, grande rue des Feuillants, 1.
Roux, Chambon et Cie, châles soie, rue Puits-Gaillot, 27.
Roux (H.), unies et nouveautés, place Croix-Pâquet, 1.
Roux (J.), foulards, rue Puits-Gaillot, 21.

Roybet et Naquin, châles et foulards, satins et soieries, petite rue des Feuillants, 9.
Rozet, rue du Griffon, 3.
Ruby et Cie, foulards, grande rue des Feuillants, 4.
Rulliat, velours, rue du Griffon, 2.

Salomon (J.), fabrique de gazes or et argent, rue Pizay, 5.
Sauvage (R.) et Camel frères, unies, place Tholozan, 20.
Schulz ❋ et Beraud, unies et nouveautés, r. du Griffon, 8, 10.
Seguy, pour parapluies, rue des Capucins, 20.
Servant (G.-J.), gilets, velours et nouve utés, rue Lafont, 6.
Seux–Mathevon, velours, taffetas pour église, r. Romarin, 10.
Sève et C e, velours unis noirs et couleur, rue Impériale, 4.
Sevène, Barral et Cie, taffetas noir et couleur, r. Impériale, 1.
Seyssel (C.), art. du Levant, broderies, rue Romarin, 13.
Sisley et Coleuille, unies et façonnées, place Tholozan, 18.
Soiderquelk (F.-O.), église et ameublements, rue d'Algérie, 2.
Société anonyme des tisseurs de Lyon, rue Romarin, 1.
Solichon (A.), pour ornements d'église, rue Ste-Catherine, 17.
Strauss. dépôt de gaze Dᵃ Mᵃ de la maison Bureau, de Paris, rue des Capucins, 15.
Suchard, pour parapluies et ombrelles. rue des Capucins, 23.

Tabard (G.-F) et Cie, unies et velours, quai de Retz, 2.
Tapissier fils et Debry, taffetas noir et nouveautés, place Tholozan, 26.
Teillard ❋ (C.-M.), unis, velours et couleurs, rue Royale, 29.
Thevenet et Roux, robes et nouveautés, place Tholozan, 21.
Thévenet-Monet (A.), taffetas et cravates, rue Romarin, 14.
Tholon et Vernon, pour parapluies, rue St-Polycarpe, 8.
Tibaud et Monnet jeune, florence, rue du Griffon, 10.
Tournu (A.) et Cie, unies, place Croix-Pâquet, 5.
Trapadoux frères et Cie, foulards impr., rue Puits-Gaillot, 29.
Trayvoux, Lesne et Cie, nouveautés, rue des Capucins, 26.
Trévoux frères, nouveautés, rue de l'Impératrice, 34.
Truchot (H.), Bruneau, nouveautés, rue Puits-Gaillot, 13.

Valansot et Geoffray, cols-cravates, quai de Retz, 7.
Valensot et Murillon, rue Impériale, 3.
Vanel (L.) et Cie, ornements d'église, rue St-Polycarpe, 20.
Vermorel, Fayolle, Maurel et Cie, unies, grande rue des Feuillants, 10.
Verpillat (Irénée), unies et armures, rue du Griffon, 3.
Vert (G.), unies et façonnées, place Croix-Pâbuet, 5.
Villard, Beaucoup fils et Cie, lustrine, gaze, rue du Griffon, 5.
Villard et Cie, velours unis et taffetas, quai St-Clair, 16.
Villy (A.) et Cie, foulards, tenture, rue Lafont, 18.

Vincent et Cie, robes et parapluies, rue du Griffon, 9.
Voron (A.) et Cie, soieries unies et nouveautés, r. Coustou, 4.
Vulpilliat, pour fleurs et chapellerie, rue Mulet, 12.
Willermoz et Morel, parapluies et ombrelles, rue Saint-Poly-
  carpe, 10
Yemeniz ✳, brochées d'or et ameublements. rue Royale. 6.

Châles, Laines et Cachemires (Fabr. de)

Ballard (J.-B.), châles imprimés, rue Royale, 20.
Bellon (F.) fab. de châles, laines et cachemires, rue Puits-Gail-
  lot, 27.
Bonnardel et Naville fils, rue du Griffon, 3.
Bouteille (C.), rue de l'Impératrice, 3.
Breyton aîné, rue Romarin, 27.

Chanel (J.), fabrique de châles cachemires, indous et nou-
  veautés, place Croix-Pâquet, 11; Paris, rue d'Aboukir, 40.
Cambon (A.), imprimés et brodés, rue des Capucins, 15.
Chapeau (A.), fab. de châles laine brochés, rue St-Marcel, 24.

Dumet et Cie, rue des Capucins, 15, maison à Paris.

Gaillard (E.), nouveautés, rue des Capucins, 29.
Goüin, Jarroray et Cie, rue des Capucins, 6, maison à Paris.

Jaubert et Charpenel, brochés, rue des Capucins, 12.
Jurien fils et Domenjon, rue Saint-Polycarpe, 9.

Perraud et Guignard oncle et neveu, rue de l'Impératrice, 9.
Pin et Cie, rue de l'Impératrice, 1, maison à Paris.
Placet et Cie, ancienne maison Grillet, rue Impériale, 6.
Rivoiron (E.), laine et cachemire, place Croix-Pâquet, 1.

Tulles (Fabr. et Marchands de)

Arragon (Vᶜ) et Limb fils aîné, fabrique de pointons (picots)
  en tous genres, rue Vieille-Monnaie, 35.
Association des Tullistes, rue du Griffon, 1.
Aubert (Jh.) fils, fabrique de tulles, rubans pour perruques et
  tricots pour ceintures, place Sathonay, 4.
Aubert (J.), fils aîné, rue du Griffon, 7.

Baboin (Aimé), et nouveautés, rue Royale, 33.
Badin (S.) et Cie, fab. de tulles, voiles, voilettes, alençon,
  grenadines, châles, pointes, rotondes et nouveautés; broderies sur tulles, soie, or et argent et applications en tous
  genres, rue Désirée, 6.
Basset (S.), tulles, perruques et raies de chair, rue Sainte-
  Catherine, 11.

Berliet et Cie, fab. de tulles façonnés et nouveautés, fab. de
dentelles lama, mention honorable à l'exposition de Paris
1867, rue Impériale, 5.
Berthet (Mme), tulles unis, rue Saint-Polycarpe, 12.
Berthier jeune, dentelles et tulles, rue Saint-Polycarpe, 16.
Bertrand (J.-F.), rue Vieille-Monnaie, 35.
Bongiraud (V.), unis et damassés, rue Neuve, 26.
Boucharlat jeune, brodés et façonnés, rue des Capucins, 18.
Boussuge, tulle coton et dentelles, quai de Retz, 17.
Brès (F.), et Cie., nouveautés et unis, rue des Capucins, 25.
Bruchon et Jacquin, façonnés et dentelles, rue Mulet, 18.
Brugel (E.), nouveautés, rue Saint-Polycarpe, 10.

Champagne (A.), rue Royale, 21.
Champallier (Alfred), fab. de dentelles, rue du Griffon, 9.
Chapeaux, voilettes, rue Royale, 18.
Chatagnier (J.) et Cie, articles de Calais et Suisse, rue Dubois,
46; maison à Saint-Quentin, rue Saint-Jacques.
Clerc (L.-A.), tulles damassés et broderies, rue Royale, 21.
Cochet (Michel) et Cie, tulles de soie, pl. de la Comédie, 25.
Coutelier (E.), dépôt de blondes, rue de l'Impératrice, 74.

Depagne (Mme), rue des Feuillants, 4.
Desportes (A.) et Cie, fabricants en façonnés, rue Victor-
Arnaud, 21.
Devaux, Bouteille, Combe et Cie, place de la Comédie, 23.
Dognin ✽ et Cie, rue Puits-Gaillot, 1, maison à Paris et à
Londres.
Dollfus-Moussy et fils, imitation dentelles, tulles façonnés et
nouveautés, rue Lafont, 18.
Dutroncy (E.), rue de l'Impératrice, 68.
Durand et Masson, fabrique de tulles-coton, rue Pizay, 6.

Espérat, tulles blondes, broderies de Cluny, valenciennes et
tatings anglais, mousselines de l'Inde, percales, rideaux,
nansouks, piqués et articles de blanc, rue Bugeaud, 9.

Farabel (H.), soie, unis, rue de l'Impératrice, 3.

Gaillard (Alph.) et Cie, manufacture de tulles façonnés, den-
telles de lama et yack, dentelles de Venise, imitation chan-
tilly et guipures, malines, rue Impériale, 1, maison à Paris,
rue du Sentier, 13.
Gallice (C.), rue Bât-d'Argent, 10.
Garnier (P.) fils, fab. de tulles-dentelles et nouveautés, rue
Royale, 19, et quai Saint-Clair, 10.
Garnier (J.) et fils, unis et fantaisies, rue Impériale, 6.

Geay (P.) et Cie, fab. de tulles-dentelles soie, laine et yack, rue Lafont, 22; maison à Paris, rue des Jeuneurs, 21.
Gonnard-Moine, place Croix-Pâquet, 8.
Gourgaud (J.) et Cie, fabrique de tulles-dentelles laine et soie, imitation alençon, malines, guipures et nouveautés, rotondes, châles, pointes Marie-Antoinette, pèlerines, volants et confection, rue Royale, 18.
Grataloup et Cie, tulles et crêpes, rue Gentil, 11.
Guillot (J.), rue Pizay, 9.

Hébrard fils, Rivoire et Cie, rue Impériale, 11.
Hembert (E.) et Cie, rue Impériale, 6.
Hervilly et Cie, rue Bât-d'Argent, 10.
Hobitz frères, malines et zéphirs, rue des Capucins, 26.

Idril (L.), quai Saint-Clair, 13.

Jacquet (H.), soie, unis, zéphirs, rue de l'Arbre-Sec, 3.
Juvenet (H.) fab. de tulles façonnés, brodés et dentelles, rue des Capucins, 24.
Lavergne, Quinqueton et Cie., fab. de tulles unis, gaze Dona-Maria et gaze grenadine, rue Terraille, 22.
Lelarge et Cie, tulles soie, rue de l'Arbre-Sec, 26.
Lémonon (L.) et Cie, tulles coton, rue des Forces, 3.

Macron (A.) et Cie, rue Impériale, 6, fabrique à Calais.
Manigot et Cie, brodés et damassés, place Saint-Clair, 2.
Marion frères, bobins unis, place Tholozan, 26.
Missimilly (J.) Durozat et Gubian, rue Pizay, 6.

Péju (C.), tulles soie, rue de la Bourse, 33.
Pichoz père et fils et Cie, rue Saint-Pierre, 4; maison à Marseille.
Pihen (J.), fab. de tulles soie unis, points d'esprit et articles de Calais, rue de l'Arbre-Sec, 18.
Placet (E.) et Cie, rue Impériale, 6.
Ponthus-Cinier (E.), fab. de tulles unis et façonnés, blondes et guipures, spécialité de voilettes, rue Lafont, 22; maison à Paris, rue Saint-Denis, 319.
Pulliat (J.), façonnés et dentelles, rue Impériale, 5; maison à Paris.

Raffard (E.), et dentelles, breveté, rue Désirée, 2.
Revol fils aîné, Bossu et Cie, soie, unis, rue Impériale, 5.
Richard et Lagier, bandes et grenadine, rue Pizay, 3.
Roque (C.) et Cie, petite rue des Feuillants, 5.
Royané (S.), tulles de Calais, imitation dentelles, spécialité de rideaux guipures, rue Impératrice, 7.

Strauss (M.), fabrique de voilettes fantaisies et deuil, ait. de haute nouveauté ; dépôt de gaze Dona-Maria, commission et exportation, rue des Capucins, 15.

Touchebœuf (A.), tulles de Lyon, rue de la Bourse, 2.
Trichon, Humbert et Cie, unis soie, rue Pizay, 9.
Vachez et Limb jeune, rue Royale, 7.
Vial, soies unies, rue Puits-Gaillot, 29.
Vial, imitation dentelle, rue de la Platière, 8.
Vignon, Jarrosson et Cie, nouveautés, rue de l'Impératrice, 1.

Commissionnaires en Soieries.

Abel, Soubranche et Cie, rue Lanterne, 1.
Albert Lyon, place des Terreaux, 1.
Andreae, Greeven et Cie, rue Lafont, 20.
Anrès (A.-H.), rue Impériale, 1 ; maison à Saint-Etienne.
Arbet et Maillet, place des Terreaux, 1.
Arlès-Dufour (C.) ✳ et Cie, place Tholozan, 19 ; maison à Paris, rue du Conservatoire, 11 ; à Saint-Etienne, Marseille. Bâle et Créfeld.
Aubert et Bockisch, place des Terreaux, 7.
Auffm-Ordt (G.-A.), Sturmer et Cie, rue Puis-Gaillot, 5 , représentée par Bruyas; maisons à Paris, New-York et Saint-Etienne.

Bacouel et Pognon, place Croix-Pâquet, 2; maison à Paris.
Baillie, représentant, rue du Garet, 3 ; maison p Paris.
Barban et Masson, rue Mercière, 26.
Bardey (F.), place Tholozan, 18.
Bardin et Bourgeois, rue des Capucins, 22; maison à Paris.
Barry (Thomas), représentant de Pawson, q. Saint-Clair, 10.
Basset (F.), rue des Capucins, 21.
Battur (V.) et Cie, rue du Plâtre, 4.
Bayol (H.) et Cie, rue Vieille-Monnaie, 17.
Beaucaire (S.) aîné, rue Victor-Arnaud, 9, achats à la commission.
Beisson (E.), rue des Capucins, 6, maison à Paris.
Bemberg (O.) et Cie, représenté par V. Knobloch, r. Victor-Arnaud, 7, et rue Richer, 15, à Paris.
Bergier (G.), en ornements d'église, r. du Jardin-des-Plantes, 9.
Blanc-Viard et Cie, rue d'Oran, 2.
Bellefonds (E.), rue de l'Impératrice, 3.
Bellisent cousins, rue Victor-Arnaud, 13 ; maison à Paris.
Benazech, rue Romarin, 33.
Bernelin (J.), rue Désirée, 4.

Berteaux, Radou et Cie, place Tholozan, 18; maison à Paris.
Billon (H.) et Cie, rue de la Bourse, 45.
Bloch (J.-J.), rue Royale, 13.
Boettinger (T.), quai Saint-Clair, 7.
Boisbluche et Péronne, rue des Capucins, 6, maison à Paris.
Bordet (A.), rue Romarin, 21.
Borgé, quai de l'Hôpital, 4.
Bouffard, Ferrier et Cie, de Paris, rue Puits-Gaillot, 5.
Bougleux (A.) et Cie, place de la Bourse, 2.
Bouillier, Gaillard et Cie, rue Impériale, 12.
Bouillod, Seure et Granjon, rue Bât-d'Argent, 1.
Bourcicaut (A.), rue Victor-Arnaud, 13.
Bourdelin et Laborde, quai Saint-Clair, 12.
Bouruet-Aubertot, rue de la Bourse, 14; maison à Paris, rue
    des Moineaux.
Boyd (J.-V.-C.), rue Victor-Arnaud, 11; maison à Londres.
Bradbury, Greatorex et Cie, rue Victor-Arnaud, 5, représen-
    tant Noble Hall, maison à Londres.
Branciard (F.) et Martel (D.), quai de Retz, 23.
Brochot et Lavesvre, place Saint-Clair, 2; maison à Paris, rue
    du Mail, 20.
Brolemann et Cie, rue Impériale, 4; maison à Londres.
Brown (G.-B.) et Co, quai Saint-Clair, 10.
Brun (J.) et Cie, soieries diverses, foulards, dorures et autres
    nouveautés, rue de Sully, 44.
Brunswick (Samuel) et Cie, rue du Plâtre, 4.

Candy (C.) et Cie, rue d'Algérie, 18.
Carpentier frères et Saint-Germain, quai Saint-Clair, 1.
Carrand (E.), rue Saint-Marcel, 19.
Cerf (L.), rue Impériale, 2.
Chambisseur (F.) et Cie, place de la Miséricorde, 4.
Chandler (Richard), place Tholozan, 18; maison à Paris.
Chapeau (E.), achats à la commission, rue Impériale, 48.
Chas, Fournier, Lanxade et Cie, place Tholozan, 20; maison à
    Paris.
Chevalier et Burel, rue Royale, 6.
Chevallay-Coquidé, quai de Retz, 9.
Charpine (P.) frères, rue Royale, 13; maison à Vienne.
Chartier (Ch.) et Cie, rue Royale, 14; maison à Paris.
Chastel, Valioud et Cie, quai Saint-Clair, 8.
Chauchard-Hériot et Cie, r. Victor-Arnaud, 13, maison d'achat
    des Grands Magasins du Louvre, de Paris.
Chicotot (A.), place Sathonay, 5; maison à Paris.
Christ, Jay et Cie, de New-York, Tresca et Cie, r. Impériale, 3.
Claudé-Chaninel, rue de l'Impératrice, 35.

Clavé, Guix et Menjoulat , quai Saint-Clair, 3 , rue de Provence, 2, et rue Royale, 5 ; maison à Paris.
Clergué (G.), achat à la commission, rue Lafont, 2.
Combe (G.) , représentant de diverses maisons , rue Puits-Gaillot, 5.
Cook Son et Cº, de Londres, quai Saint-Clair, 3, représenté par Robert Propach.
Court (Stéphen), rue Royale, 8, maisons à Londres, Zurich et Manchester, représentée à Lyon, par J. Soulary.
Creton et Cie, quai de Retz, 4 ; maison à Paris.
Curtis (L. et B.) et Cie, rue Victor-Arnaud, 7, Knobloch (V.), représentant.

Dambmann (C.-F.) et Cie, rue Lafont, 24, et à New-York.
Défrasse (T.), rue Désirée, 2 ; maison a Paris.
De la Fléchère jeune, rue Bât-d'Argent, 11.
De la Rue (D.), rue de l'Arbre-Sec, 3, successeur de l'ancienne maison Jouve frères, soieries et dorures pour ornements d'église, ameublements, maison à Bruxelles, rue Galilée, 14, boulevard de l'Observatoire.
Delestang (F.), rue Désirée, 2.
Delorière (A.), place Tholozan, 27.
Dequinsieux (A.), rue d'Agérie, 12.
Deschamps, Torre et Blanc, rue Royale, 13.
Desprès (Eugène) et [Cie, quai de Retz, 8 ; maisons à Paris, passage Saulnier, 17, et à New-Yorck, 44, Lispenard-Street.
Deyme (V.), quai Saint-Clair, 12 ; maison à Paris.
Devarenne (G.) Falaise et Patel successeurs, rue Vieille-Monnaie, 43.
Dietz (Ch.), rue Victor-Arnaud, 21.
Dormeuil frères, rue Lafond, 10 ; maison à Paris.
Drissler et F. Pascal, quai de Retz, 3.
Ducellier jeune, rue Impériale, 11 ; maison à Paris.
Duchaine, Lachize et Bailly, rue des Capucins, 13.
Dupont (Sébastien), place des Pénitents-de-la-Croix, 8.

Elliot (C.) Cadwdin et Cie, rue d'Algérie, 21 ; maison à New-York.
Ellis-Howell et Cie, quai Saint-Clair, 1 ; maison à Londres.
Escher et Cie, représenté par S. Gotthelf, rue Pizay, 14 ; maisons à New-York, 148, Duane-Street et à Zurich.
Espagnac et Deleuze, rue Romarin, 33 ; maison à Paris.

Falaise et C. Patel, rue Vieille-Monnaie, 43.
Farcy, Bachelier et Cie, rue Lafond, 6 ; maison à Paris.
Fayolle, rue des Capucins, 12.
Ferlay et Giraud, rue Impériale, 6.

Félix frères, de Leipsik, rue Impériale, 2.
Félix (H.) et Veil, rue Constantine, 9.
Figli Di Giulio, Fortis et Bressi, rue du Griffon, 5 ; maison à Milan.
Forrester (J.-W.), rue Royale, 2.
Fore street warehouse Company limited, rue Royale, 2.
Fougasse ✳ aîné et Cie, rue d'Algérie, 21.
Fournier, représentant Mac-Intyre, Buchanan et Cie, de Londres, quai Saint-Clair, 2.
Franc et Benoît, quai Saint-Clair, 12 ; maisons à Paris et à Nîmes.
From Alfred Smith, rue Saint-Polycarpe, 10 ; Foreign agent.

Gagnet (O.) et Cie, rue Victor-Arnaud, 11 ; maison à Paris.
Gaisman (Henri), commission, soieries et rubans, rue Lafond, 10 ; maison à Saint-Étienne, pl. de l'Hôtel-de-Ville, 12.
Gancel (E.), rue Impériale, 11.
Ganeval (Vve), Brun et Cie, rue des Capucins, 6.
Garcin (A.), place des Terreaux, 6.
Garnier et Cie, place Croix-Pâquet, 11 ; maison à Paris.
Gautier, commissionnaire en tous genres de tissus, quai de Retz, 9.
Gauthier, Zardetti et Mugnier, quai Saint-Clair, 12.
Gesell (G.), rue Lafond, 20.
Gignoux (C.) et Cie, marchand de soie, rue du Garet, 3.
Girerd et Dalmazanne, rue du Griffon, 13 ; maison à Paris.
Glairon, représentant, rue Terme, 4.
Goujon (F.), rue de l'Arbre-Sec, 3.
Graetzer et Hermann, quai Saint-Clair, 3; maisons à Paris et à Londres.
Graffeuil (J.), rue de la Bourse, 37 ; maison à Paris.
Greulich (W.) et Cie, place Tholozan, 23.
Gulliet (J.), rue Désirée, 2.
Guyot, achats et vente à la commission, rue Bât-d'Argent, 4.

Halmburger, Gavard et Cie, place Tholozan, 21.
Hammanndjian, rue de l'Arbre-Sec, 9.
Hardt et Cie, de New-York, quai Saint-Clair, 3 ; représenté par Rob. Propach.
Hecht, Lilienthal et Cie, importeurs de soie, rue du Garet, 3.
Henneguy et Bissuel, quai de Retz, 8.
Henking (L.), rue Lafond, 20.
Herbez et Bouché, quai Saint-Clair, 13 ; maison à Paris.
Hervieu, Potard et Dehu, rue Désirée, 16.
Hess (Jules) et Cie, rue Pizay, 12 ; maisons à Paris, rue Bergère, 35, et à Saint-Étienne, rue des Jardins, 4.
Hieropoulo (Nicolas), rue Royale, 15 ; maison à Paris.

Hogard et Cie, quai de Retz, 2 ; maisons à Paris, Londres et
   Saint-Étienne.
Hoschedé, Blémont et Cie, rue Victor-Arnaud , 13 ; maison
   à Paris.
Huguenet (F.), rue Terraille, 4.

Imbert et Cie, rue de l'Impératrice, 52.
Immerwahr (L.), rue des Capucins, 16 ; maison à Leipsick.
Jalade et Avon, rue Coustou, 3.
Josenham et Chabert, rue Saint-Pierre, 25.
Josserand (F.), représentant pour tous les genres de tissus,
   quai de Retz, 12.
Jeantet (A.), quai de Retz, 9.
Jubin (A.), rue Bât-d'Argent, 7.

Kessler frères et Cie, place Tholozan, 24.
Klein (J.), rue Dubois, 44.
Knobloch (V.), rue Victor-Arnaud, 7 ; maison à Paris, rue
   Richer, 15.
Kolp et Siner, place des Pénitents-de-la-Croix, 3 ; maison à
   Paris.
Kutter, Luckmeyer et Cie, rue de la Bourse, 35, successeurs
   de Loeschigk-Vesondonck et Cie, maisons à New-Yorck,
   Zurich et Leipsig.

Laederich (J.) et Cie, rue Victor-Arnaud, 21.
Lallemand (A.), quai Saint-Clair, 9.
Landron et Frauclet, quai Saint-Clair, 4 ; maison à Paris.
Lebrun (G.), rue d'Algérie, 23 ; maison à Paris.
Levi (E.) et fils, rue du Bât-d'Argent, 4.
Lopez (S.), Rondeau et Cie, quai Saint-Clair, 17 ; maison à
   Paris.
Louvet (E.) et Cie, quai de Retz, 8 ; maison à Paris.
Londe (P.), Languillet et Cie, quai Castellane, 1 ; maison à
   Paris, place des Victoires, 3.

Mac-Intyre, Buchanan et Cie, de Londres, quai Saint-Clair, 2
Macé (S.) et Cie, en tous genres, place Sathonay, 6.
Makower (M.), rue de l'Arbre-Sec, 3.
Malher (A.), représentant, quai Saint-Clair, 13.
Malherbes (A.), rue Lafont, 2 ; maison à Paris.
Marcilhacy, Arbelot et Cie, rue de Berry, 2 ; maison à Paris.
Margaron (J.) et Cie, rue Saint-Pierre, 41.
Marix-Picard frères, fabrique de faux-cols, r. Puits-Gaillot, 9.
Martignat (P.), en chapellerie, rue Saint-Dominique, 14.
Martini (Ph.), quai Saint-Clair, 7.
Marthoud et Barcet, rue des Capucins, 25.
Martin Hübsch et Cie, rue du Bât-d'Argent, 6.

Mas (L.) et Cie, place Tholozan, 22 ; maison à Paris.
Mathieu (J.), et soie, place Croix-Pâquet, 5.
Maurer (R.), rue Sainte-Catherine, 13.
Mayet-Paturle (A.), place des Cordeliers, 5.
Mayrargues (H.-A) frères, rue de l'Arbre-Sec, 40.
Mill (L.) et Deroy, rue Lafont, 24 ; maison à Paris.
Milsom. Poy et Ch. Berry, place Tholozan, 19.
Momblet et Vernet, rue Pizay, 12 ; maison à Saint-Pierre -Martinique.
Mombrun (A.) et Cie, rue d'Algérie, 23.
Monnin (G.), rue Lafont, 16.
Montessuit (P.) et Cie, quai Saint-Clair, 16.
Morand oncle et neveu, rue Romarin, 1 ; maison à Paris.
Moret et Payen, grande rue des Feuillants, 3 ; maison à Paris.
Mondon (P.) et Cie., rue des Capucins, 31 ; maison à Londres.
Mougin-Rusand (G.), représentant de commerce, tissus français et étrangers, rue Bât-d'Argent, 3.
Munch et Cie, r. de l'Arbre-Sec, 16, à Paris, r. Richelieu, 52.
Muron (C.) et Bunel, place Tholozan, 27 ; maison à Paris.

Neuville-Mas, Saunois et Cie, r. Impériale. 4 ; maison à Paris.
Nordheim (Emile), quai Saint-Clair, 6 ; maison à Zurich.

Ohrtmann (L.) et Cie., rue Lafont 8, représentant Félix Dargaud, Paris, rue Riche, 23. Leipzig, Markt, 14.
Oppé et Cie, quai de Retz, 6.
Ott Asser et Cie, quai de Retz, 6 ; maison à Paris.
Oudard (A.), place Croix-Pâquet, 5 ; maison à Paris.

Palluis fils et Cie, quai Saint-Clair, 17 ; maison à Paris, rue Greneta, 7.
Paradis (J.) et Cie, vente et achats, rue Vieille-Monnaie, 33.
Patricot et Lecoultre, rue Romarin, 18.
Pawson (J.-F.) et Cie, de Londres, quai Saint-Clair, 10.
Payen (L.) et Cie, petite rue des Feuillants, 5.
Perdrix (E.-M.-J.) frères, quai de Retz, 9.
Pernet (E.), quai Saint-Clair, 12.
Personnaz, Lamaignière et Gardin, quai Saint-Clair, 11.
Petit (L.), place des Pénitents-de-la-Croix, 3.
Picard (S.) jeune, (ancienne maison Isidore Picard), rue Royale, 23.
Picard (G.) et Cie, rue Royale, 14.
Pidard (A.), place des Terreaux, 6.
Plantard, (Isidore) en tous genres , place Saint-Clair, 9.
Ponson fils et Cie, rue Pizay, 22.
Pouquet (E.), rue Victor-Arnaud, 19 ; maison à Paris.
Pradère (V.-B.), rue de l'Arbre-Sec, 40.
Prègre aîné et Cie, place des Terreaux, 6.

Propach (Robert), quai Saint-Clair, 3.
Prouvier (J.), rue Lafont, 18.
Prud'homme frères, rue Royale, 11 ; maison à Paris.

Quillon (J.) et Cie, rue Coustou, 4.

Ramié (A.) et Cie, rue Bât-d'Argent, 18.
Rattier père et fils et Roche, rue Puits-Galliot, 4.
Ribaud (Léon). rue de l'Impératrice, 38.
Rieu et Accary, rue Centrale, 20.
Robert, pl. Croix-Pâquet, 3; maison à Paris r. de la Banque, 16.
Rodier (Théophile), place de la Miséricorde, 5.
Roesch (L.), rue Puits-Gaillot, 19.
Rosenthal (J. et T.) et Cie, q. Saint-Clair, 7, et r, Royale, 13.
Roux et Christin jeune, rue Puits-Gaillot, 1.
Rumpf (C.) et Cie, rue Victor-Arnaud, 11 ; maison à Londres.
Royané (S.), rue de l'Impératrice, 7.
Rylands et Sons, Chandeler (R.) représentant, place Tho-
    lozan, 18.

Sandrier, (P), place Saint-Clair, 7.
Sauvage frères, rue Impériale, 1 ; maison à Paris.
Schletter (J.), rue Impériale, 9.
Schneider, Bussière et Lachard, rue Constantine, 15.
Silve et Gellon, rue Grenette, 2.
Simon (H.), rue Romarin, 18.
Sinn (John), rue Impériale, 2.
Sorchan, Allien et Diggelmann, place Tholozan, 24.
Sourd (A.) et Cie., représentants, rue Ferrandière, 34,
Soulary (J.), représentant de la maison Stéphen Court, rue
    Royale, 8.
Stewart et Donald, de Glascow, quai Saint-Clair, 3, représen-
    tant Robert Propach.
Streisguth et Cie, rue Victor-Arnaud, 3.

Tabourier, Perreau et Bisson, rue des Capucins, 16.
Talon (J.-C.) et Cie, rue Victor Arnaud, 7.
Terra (J.) et Cie, rue Impériale, 15.
Thompson, Pattinson et Cie, rue Bât-d'Argent, 6 ; maison à
    Londres.
Thirion et Daydou, rue de l'Impératrice, 5 ; maison à Paris.
Tissot aîné, représentant, rue Désirée, 1.
Trayvous (L.), place Tholozan, 27.
Tresca (L.) et Cie, rue Impériale, 3; maison à Paris.
Trévoux frères, rue de l'Impératrice, 34.

Valich fils aîné et Cie, rue d'Algérie, 11.
Verdun (A.) grande rue des Feuillants, 4.

Verneaux et Cie, rue Royale, 8 ; maison à Paris.
Vogel (F.), et Cie, quai de Retz, 1 ; maisons à Paris, New-York et Londres.
Voisin (J.), rue Impériale, 17.
Vulliermet et Cie, rue Montbernard, 9.
Warburg (R.-D.) et Cie, rue Impériale, 8.
Watts (S. et J.) et Cᵒ, de Manchester, quai St-Clair, 3, Représentant Robert Propach.
Wickelmann (C.) et Cie, quai de Retz, 8.

TROISIÈME ET DERNIÈRE PARTIE POUR LYON

COMPRENANT

Le commerce des tissus en général et les industries qui se rattachent aux fabriques de tous genres, par ordre alphabétique de professions.

NOTA. Voir la *Table* à la fin du volume pour faciliter les recherches.

Affineurs d'or et d'argent.

Bovey, achat de vieilles dorures.

Richard (X.), Radisson et Cie, affineurs d'or et d'argent, rue de la Préfecture, 7.

Apprêteurs, moireurs et cylindreurs d'étoffes.

Allard (C.), apprêteur, rue des Capucins, 12.

Barillot et Serviant, cylindreurs, rue Royale, 20.
Berthet (L.), crêpes, quai Castellane, 9.
Bigex et Dely, place des Pénitents-de-la-Croix, 6.
Blanc et Delhomme, en chiffons, rue de Sèze, 36.
Bon (J.-B.), moireur, avenue de Noailles, 11.
Bon (Francisque) et Cie, successeur de Chabot, spécialité de cylindrage, conservateur mécanique, breveté s. g. d. g., apprêts de tous genres, rue Vieille-Monnaie, 41.
Brossard fils, apprêteurs de châles, rue de Sèze, 19.

Cariot et Futin, apprêteurs de satin, rue Victor-Arnaud, 1.
Charbotel (B.), rue Lafont, 20.
Charvet et Dumont neveu, gazes, cols et nouveautés, rue des Capucins, 6.
Conand père, rue des Feuillants, 4.
Cullet, moireur, rue du Griffon, 13.

Dalaison (C.), friseur, rue du Griffon, 13.
Dalmont, apprêteur, petite rue des Feuillants, 6.
Dervieux et Cie, rue Duquesne, 29,
Dufour, étireur, rue Vieille-Monnaie, 35.
Dumollard, spécialité d'apprêt pour rideaux, guipures et
 mousselines, rue de Barême, 22,
Duport fils, tissus de laine, rue Rabelais, 5.
Durand, apprêteur, rue du Commerce, 50.

Faure (G.), côte St-Sébastien, 22.
Fayard et Chamba, rue Coysevox, 2.
Ferrand neveu et Galtié. apprêteurs en tous genres, moire
 antique, meubles, ornements d'église ; art. du Levant, popelines et nouveautés, brevetés s. g. d. g., rue Vieille-Monnaie, 21.

Galbit et Maréchal, rue Vieille-Monnaie, 35.
Galy, cylindrages, rasages et apprêts pour soieries et lainages, rue du Commerce, 41.
Gantillon (D.), ✳ apprêteur de foulards imprimés anglais et
 français, moire antique par des procédés brevetés à pression
 hydraulyque équilibrée, mention honorable pour les apprêts
 à l'exposition de 1855, médaille de 2e classe de l'Académie
 nationale, pour ses diverses machines brevetées, médaille à
 l'exposition de Londres 1862, rue Malesherbes, 2.
Garambois et Bertrand, apprêteurs de crêpes, lisses, rue de
 Créqui, 71.
Garde (J.) et Cie, étirage de cordons, place Tholozan, 21.
Garnier (C.), apprêts de foulards et nouveautés, imperméabi-
 lité par l'apprêt, spécialité d'articles gaze de soie, traite-
 ment particulier des failles et taffetas noirs. rue Charle-
 magne, 50 (Brotteaux).
Guillermet (A.), apprêteur-teinturier, rue de Vauban, 6.
Grésillon, apprêteur, rue du Commerce, 32.
Guinand père et fils, apprêteurs-moireurs, r. des Capucins, 10.
Guillin et Cie, côte St-Sébastien, 22.

Hilaire, rue Désirée, 8.
Lapierre et Vuichard, cylindreurs, impasse St-Polycarpe.
Larrivé, Jaboulay et Declérieux, rue Coysevox, 2.

Marchand (J.-R.), rue Vieille-Monnaie, 35.
Manfredi, rue Montgolfier, 51.
Maron (E.), rue Rozier, 3.
Mille frères et Violet, en crêpes, cours d'Herbouville, 2.
Miquet Sage et Guinet, côte Saint-Sébastien, 23,
Moiroud et Cie, en satin pour chapellerie, r. Montbernard, 24.

Moreau, rue Vieille-Monnaie, 39.
Mortier et Brun, rue des Capucins, 12.

Orceaux (J.-P.), rue Victor-Arnaud, 19.

Paraz et Cie, en foulards et nouveautés, rue Duguesclin, 29.
Paturel, rue Magneval.
Pegout Charpy et Cie, pour châles, place Louis XVI, 8.
Plantin et Faisant, rue Vieille-Monnaie, 35.
Poulat et Mollard, impasse Saint-Polycarpe, 8.
Prat et Archirel, rue du Commerce, 30.
Prudhomme, en crêpes, rue de la Pyramide, 22.

Renaud-Chatelard, rue Thomassin, 39.
Ruchier (A.), en étoffe nouveautés, rue Vieille-Monnaie, 13.

Simon, impasse Saint-Polycarpe, 2.
Surand, presseur de châles laines, r. des Tables-Claudiennes, 33.

Tavernier et Favre, apprêteurs-moireurs, rue Tronchet, 2.
Termoz-Debat, rue Vieille-Monnaie, 12.
Tissot, rue des Capucins, 21.
Travers et Cie, rue Duquesne, 43.

Vanhout, pour rubans et soieries, rue du Commerce, 32.
Vanhout et Vollat, en velours, rue Vieille-Monnaie, 19.
Vignet frères, moire et apprêt, rue Montbernard, 34.

Apprêteurs en tulle.

Bacharach aîné, rue Malherbes, 2.
Bernard-Combepine, rue Imbert-Colomès, 18.
Bernard (X.), rue Cuvier, 104.

Clément (J.), apprêteur de tulles-dentelles, écharpes, châles,
   mantelets, voiles et voilettes, broderies en tous genres, tissus pour gants, filets coton et soie pour résilles, r. Philibert-
   Delorme, 2.

Dangon, rue de Créqui, 16.
Danguin, rue Philibert-Delorme, 2.
Dumolard, spécialité d'apprêt pour rideaux, guipures et mous-
   selines, rue de Barême, 22.
Duval (Mme), rue Vieille-Monnaie, 35.

Escoffier, place Saint-Pothin, 12.

Gay (P.), place des Capucins, 3.

Isaac, rue d'Algérie, 22.

Jacquet, rue Romarin, 8.

Montant, rue des Capucins, 6.
Moutoz, rue des Tables-Claudiennes, 20.

Noyer et Moiroud, rue des Tables-Claudiennes, 20

Peronne, rue Bugeaud, 46.
Philipon-Thomasson, rue Bossuet, 94.
Penet (J.), rue des Tables-Claudiennes, 8.
Pettola, rue Imbert-Colomès, 18.

Ricannet, rue Vieille-Monnaie, 19.
Rossillon (J.), rue Bossuet, 94.
Rossillon jeune, rue Masséna, 76.

Touchebœuf, rue de Sèze, 135.

Apprêteurs en étoffes de coton.

Déchamp frères, teinture et apprêts, rue des Culattes, 21.
Midrié et Montier, teinture et calendrage, ch. de la Scaronne, 1.

Articles de blanc, St-Quentin, Tarare et autres.

Bailly (J.), rue Palais-Grillet, 24.
Baron (Mme), trousseaux, rue de l'Impératrice, 97.
Baugier (R.) et Cie, maison de gros, rue Gentil, 10.
Berchoux et Cie, lingeries, broderies, dentelles, r. Centrale, 15.
Boyer-Gros, dentelles et broderies, rue Saint-Marcel, 38.
Bongiraud (V.), rue Neuve, 26.

Carlod, place de la Croix-Rousse, 1.
Chapuis, rue Centrale, 23.
Charbon, rue de l'Impératrice, 49.
Charrin, rue de la Plâtière, 20.
Chatagnier (J.) et Cie, rue Dubois, 46, articles de Calais et
  suisse, maison à Saint-Quentin, rue Saint-Jacques.
Charavay-Genevay, maison de gros, rue de la Monnaie, 2.
Chevrolat-Bonardel, rue Saint-Pierre, 5.
Costadau et Peloux, maison de gros, rue de l'Impératrice, 13.
Cottet, rue Gentil, 1.
Coutelier (S.), dépôt de blondes, rue de l'Impératrice, 74.
Cusenier et Gentelet, rue de la Fromagerie, 7.

Daboneau et Barrard (Ville de Lyon), rue Impériale, 31.
Denave-Ronat (H.), rue Saint-Pierre, 41.
Dumas (A.) et Cie, rue Gentil, 4.
Durand et Masson, rue Pizay, 6.
Dutroncy (E.), rue de l'Impératrice, 68.

Emery (Mmes) et Cie, rue Saint-Pierre, 18.

Espirat, mousseline de l'Inde, percales, rideaux, tulles blondes, broderies, Cluny, valenciennes et tatings anglais, rue
Bugeaud, 9.

Finand-Bony (Mme), rue Bât-d'Argent, 8.
Fournier (Mlle), rue Centrale, 21.
Fracque Elie et Cie, rue St-Pierre, 33.

Gallice (C.), rue Bât-d'Argent, 10.
Garnier (J.) et Cie, dépôt de dentelles du Puy, tulles unis et
fantaisie, rue Impériale, 6
Giroud-Tivel, de Tarare, rue Gasparin, 12.
Grataloup (J.-B.) et Cie, rue Gentil, 11.
Grataloup (F.) jeune, rue Romarin, 29.
Châtillon-Brunot, rue Centrale, 52.

Hébrard fils Rivoire et Cie, dent. et brod. rue Impériale, 11.
Hervilly et Cie, rue Bât-d'Argent, 10.

Julien aîné, rue Tupin, 6.

Lataste frères et Cie, maison de gros, rue Centrale, 5.
Larochette (L.), rue Grenette, 43.
Lemonon (L.) et Cie, St-Quentin et tulles coton, rue des
Forces, 3.
Lepage-Planus, rue de l'Impératrice, 56.
Lucas et Veyron (Mmes), rue de l'Impératrice, 100.

Million (Aimé) et Cie, calicots d'Alsace, r. de l'Impératrice, 32.
Musy, rue Moncey, 18.

Passeron (C.), mousselines et tulles, rue Centrale, 7.
Pichoz père, fils et Cie, dentelles, blondes, rue St-Pierre, 4.
Pion (Léon), dépôt de mouchoirs de Cholet, fab. de mouchoirs
de Valence, calicots, toilerie et linge de table, rue Impé-
riale, 30.
Poyet-Ferrière, rue Centrale, 27.

Rippard (C.) Argoud et Cie, lingerie, articles blancs, dentel-
les, St-Quentin, Tarare et Cholet, rue Grenette, 3.
Rippard (D.), place d'Albon, 4.
Robin, articles de blanc, rue Tupin, 14.
Royané (S.), dépôt de rideaux, mousselines brodées de Tarare
et de Hérisau (Suisse), rue de l'Impératrice, 7.

Saboureault et Jeam, maison de gros. rue Bât-d'Argent, 8.
Sage frères, rue Centrale, 41.
Serviant (F.) et Maigre, rue Saint-Pierre, 31,
Sourd (A.) et Cie, représentants, rue Ferrandière, 34.
Storck, art. de blanc, rue Impériale, 7.

Tavernier (A.), rue Impériale, 32.
Thiers (A.), rue de l'Impératrice, 17.
Tiran, Riban et Descombes, en gros, r. de l'Impératrice, 33
Vaucheret (J.) et Cie, *au Bât-d'Argent*, rue Impériale, 9.
Vial (M.), rue de la Platière, 8.
Vincent (J.-B.) et Cie, maison de gros, rue Dubois, 44.
Vulliod et Boutellier, tulles-mousselines, rue Centrale, 30.

Articles du Beaujolais (en gros).

Chevallard, Breisse et Cie, rue Grenette, 14.
Colomb et Minzemberger, rue Bât-d'Argent, 10.
D'Hauteville et Cie, rue de l'Impératrice, 19,
Faure frères, rue Centrale, 1.
Faure et Cie, rue de l'Impératrice, 50.
Finette cousins, rue de l'Impératrice, 33.
Foray et Cie, rue Grenette, 24.
Gagnière et Brenant, rue Bât-d'Argent, 1.
Girier Damour et Cie, rue la Poulaillerie, 11.
Goutelle (P.) et Royé-Vial, articles du Beaujolais, doublures en
    tous genres, maison d'achat à Thizy (Rhône), rue de la
    Fromagerie, 3.
Jassaud et Faussemagne, rue Bât-d'Argent, 10; mais. à Thizy.
Jouve, Lefèvre, et Cie, rue Bât-d'Argent, 8.
Moncel, Pagat et Cie, rue Centrale, 17.
Moréteau (P), et Cie, représentants, rue Ferrandière, 13.
Murat père et fils, rue de l'Impératrice, 45.
Niogret et Cie, rue de l'Impératrice, 21.
Pascal-Lauzier, rue de l'Impératrico, 17.

Articles de Flers (Orne), en gros.

Bouthéon (F.), et Cie, fabrique à Flers, rue Bât-d'Argent, 1.
Hue-Chesnel, fabrique à Flers, rue Bât-d'Argent, 5.
Murat père et fils, rue de l'Impératrice, 45.

Balancier pour les fabriques.

Hersant, succeseur de Parent. Maison de confiance, fournis-
    seur de la condition des soies, de la ville de Lyon balance-
    rie fine et ordinaire, bascules, romaines, balance-bascule de
    comptoir perfectionnée, spécialité pour la fabrique; tous
    les instruments sont garantis.—rue Luizerne, 5.

Batteur d'or.

Debaune (Vve) et fils, quai de l'Hôpital, 16.

Blouses et sarraux en gros.

Bruyas (A.) fabricant de chemises, rue Centrale, 21.
David Champestève et Berlie, rue de l'Impératrice, 35.
D'Hauteville et Cie, toiles du Nord, rue de l'Impératrice, 19.
Forêt (C.) et Cie, rue Dubois, 21.
Gauthier aîné et Cie, rue de l'Impératrice, 42.
Jalon, rue des Quatre-Chapeaux, 9.
Neyret (J.) et Cie, toiles et chemises, rue Grenette, 18.
Sermet et Achard, rue de l'Impératrice, 58.

Bonneterie et ganterie (voir Mercerie en détail).

Achard (Vve), rue de l'Impératrice, 101.
Aguettant père et fils, bonneterie, rue Impériale, 41.

Barnola fils, bonneterie et ganterie, rue Impériale, 10.
Bondon (H.), détail, rue Impériale, 47.
Bouilloud, bonneterie en détail, place Impériale, 48.

Cambon frères et Cie, ganterie et chaussures, rue Centrale, 44.
Couder, bonneterie fantaisie, rue Romarin, 16.
Creval aîné, bonneterie, quai de Retz, 22.

Damiron, ganterie, tissus, rue de l'Impératrice, 76.
Demons et Morel, gants de laine, rue de l'Impératrice, 65.

Falconnier frères et Savoye, bonneterie en gros, r. Centrale, 28.
Fallot (A.), bonneterie en détail, quai Saint-Antoine, 1.
Faure-Sénéchal, détail, rue Lafont, 6.
Favre, bonneterie, rue de l'Impératrice, 67.
Fournier-Maillet, détail, rue Impériale, 67.
Fugit sœurs, bonneterie en détail, rue Lanterne, 2.

Garin-Chevillard, bonneterie détail, rue Saint-Pierre, 25.
Gilles-Lévy, ganterie, rue de l'Impératrice, 90.
Gontier, galerie de l'Argue.
Grandjanny père et fils, bonneterie et ganterie en gros, fabrique spéciale de coiffures, châtelaines, capelines, mitons, résilles, cordonnets, chenilles, gilets et flanelles, rue Impériale, 32.
Guigard (J.-B.) et Cie, fabricants de gants, rue Centrale, 23.

Labarre père, fabrique de gants tissus, rue Thomassin, 6.
Laplace fils, fabrique de chaussons, place Saint-Georges, 2.

Miette (Ch.), gros et détail, rue de l'Impératrice, 1.
Millou aîné et Cie, fabrique de ganterie en tissus soie, laine et fil, rue de l'Impératrice, 91.
Montaland (N.), gants tissus en gros, rue des Archers, 3.
Montaud (H.), bonneterie en gros, rue Impériale, 71.

Moucot et Bayard, ganterie, chaussons, r. et Palais de la Bourse.
Mongeot, ganterie, rue de l'Impératrice, 86.
Mulet fils Carron et Vacher, bonneterie, ganterie et articles de nouveautés, rue de l'Impératrice, 77.
Murat (Vve), détail, rue Impériale, 77.
Mussillon (F.), magasin des 4 Saisons, détail, r. de la Reine, 31.

Pallias Salomon et Cie, bonneterie, rue Centrale, 25.
Nantas et Dauvergne, ganterie, rue des Quatre-Chapeaux, 6.

Redon, ganterie en détail, rue Impériale, 7.
Repécaud (C.), bonneterie en détail, rue de l'Impératrice, 46.
Rippard C. Argoud et Cie, foulards, tricots, filets, rue Grenette, 3.
Ronzon jeune, bonneterie, rue Impériale, 73.
Rousset (Mme), rue Sainte-Hélène, 23.

Salles jeune et Cie, fabricants de gants tissus, r. d'Algérie, 25.
Sirand, ganterie en gros, rue de l'Impératrice, 63.

Tellot et Dœlsch aîné, bonneterie en gros, rue Impériale, 30.

Vié-Poncet, bonneterie en détail, place Saint-Nizier, 1.
Villard cadet, ganterie, tissus, rue de l'Impératrice, 31.
Vincent fils, bonneterie en gros, rue Ferrandière, 14.
Vivien (H.), bonneterie et ganterie en gros, r. de la Monnaie, 2.

Boutons (Fab. de).

Brunier-Maréchal fils, métalliques or et argent, q. de Retz, 12.
Duchet aîné, boutons nacre, rue Quatre-Chapeaux, 16.
Gallonnaire, fabrique de boutons en métal, spécialité pour pantalons, clous de fauteuils en tous genres, r. Villeroy, 21, au fond de l'impasse.
Mermet, fabricant en nacre, rue Belle-Cordière, 12.
Mouterde père et fils, en tous genres, rue Madame, 38.
Panisset et Bruker, pour l'armée, place Kléber, 3.
Ravinet-Mesoniat, en tous genres, rue de Condé, 8.
Stanis, fabricant en nacre, rue Palais-Grillet, 46.

Broderies de Nancy et autres.

Aubert et Fournier, et lingerie d'église, rue du Plâtre, 6.
Aujogue (Vve) Catenot Robert successeurs, rue Impériale, 26.

Badin S. et Cie, broderies sur tulles, soie, or, argent et applications en tous genres, rue Désirée, 6.
Badiou (Mlle), rue Bourbon, 11.
Bailly (J.), rue Palais-Grillet, 24.
Bazalgette (V.) et Cie, broderie, soie et confection pour dames, façon et commission, rue de l'Impératrice, 62.

Berchoux et Cie, articles de Mulhouse, rue Centrale, 15.
Bongiraud et Cie, rue Neuve, 26.
Bonnardel Boirayon (J.), rue Impériale, 35.
Boucharlat jeune, tulles brodés, rue des Capucins, 18.

Cerf frères, rue Centrale, 31.
Charavay-Genevey, rue de la Monnaie, 2.
Chatagnier (J.) et Cie, rue Dubois, 46.
Costadau et Pelloux, rue de l'Impératrice, 13.

De la Rue (D.), successeur de l'ancienne maison Jouve frères, soieries et dorures pour ornements d'église et ameublements, rue de l'Arbre-Sec, 3 ; maison à Bruxelles, rue Galilée, 14, boulevard de l'Observatoire.
Denave-Ronat (H.), rue Saint-Pierre, 41.
Dupheis (Mlle), broderie d'église, rue Saint-Jean, 68.
Dutroncy (E.), tulles, rue de l'Impératrice, 68.

Fayeton (Mme), ornement d'église, broderie or, argent et soie, quai Fulchiron, 2.
Finand-Bony (Mme), lingerie fine, rue Bât-d'Argent, 8.

Gallice (C.), r. Bât-d'Argent, 10; à Nancy, r. St-Thiébaut, 35.
Garnier (S.) fils, quai St-Clair, 7.
Gros (Mme), rue St-Dominique, 3.
Guyot (J.-P.), dentelles et voilettes, rue Impériale, 77.

Henry (J.-A.), ancienne maison A. Henry et Jouve, broderies or, argent et soie pour ornements d'église, pour civils et militaires; broderies d'art, rue du Garet, 3.
Hebrard fils, Rivoire et Cie, rue Impériale, 11.
Hirsch, rue Impériale, 7.

Idril, dentelles, rue Royale, 27.

Juvenet (H), rue des Capucins. 24.

Laroche (Mme), cours Morand, 23.
Leroudier, pour ornements d'église, pl. Croix-Pâquet, 2.
Leroy, rue Bugeaud, 62,

Manigot et Cie, place Saint-Clair, 2.
Marini (Mlles), rue des Capucins, 18.
Melousay (Mlles), cours Morand, 53.
Michel (C.), nouveautés pour deuil, place des Terreaux, 7.
Montaud (H.), fabrique de tricots, rue Impériale, 71.

Passeron (C.), rue Centrale, 7.
Petit et Gayet, pour église, rue Tramassac, 4.
Philibert (Mme), rue Centrale, 21.
Pulliat (J,), rue Impériale, 5; maison à Paris.
Pichoz père et fils et Cie, rue Saint-Pierre, 4.

Ravier (J.) et Cie, pour deuil, quai de Retz, 6.
Ribolet-Bauchu (Vve), pour église, rue de l'Impératrice, 49.
Rippard, Argoud et Cie, dentelles, rue Grenette, 3.
Rippard, (D.), place d'Albon, 4.
Rochet, franges et broderies en tous genres, rue du Garet, 6.
Rollet fils et Cie, de Nancy, rue de l'Impératrice, 31.
Roque (C.) et Cie, petite r. des Feuillants, 5; maison à Paris.
Roux (Ernest), rue St-Pierre, 33.
Royané (S.), rue de l'Impératrice, 7, dépôt de rideaux, mousselines brodées de Tarare et de Hérissau (Suisse).

Sauvayre-Marianny, rue Désirée, 7.
Seppe (P.), spécialité pour broderies d'uniformes civils et militaires, fanfares et pompiers, fourniture maçoniques, rue Centrale, 3.
Storck (Mlle), rue Impériale, 7.
Serviant et Maigré, rue St-Pierre, 31.
Strauss, tulles voilettes, nouveautés, rue des Capucins, 15.
Sublet-Thiers (Vve), rue Poulaillerie, 2.

Vassé (C.), rue de l'Impératrice, 42, maison à Nancy.
Vidal, ornements d'église, rue Mulet, 6.

Calicots (en gros).

Alix (A.-J.), dépôt de Wesserling, rue Bât-d'Argent, 18.
Baugier (R.) et Cie, rue Gentil, 10.
Coquard frères, rue St-Pierre, 37.
Cusenier et Gentelet, rue de la Fromagerie, 7; fab. à Souvana.
Debar (Samuel), les héritiers, quai de Retz, 6.
Dumas (A.) et Cie, rue Gentil, 4.
Dumoulin, rue Impériale, 15.
Gagnière et Brenant, dépôts d'Alsace, rue Bât-d'Argent, 1.
Garcin cadet et fils, graude rue Longue, 25.
Hartmann et fils, calicots et coton filés, rue Impériale, 12.
Hébrard fils, Rivoire et Cie, rue Impériale, 11.
Lataste frères et Cie, rue Centrale, 5.
Million (Aimé) et Cie, calic. d'Alsace, rue de l'Impératrice, 32.
Mequillet, Noblot et Cie, calicots d'Alsace, quai de Retz, 16.
Offant, Boisson et Descombes, rue de l'Impératrice, 40.
Perrot et Cie, rue St-Pierre, 35.
Pion (Léon), rue Impériale, 30.
Royané (S.), rue de l'Impératrice, 7.
Tirau Ribes et Descombes, rue de l'Impératrice, 33.

Cartons en feuilles (Fab. de).

Chapard et Chanal, dépôt des papeteries du Marais pour les cartons lustrés d'apprêteurs et de fabrique, rue Lafont, 18 et rue du Garet, 9.

Devilaine et Cie, Marcel Foillard représentant, entrepôt, cours d'Herbouville, 20, fabrique à Trellins-sur-Vinay (Isère).

Dubreuil frères, Loisel, représentant, r. Imbert-Colomés, 12.

Girerd (J.), fabrique de carton en feuilles, cartes blanches, pour adresses, étiquettes, cartes de couleur, cartes d'envoi et de fantaisie, cartons pour broderies et modes, collage à façon pour la soierie et autres, rue Ste-Cathérine, 17.

Pascal frères, manufacture de cartons, aux Eparres, près Bourgoin (Isère), quai St-Clair, 11.

Voisin frères et Cie, manufacture de cartons fins pour apprêts de draps et de soieries, emballages et cartonnages fins, cours Bourbon, 27, fab. à Jallieu (Isère).

Voisin (H.), fils et Cie, grande rue des Feuillants, 4.

Cartonniers spéciaux pour la fabrique.

Belingard, fab. de tuyaux en cart. fin, quai Pierre-Scize, 87.

Bernard (P.). rue des Capucins, 21.

Béchet (L.), petite rue des Feuillants, 4.

Bédé, rue Désirée, 5.

Blanchet, rue des Capucins, 27.

Brocard et Cie, fab. en tous genres, boîtes de bureaux et cartons d'emballage, cartons de fourrures et art. de fantaisie, rue Romarin, 21.

Colrat (R.), rue Romarin, 13.

Debrabant, fabrique de tuyaux imperméables en papier fin vernis pour le tissage de la soierie, r. Imbert-Colomés, 37.

Drut (S.), rue Puits-Gaillot, 29.

Fenouille, rue Royale, 21.

Gacon, rue Dauphine, 2.

Guinet, rue de Thou, 2.

Loup, rue St-Polycarpe, 8.

Mayoux, fab. de cartonnage (breveté s. g. d. g.) pour boîtes s'ouvrant sans déplacement pour bureaux, magasins, casiers, etc., rue Désirée, 8.

Mercier et Biesse, rue St-Claude, 4.

Monin aîné, rue Romarin, 12.

Ory, rue St-Polycarpe, 16.

. Ravier, rue des Capucins, 7.
Richard (A.), rue des Capucins, 22.
Rivière (E.), rue Romarin, 7.
Roche (J.) fab. de cartonnages en tous genres, boîtes pour gants, velours, chales et nouveautés, de bureaux, de voyages et magasins, rue du Griffon, 3, au 3e.

Saillard, rue Centrale, 5.
Salignac, rue Puits-Gaillot, 2
Sékiége (Mlle), anc. maison Huguenot, rue St-Marcel, 36.

Voisin fils et Armand Surand, petite rue des Feuillants, 2.

Casquettes (Fab. de).

Aubry (J.-B.), militaire, place Grôlier, 3.

Biagiotti, rue Childebert, 3.
Baroni (F.), rue Basse-Combalot, 2.
Bedini (A.), rue Belle-Cordière, 16.

Chenebrard (C.), rue Impériale, 48.

Del-Greco et Renaud, place des Célestins, 6.

Fahy père et fils, rue Sala, 54.
Font, fab. en tous genres, gros et détail, rue d'Aguesseau, 6.
François, en tous genres, fait la fantaisie et nouveautés, tels que képys, casquettes, uniforme pour pensions, colléges et administrations, rue des Marronniers, 9.

Giorgi (A), rue Moncey, 15.
Girard, avenue de Saxe, 221.

Jourdan (J.), place Napoléon, 7.

Landi, rue Stella, 8.
Legre, grande rue de la Guillotière, 52.

Manchoud, rue Vendôme, 110.
Mazini (Michel), maison de gros, cours de Brosses, 2.
Moncharmont, rue Romarin, 3.

Palezzi, rue de la Madeleine, 38.
Peillon, rue de Chartres 88,

Rivier sœurs, passage de l'Argue.

Santini, rue St-Georges, 58.

Châles (Raccommodage de).

Brunel, rue Ste-Monique, 6.

Cabin, rue Neuve, 23.
Catin (Mme), rue St-Pierre, 14.

Daudct (Mme), rue Bodin, 20.
Dugoujard (Vve), rue Romarin, 5.
Durand (Mme), rue des Capucins, 15.

Faure (Vve), place Croix-Pâquet, 1.

Girard (Mme), rue du Griffon, 2,
Guillemond-Ledru (Mme), petite rue Feuillants, 6.

Jardinet et Cie, rue Boissac, 7, et rue Bourbon, 10.
Juge (Mme), rue de l'Annonciade, 22.

Mingaz (Mlles), rue du Commerce, 12

Tardy et Cie, réparation de châles-cachemires des Indes et de France, mise en carré des châles longs, ravivage des couleurs, transformation des châles tapis changement de la nuance des fonds de châles, franges et bordures, rue St-Dominique, 2. Dépôt à Marseille, rue St-Ferréol, 2, et à Toulouse, rue St-Rome, 34.

Tissot (Mme), spécialité pour le recrochetage et la réaplication des cachemires de l'Inde, changement de fond, mise, en carré des châles longs, utilise les vieux châles démodés pour la confection du burnous, fournisseur de fonds et de franges en tous genres, dégraissage et avivage des couleurs rue du Plat, 16.

Chanvre.

Guitard Aulagne et Cie, chanvre filé en tous genres, bureau rue Saint-Joseph, 3 ; filature rue Suchet, 8 (Brotteaux).
Mayet fils aîné et Cie, rue d'Oran, 2.
Zindel et Cie, rue Pizay, 5.

Chapeliers (Fab.).

Allemand (J.), fouleur, rue Thomassin, 40.
André (F.), rue Saint-Joseph, 24.
Avias (Célestin), feutre, soie et fantaisie, q. de l'Hôpital, 10.

Biagiotti, rue Childebert, 5.
Baton frères, rue Impériale, 44.
Berger (H.), rue du Palais-Grillet, 32.
Bernard, rue Centrale, 30.

Blache frères, rue Monsieur, 95.
Bonnard, place Saint-George, 44.
Bonnard jeune, place du Gouvernement, 4.
Bussod, rue Jean-de-Tournes, 5.
Bouilliat (C.), rue de Castries, 8.

Cary, rue des Marronniers, 7.
Chenebrard (C.), rue Impériale, 48.
Cheyssac, rue Grolée, 41.

Degand (F.), soie et feutre, rue Sainte-Hélène, 49.
Delseries, rue Ferrandière, 42.
Denis (T.), rue des Marronniers, 7.
Denuel, approprieur, rue Saint-Joseph, 34.
Duclos (J.-B.), avenue de l'Archevêché, 5.
Ducreux (E.), chemin des Etroits, 38.
Durdilly (J.), rue Saint-Joseph, 15.
Durst-Wild frères, fabrique de feutre, rue Centrale, 29.

Fahy père et fils, chapeaux sans apprêt, rue Sala, 54.

Gayet, rue Belle-Cordière, 24.
Guillaume fils, mi-gros, quai de Bondy, 20.

Jandard, rue des Quatre-Chapeaux, 19.
Jobert fils, fabrique de chapeaux soie, maison de gros, commission, rue des Remparts-d'Aînay, 17.

Lonchamp (Ch.) et Revenant, rue Paradis, 2.

Martin, rue Saint-Joseph, 38.
Mas et Félizat, expédition, exportation, rue Ferrandière, 44.
Maublanc (A.), chapeaux souples, rue Montesquieu, 92.
Moulin (E.), rue de Sèze, 25.

Noyer père et fils, cours Lafayette, 8.

Pillard, rue de la Charité, 43.
Pillet (J.) et Cie, en soie, rue de Jussieu, 13.
Pipon-Faure, matières premières, place Impériale, 55.
Pilaval et Rager, fabrique de chapeaux feutre et paille, fournitures pour modes et chapellerie, quai de l'Hôpital, 6, et rue Champier, 9.
Poyard jeune et Echalié, rue Sala, 58.
Puthod (J.), rue du Palais-Grillet, 46.

Rivoire (A.) et Cie, rue Passet, 12.

Uldry, rue de la Charité, 10.

Valette aîné et Fournier, rue de la Charité, 46.

Chapellerie, teinture et apprêt.

Bernard (Vve), apprêt et teinture de chapeaux de feutre, rue de Créqui, 40 (Brotteaux).

Durand, teinturier-apprêteur, rue de Condé, 44.

Lablanche (A.), rue Impériale, 83.

Mayoux jeune, Grand'Rue-de-la-Guillotière, 47.
Moyroux et Collomb, rue des Trois-Rois, 15.

Pacalin, Grand'Rue-de-la-Guillotière, 8.
Perrier, quai Fulchiron, 40.

Chapeliers (Marchands).

Afflatet, rue Romarin, 16.

Balthazard, rue Impériale, 7.
Bertrand (A.), rue Louis-le-Grand, 1.
Besassier (A.-V.), rue de l'Impératrice, 54.
Blavet (J.), place des Capucins, 1.
Bianchi (A.), rue Pouteau, 21.
Boivin, rue Bossuet, 6.
Bonnet père, place de l'Impératrice, au-dessus des magasins des Mousquetaires, entrée rue Childebert, 1, à l'entresol.
Bonnet fils, rue Impériale, 64.
Bontemps (R.), Grand'Rue-de-la-Guillotière, 171.
Borraz, rue St-Côme, 2.
Boyet, rue de Chartres, 80.
Bouquet, rue des Marronniers, 2.
Brondelle (J.), Grand'Rue-de-la-Guillotière, 2.
Bruguier (C.), passage de l'Hôtel-Dieu, 49.
Bussod (G.), rue Jean-de-Tournes, 5.

Cady, rue Saint-Jean, 17.
Caffarel, Grand'Rue-de-la-Guillotière, 31.
Cary (J.), rue des Marronniers, 7.
Cara (D.), quai de Vaise, 4.
Cartillier (P.), Grand'Côte, 40.
Cau (L.), rue Bourbon, 22.
Chalon (J.), Grande-Place-de-la-Croix-Rousse, 12.
Charbuy-Morard, rue de Bourbon, 26.
Chartier fils, rue Confort, 19.
Chataignier, quai de la Charité, 2.
Chataing (F.), rue du Commerce, 36.
Chataing (veuve), rue Impériale, 16.
Chaudon (E.), avenue de Saxe, 66.
Clerc (B.), cours Morand, 18.

Colomban (A.), rue de la Reine, 48.
Col, rue Lainerie, 1.
Comina, place de la Croix-Rousse, 24.
Cotaret, rue St-Georges, 2.
Crémon, cours Morand, 58.

Dessagne (A), rue Puits-Gaillot, 7.
Dominget, rue de la Pyramide, 13.
Doruse, cours Morand, 37.
Duchet (J.) fils, galerie de l'Argue, 59.
Duchet père, passage de l'Argue, 41.
Duclos (J.-R.), avenue de l'Archevêché, 5.
Dupasquier, quai St-Vincent, 54.

Epalle fils, Grande'Rue-de-la-Croix-Rousse, 9.

Falavier, Grand'Rue-de-la-Guillotière, 109.
Fayard, rue de Vaise, 12.
Flachy, spécialité pour ecclésiastiques, rue St-Jean, 46.

Garnier (J.), rue du Mail, 7 (Croix-Rousse).
Gayet (A.), cours de Brosses, 8.
Genevia, Grand'Rue-de-la-Guillotière, 118.
Genin, avenue de Saxe, 171.
Girardon, Grand'Côte, 85.
Giraud, rue Saint-Georges, 40.
Giraud (J.), rue d'Algérie, 27.
Giraud (F.), Grand'Rue-de-la-Guillotière, 135.
Grange, rue Moncey, 36.
Guillaume fils, quai de Bondy, 20.
Guinet, Grand'Rue-de-la-Guillotière, 77.

Herve, place de la Victoire, 9.
Huguenet, passage Couderc, 1.
Humbert, cours Lafayette, 30.
Hurbin, rue Belle-Cordière, 10.

Jandard (J.-M.), rue des Quatre-Chapeaux, 19.
Josserand, quai de Vaise, 13.
Jumont-Buer, place Louis-le-Grand, 5.

Lafond (C.), rue Saint-Joseph, 14.
Laurent (J.-L.), rue de l'Impératrice, 91.
Laurent, galerie de l'Argue, 69.
Levant, quai Fulchiron, 15.
Levet, quai d'Orléans, 6.
Llobet fils, rue Saint-Côme, 7.

Manoua, côte des Carmélites, 13.
Matteuci, galerie de l'Hôtel-Dieu, 20.

Moiret (A.), galerie de l'Argue, 74,
Monchaud, rue Vendôme, 108.
Moniot (C.), quai de l'Hôpital, 69.
Moulet frères, place des Terreaux, 5.
Morlon (M.), Grand'Rue-de-la-Croix-Rousse, 50.
Musset (B.), rue Saint-Jean, 68.

Nodin (Vve), rue de l'Impératrice, 37.

Pechoux, cours Lafayette, 13.
Perbet (Vve), rue de Jussieu, 6.
Perret (C.), rue Tholozan, 18.
Peyrot aîné, rue Impériale, 47.
Planche (C.), place Saint-Clair, 5.
Poyard (J.), rue Saint-Pierre, 19.
Puthod, rue Palais-Grillet, 46
Puy (J.), Grand'Rue-de-la-Croix-Rousse, 46.

Quintallet (E.), rue Bourbon, 40.

Rampon, rue de Trion, 18.
Reyboz, rue de l'Impératrice, 79.
Richard (P.), rue de Chartres, 101.
Rivier sœurs, galerie de l'Argue.
Rodde, place Saint-Louis.
Roffat aîné, place des Terreaux, 2.

Sage, rue des Machabées, 2.
Sanlaville, rue des Marronniers, 7.
Sanlaville, cours Lafayette, 5.
Sargnon, quai Saint-Antoine, 6.
Seigle (J.), Grand'Rue-de-Vaise, 38.
Sosto, rue Belle-Cordière, 6.

Tabard, quai de Vaise, 12
Tessier, Grand'Rue-de-la-Guillotière, 29.
Torty et Cie, cours de Brosses, 2.
Treppoz (A.), cours de Brosses, 4,

Valette, rue de Chartres, 89.
Valette, cours Vitton, 16.
Valuy (Mlle), Grand'Rue-de-Vaise, 1.
Varenne, rue Bourbon, 30
Venet, rue Saint-Marcel, 37.
Viallet (J.), avenue de Noailles, 22.

Chapellerie (fournitures en tous genres).

Arnaud (B.), manufacture de coiffes papier imprimées, gauf-
frées, place Saint-Nizier, 3.

Barogy (V.) et Bouteille, fabrique de galons, bourdaloues et étoffes pour chapellerie. rue des Capucins, 14.
Bayard aîné et fils, rue du Bât-d'Argent, 17, maison à Paris.
Bayard (Louis), fabrique de bords et bourdaloués, de soieries pour chapellerie, coiffes adhérentes, toiles apprêtées, galettes anglaises, rue de l'Impératrice, 100 ; maison principale à Paris, rue du Temple, 51.
Bedini aîné, rue Belle-Cordière, 16.
Biagiotti, rue Childebert, 5.
Bonnin (V.), rubans et galons, rue de l'Impératrice, 91.
Branciard (F.) et Martel (D.), soieries, quai de Retz. 23.
Brillet et Lablanche jeune, matières premières, r. Gasparin, 8.

Callamard-Rabatel, maroquins, rue de Jussieu, 6
Callamard et Cie, maroquins, rue Impériale, 73.
Caron, étuis pour chapeaux, rue Jean-de-Tournes, 7.
Chandellier (J.-C.) et Gallet, coiffes et maroquins, rue Ferrandière, 52.
Chave fils et Guillot, doreurs, rue de Marseille, 19.
Chenebrard (C.), rue Impériale, 48.
Cheney, fabrique de coiffes, rue Grenette, 19.
Consiglièra (Mme), fabrique de coiffes, rue de l'Hôpital. 8.
Courtois fils, matières premières, pl. de l'Ancienne-Douane, 3.

Dalmais (J.-J.), fabrique de soieries pour chapellerie, spécialité de confection de coiffes, rue Sainte-Catherine, 11.
Delorme (Vve) et fils bourdaloues, rue Childebert, 9.
Delosme (J.), fabrique de coiffes et satins, rue Impériale, 37.
Déprez (F.), fabrique de formes en tous genres et outillage pour la chapellerie, rue Sala, 60.
Denis (T.), chapeaux sans apprêt, rubans, bourdaloues, coiffes, cuirs, galons et articles de chapellerie, r. des Marronniers, 7.
Digoin (J.-M.), fabrique de coiffes, rue des Marronniers, 7.
Duchaine Lachize et Bailly, fabricants de soieries pour chapellerie et bourdaloues, rue des Capucins, 13.
Doux (A) Brun et Cie, étoffes, rue Romarin, 1.
Dulac et Large, fabrique de galons nouveautés pour chapellerie, rue du Plâtre, 4.
Durdilly, matières premières, rue Saint-Joseph, 15.

Etier, fabrique d'étuis à chapeaux, rue Grôlée, 48.

Fiasson, fabrique de bourdaloues, rue Centrale, 58.

Genion, formier, quai du Prince-Impérial, 10.
Gourd et Pellet, foulards pour doublures, rue Impériale, 7.
Goux (N.), coiffes, galons et étoffes, rue Impériale, 45.
Grange, fouleur, place Reischtad.

Guieu et Gardon, doreurs pour chapellerie, pl. de l'Hôpital, 3.
Guinand (C.-J.), matières premières, place Bellecour, 17.
Grossat (A.), bords et bourdaloues, rue Ste-Elisabeth, 61.

Huguenet, (F.), commissionnaire, rue Terraille, 4.

Larramendy, formier et modeleur, outillage pour chapellerie, toutes espèces d'ovales, rue de Bonnel, 33.
Laroue jeune, fabricant de boucles, rue des Marronniers, 7.
Laurès et Cie, coiffes, rue des Remparts-d'Ainay, 7.
Lerocher (A.) fabrique de satins, rue St-Dominique, 11.
Lonchamp (C.) et Revenant, rue Paradis, 2.

Massia (J.-E.), galons, rue Confort, 3.
Martignat (P.), fab. de coiffes et fournitures, rue Saint-Dominique, 14.
Martin ✻ (J.-B.) et P. ✻, peluches pour chapellerie et velours, Londres, 1855, 1re médaille d'honneur, quai de Retz, 3, et à Paris; manufactures à Tarare et à Metz; teinturerie à Roanne (Loire).
Mathon (A.), fabricant d'étoffes, rue de la Bourse, 33.
Misset (L.), coiffes et impressions, rue du Palais-Grillet, 12.
Mulatier-Silvent et Villion, étoffes, place Croix-Pâquet, 11.
Mulcey (C.), apprêt de coiffes pour chapeaux, rue Grôlée, 26.

Neyret (A.) et Cie, étoffes, rue Pizay, 22.
Nicolas (Vve A.), rue Impériale, 81.

Pelletier (A.), poils pour chapellerie, place Bellecour, 16.
Perbet (Vve), appropriateur, rue de Jussieu, 6.
Pipon-Faure, place Impériale, 55.
Pitiot (E.) fils et Bugey, matières premières q. de la Charité, 4.

Ray père, formier, rue Stella, 4.
Rivoire (A.) et Cie, rue Passet, 12.

Sage (C.), fabrique de coiffes, rue Quatre-Chapeaux, 11.
Spiess (H.), matières premières pour la chapellerie, rue des Marronniers, 7,

Vaillant (B.), fournitures en tous genres, r. des Capucins, 13.
Valansot et Murillon, fab. de bourdaloues, rue Impériale, 3.
Volque, fab. d'étuis à chapeaux rue Grôlée, 53.
Vulpillat (P.) soieries, rue Mulet, 12.

Chapeaux de paille (Fabricants et Marchands).

Amblard (Mme), rue Centrale, 48.

Bergeret (Mlle), rue des Remparts-d'Ainay, 29.
Bertrand, quai de Vaise, 8.

Besson, Grande-Côte, 45.
Besson, Grand'Rue-de-Vaise, 37.
Bienvenu (Vve), rue de la Pyramide, 34.
Bridon, rue Mercière, 11.
Burlan sœurs, rue de l'Impératrice, 63.

Carrichon, rue d'Ivry, 24.
Chady (L.), rue Grenette, 12.
Chapeau, rue Saint-Cyr, 36.

Darolle, rue de la Poullaillerie, 2.
Delagarde (Vve), fabrique de chapeaux de paille et feutre, rue
    Mercière, 15 et rue Dubois, 5.
Dominget, rue de la Pyramide, 15.
Dominget, Grand'Rue-de-Vaise, 9.
Drevet (L.), manufacture de chapeaux et tresses de paille par
    procédé mécanique, blanchiment perfectionné, rue Ma-
    genta, 1, et cours Lafayette, Cité-Napoléon, près Lyon.
Drevon, quai de Vaise, 7.
Duboin, rue Port-du-Temple, 16.
Dubost (Mme), rue Mercière, 18.
Dupré-Clapier, rue Mercière, 64.
Dupré (A.) fils et Cie, fabrique de chapeaux de paille et tresses
    d'Italie, rue Saint-Dominique, 14.
Durst-Wild frères, représentés par L. Monceau, rue Cen-
    trale, 29, fabrique de chapeaux de paille et de feutre, four-
    nitures pour modes, tulles, dentelles, crêpes et blondes ;
    maisons à Paris, rue du Caire, 39, à Londres ; Chéapside,
    119, à Saint-Pétersbourg, perspective Newsky, 19.

Fenouilot, quai de Vaise, 13.
Fléchet, Grand'Rue-de-Cuire, 29.
Fléchon (Mlle), rue Mercière, 58.

Gaillard (D.), maison de gros, rue Mercière, 11.
Galabert (Mlle), rue de la Bourse, 25.
Gayet jeune et Cie, maison de gros, place St-Nizier, 1.
Girier, Grand'Rue-de-la-Guillotière, 98.
Grandon-David, rue Mercière, 39.
Guérin, rue du Mont-d'Or, 15.
Guillermier, rue Grenette, 2.

Kenney (É.), rue Grenette, 3.

Lambert-Marius, fabricant, rue Centrale, 39.
Lardière (Mlle), rue Bât-d'Argent, 2.
Longre, rue de la Pyramide, 77.

Magnin, rue Grenette, 10.

Nicolas (A. Vve), manufacture de chapeaux de paille cousus, en tous genres, dépôt de chapeaux et tresses de paille d'Italie, rue Impériale, 81.

Noel-Rietti, rue Mercière, 49.

Paraton (successeur de Lhopital-Foürneau), fabrique de chapeaux de paille et fournitures pour modes, blanchissage, apprêt et teinture en tous genres, rue de la Plâtière, 12.

Pichat (Vve), rue Mercière, 3.

Pitaval (F.) et Rager, fabrique de chapeaux de paille et feutre, dépôt de paille en tresses, r. Champier, 9; q. de l'Hôpital, 6.

Pouilly, blanchissage et teinture de chapeaux de paille et de feutre, fournitures pour chapellerie et modes, rue Saint-Joseph, 70, près la place Napoléon.

Robert, rue Centrale, 4.

Rousseau, Grand'Rue-de-la-Croix-Rousse, 34.

Sargnon, quai Saint-Antoine. 6.

Terraillon (Vve), quai de Vaise, 12.

Thibaut et Pondevaux, maison de gros, r. Saint-Dominique, 2.

Thomasset (Vve), rue Mercière, 4.

Torty (S.-A.) et Cie, chapellerie de soie, feutre, paille, nouveautés pour femmes et enfants, fournitures pour modes; atelier pour l'apprêt, le blanchissage et la teinture de chapeaux de paille et de feutre par des procédés perfectionnés, cours de Brosses, 2.

Turge-Chollet, fabrique de chapeaux de paille en tous genres, blanchissage et teinture de paille et de feutre, place Bellecour, 18, façade du Rhône, près la Poste.

Valluy (Mlle), Grand'Rue-de-Vaise, 1.

Velay, rue de la Pyramide, 41.

Blanchissage et apprêt de chapeaux de paille.

Alarousse, rue d'Amboise, 12.

Audra, rue Confort, 24.

Bogey, rue de Jussieu, 7.

Clerc, rue de la Poulaillerie, 8.

Clerc-Baudin, rue de la Gerbe, 4.

Darolles, rue de la Poulaillerie, 2.

Duperret, rue Tupin, 33.

Genin, blanchissage et apprêt de chapeaux de paille, teinture et mise en forme de feutre, rue Tupin, 18.

Glenat, rue Centrale, 17.

Migniot, rue Dubois, 46.
Monier-Salin, rue de Bourgogne.

Póuilly, rue Saint-Joseph, 70.

Rastrelli, rue Dubois, 9.
Robert, apprêteur pour chapeaux de paille et feutre, rue Sainte-
Hélène, 32.

Chasubliers.

Benech-Dufay, avenue de l'Archevêchè, 2.

Chassaignon-Dominget, rue Saint.-Jean, 70.

De La Rue (D.), successeur de l'ancienne maison Jouve frères,
rue de l'Arbre-Sec; 3, maison à Bruxelles, rue Galilée, 14.
Douillet (E.), fabrique spéciale de bannières peintes et déco-
rées à l'huile et brodées dans tous les genres, tableaux d'é-
glise, rue Monsieur, 60, près le pont Lafayette.
Dupheïs (Mlle), broderies d'église, rue Saint.-Jean, 68.

Fayeton (Mme), broderie or, argent et soie, q. Fulchiron, 2.
Flachy, lingerie pour église, rue Saint.-Jean, 46.

Monteilhet (Vve). place Saint.-Jean, 1.
Monteilhet jeune, vases sacrés, avenue de l'Archevêché, 2.
Monteilhet fils, place Saint.-Jean, 2.

Chaussure (fournitures pour la).

Association pour la fourniture en tout genre, r. Thomassin, 31.

Barlet (Mme), rue Ferrandière, 48.
Belle fils, rue du Mont-d'Or, 1.
Bertholon, rue de la Pyramide, 11.
Bertholon, rue du Commerce, 44.
Boibet et Cie, Grande-Côte, 69.
Bonnardel, galerie de l'Argue, 68.
Boillion, rue du Palais-Grillet, 19.
Bonjour, formier, rue du Palais-Grillet, 40.

Calvet (Vve) et Badaraco, rue Quatre-Chapeaux, 11.
Chagniard frères et Gaivallet, rue Ferrandière, 31, au 1er.
Christmann, rue de Marseille, 7.
Coquet-Fontaine, rue Saint.-Jean, 17.
Courcy (L.) et Cie, fabrique d'étoffes, r. de l'Impératrice, 53.

Débanne, rue Monsieur, 56.
Desprez et Favre, rue de l'Impératrice, 56.

Dodici, rue Madame, 75.

Falquet et Ollagnier, fabrique de tissus élastiques en tous
  genres, rue Bossuet, 67,

Grosbois, passage de l'Hôtel-Dieu, 11.
Guérin, cours Bourbon, 34.

Hériey, avenue de Saxe, 129, aux Brotteaux.
Hess (T.), passage de l'Hôtel-Dieu, 41.

Lapalu, rue de l'Impératrice, 72.
La Selve (H), rue Quatre-Chapeaux, 19.
Laurent, rue Imbert-Colomès, 16.
Louis (A.) tissus élastiques, rue Bourbon, 17.
Lyonnet (E.), cirage vernis du Soleil, rue Mercière, 43; dépôt
  général des bleus de la maison Passiér-Roux, de Dôle.

Munier, rue Neyret, 4.

Perrin (C.), fabrique de tresses élastiques, spécialité d'étoffes
  et tissus pour chaussures, rue de l'Annonciade, 26.

Rassat (J.), rue de l'Impératrice, 69.
Reynaud et Cie, fabrique de tissus élastiques pour chaussures,
  rue Duguesclin, 217.

Sauzet, rue Palais-Grillet, 17.

Terroillon, Grand'Rue-de-la-Croix-Rousse, 63.
Thinel, Grand'Rue-de-la-Guillotière, 24.
Trayoux, rue de la Loge, 2.
Trouttet et Thevenet, rue Ferrandière, 34.

Vial (Ant.), rue Confort, 26.

Chemisiers.

Arnoult et Cie, rue Constantine, 22.

Barnola (D.) fils, rue Impériale, 10.
Billet (F.), en gros, rue de la Bourse, 8.
Bondon (H.), détail, rue Impériale, 47.
Boulogne (Vve), rue Romarin, 29.
Bois-Bongrand, rue de l'Impératrice, 68.
Brébion-Carrier, place Sathonay, 5.

Cavaroc (Vve), flanelles, rue Saint-Côme, 5.
Chambellan (C.), rue Impériale, 19.
Charpas, détail, rue de l'Impératrice, 72.
Charvet, détail, rue d'Algérie, 18.
Chavat et Cie, rue Impériale, 43.

Chomat (C.), rue Impériale, 2.
Comberousse (L.), rue Bourbon, 6.

Daboneau et Barrard (Ville de Lyon), rue Impériale, 31.
Deromieu-Roland, rue Saint-Côme, 1.
D'Hauteville et Cie, maison de gros, rue de l'Impératrice, 19.
Dijoud (Mme), rue de l'Impératrice, 33.
Dumoulin, *à la Chemise lyonnaise*, rue Impériale, 15.

Fiard et Mettey, maison de gros, rue de l'Impératrice, 33.
Forest et Cie, maison de gros, rue de l'Impératrice, 39.

Gacon, rue Impériale, 6.
Gauthier aîné et Cie, maison de gros, rue de l'Impératrice, 42.
Giraudier et Cie, rue Tupin, 38.

Hayem aîné, maison de gros du Phénix, rue Saint-Pierre, 29.

Jalon, rue des Quatre-Chapeaux, 9.
Jametton (A.), spécialité de chemises d'hommes, jupes, pantalons, camisoles et dessus de corsets, rue Mercière, 47.
Jay (A.), rue Impériale, 4.
Jullien fils, rue Centrale, 1.

Lacombe (N.) et Cie, place Saint-Nizier, 5.
Lathelize et Cie, fabrique de chemises et corsets, buscs acier bleu, cordons et fournitures brevetés (s. g. d. g.), rue Mercière, 90.
Lonjon, détail, rue Impériale, 7.

Miette (C.), rue Centrale, 56, et rue de l'Impératrice, 1.
Molin frères, chemises en gros et sur mesures, r. Centrale, 27.
Musillon (F.), magasin des Quatre Saisons, rue de la Reine, 31.

Neyret (J.) et Cie, maison de gros, rue Grenette, 18.

Perrin (L.), chemisier à façon, rue Constantine, 7.
Pitiot (D.), détail, rue Saint-Pierre, 18.
Pitiot-La-Selve, détail, rue Lafont, 10.
Prost (Vve), en gros, rue Grenette, 14.

Ray aîné, rue des Quatre-Chapeaux, 6.
Répécaud (C.), rue de l'Impératrice, 46.

Sermet et Achard, rue de l'Impératrice, 58, maison de gros.

Veillas, passage de l'Argue, 70.
Verdure (L.), apprêteur de chemises neuves, r. Monsieur, 95.
Vaucheret (J.) et Cie, *au Bât-d'Argent*, rue Impériale. 9.
Vie-Poncet, place Saint-Nizier, 1.

Chenilles (Fabricants de).

Bernardin (L.), maison la plus ancienne de Lyon, brevetée s. g. d. g., en France et en Angleterre, montée Saint-Barthélemy, 26.

Bonnamour aîné, comptoir, rue de l'Impératrice, 50, fabrique de lacets, cours Lafayette, 50, à Villeurbanne.

Cornillon (Ch.) et Cie, fabrique de chenilles, coiffures, résilles, ganterie et articles nouveautés, rue de l'Impératrice, 57.

Crépon (A.) et Cie, fabrique de résilles, r. de l'Impératrice, 40.

Delorme (N.), fabrique en tous genres, rue Grôlée, 16.

Divat-Magdinier, rue de l'Impératrice, 48.

Ducellier et Gancel jeune, rue Impériale, 11.

Duinat, fabrique de chenilles, franges et éfilés, rue des Capucins, 25.

Favre jeune et Lioux, rue Grenette, 4.

Favre (Gabriel), rue Saint-Pierre, 26.

Gay (J.), résilles et coiffes, rue Impériale, 18.

Gizon, franges et nouveautés, rue Impériale, 36.

Grossat (A.), rue Sainte-Elisabeth, 61.

Héraud (J.-B.), fabrique de filets, résilles nouveautés en tous genres, rue Grôlée, 61.

Martin (F.), fabrique de résilles, rue Mercière, 5.

Martin, rue Dubois, 11.

Martin aîné, fabrique de résilles, rue Constantine, 15.

Mehier (C.) et Cie, rue Saint-Pierre, 39.

Meyer (J.), rue Mercière, 11.

Pallu, rue Vauban, 41.

Pierry, rue Bât-d'Argent, 1.

Poncet (Ch.), fabrique de résilles, coiffures et nouveautés, ceintures et soieries, place Saint-Nizier, 1.

Poyet (A.) et Blanc, rue Bât-d'Argent, 3.

Rippard (C.) Argoud et Cie, fabr. de résilles, r. Grenette, 3.

Rozier Bonnard et Cie, fabrique de résilles et cravates, foulards nouveautés, rue Jean-de-Tournes, 15.

Saron et Béroud, rue Impériale, 2.

Sonthonnax (L.), rue Centrale, 3.

Vachon (A.), rue de l'Impératrice, 27.

Chiffons en gros (Négociants).

Chapuis, en gros, rue Béchevelin, 13 et 15.

Charpillon (H.) et Cie, en gros, Gde-r.-de-la-Guillotière, 28.

Crocheton (F.), rue Henri IV, 9.

Figuet, mi-gros, rue Grôlée, 26.

Gardett (E.), rue de Chabrol, 10.

Guillermat (Mme), mi-gros, rue Lainerie, 13.
Magnard, place de la Victoire, 7.
Megrin frères, en gros, rue Béchevelin, 29.
Minjolet, mi-gros, passage Primat.
Moneret, rue des Capucins, 4.
Neuville, quai de Vaise, 37.
Normand, mi-gros, rue Montesquieu, 62.
Priou (J.), mi-gros, rue Dubois, 25.
Pupier (B.) et Cie, en gros. rue Neuve-Saint-Michel, 21.
Raimond, mi-gros, Grande-Rue-de-la-Guillotière, 74.
Rousset, rue de Béarn, 19.
Trescasc, spécialité en laine, rue Bourget, 37 (Vaise).

Cols-Cravates.

Abraham-Hayem, fabrique de cols-cravates, de cols de chemises, foulards et cravates nouveautés; gros, exportation,
rue Grenette, 43.
Aubert et Bockisch, fab. de cols-cravates, soieries, place des
Terreaux, 7.
Augier (Rodolphe), fab. de cols-cravates et faux-cols, dépôt
de foulards anglais et foulards de l'Inde, gros, exportation,
rue Centrale, 12.

Batture (V.) et Cie, manufacture de cols-cravates, soieries et
foulards, rue du Plâtre, 4.
Blum (Marix), rue de l'Impératrice, 56.
Bordet (A), rue Romarin, 21.
Brun (J.) et Cie, cols en tous genres, Lavallière et cols écharpes,
faux-cols et cols de crêpe, rue de Sully, 44.
Brunswick frères, rue Saint-Pierre, 14.

Carret (J.-C.) et Cie, rue Romarin, 31.
Champanhet, rue de l'Impératrice, 60.

Darier (S.), rue de l'Impératrice, 15.
Duhart, rue Impériale, 33.
Durieux (L.) et Cie, ancienne maison Lasnier Astier, fab. en
tous genres, exportation, place des Terreaux, 1.

Ferrier (Vincent), place des Cordeliers, 3.
Guyot, fab. de cols-cravates et foulards, rue Bât-d'Argent, 4.

Hayem (S.) aîné, gros, exportation, cols-cravates, chemises,
faux-cols et gilets de flanelle, *Au Phénix*, rue St-Pierre, 29.
Heraud (J.-B.), fab. de résilles, rue Grôlée, 61.

Jacquetant et Cie, fab. de cols-cravates, foulards et soieries,
rue Vieille-Monnaie, 43.

Marix-Picard frères, fab. de faux-cols, rue Puits-Gaillot, 9.
Marx-Hirsch et Nachman, rue de l'Impératrice, 87.
Millot, rue Saint-Nizier, 6.

Pierry (L.), fab. de résilles, rue Bât-d'Argent, 1.

Rippard (C.) Argoud et Cie, rue Grenette, 3.
Rousset (L.), place des Terreaux, 3.
Roy aîné et Cie, rue de l'Impératrice, 72.
Rozier Bonnard et Cie, fab. de cravates et résilles, foulards et
    nouveautés, rue Jean-de-Tournes, 15.
Varand (F.), exportation, rue Impériale, 65.

Confection d'habillements pour hommes.

Abadie (J.-R.), cours de Brosses, 4.
Ader, place de la Croix-Rousse, 6.
Alix (J.) Vve, spécialité des Monts-de-Piété, quai de l'Hô-
    pital, 50.
Albert (A.), rue Impériale, 45.

Barbe et Cie, quai de l'Hôpital, 71.
Bernard Lévy, rue Impériale, 39.
Bernard, rue Impériale, 48.
Bessand, successeur de Parisot et Cie, maison de la *Belle-Jardi-*
    nière, de Paris; à Lyon, rue Saint-Pierre, 25, rue du
    Plâtre, 2; à Paris, quai de la Mégisserie, près le Pont-Neuf.
Blod, costumier des théâtres, rue des Célestins, 6.
Bordesol jeune, rue de Chartres, 7.
Brébion (J.-B), rue Thomassin, 1.
Bréger, rue Impériale, 61.
Bressac, rue de la Magdeleine, 46.
Bruyas (A.), maison de gros, rue Centrale, 21.

Cahen (A.), *Au Prince Eugène*, rue Impériale, 33.
Cahn et Isaac, *Aux Mousquetaires*, rue de l'Impératrice, 81.
Charbonnier (E.), quai de Vaise, 41.
Charbonnier, cours de Brosses, 10.
Charderon (L.), manufacture d'habillements en gros, hommes
    et enfants, France, exportation, rue Impériale, 52, escalier
    à gauche, au 1er.
Colomban (R.), rue Bourbon, 42.
Chastellière, passage de l'Hôtel-Dieu, 24.

David (A.), maison de gros, quai Saint-Antoine, 33.

Fenetrier (J.), rue Impériale, 30.
Franck (Léon), *A Guignol*, rue Impériale, 48.
Fuchez, (maison de confiance), passage de l'Hôtel-Dieu, 15.
    Vêtements sur mesure, draperies et nouveautés.

Fonteret, quai de Vaise, 39.

Gaspin (B.), Grand'Rue, 21 (Guillotière).
Gorse (J.), maison de gros, rue Confort, 14.
Grasrichard, quai de Vaise, 17.
Guillon et Cie, *Au Petit Bambin*, rue Centrale, 54.

Isidore, Grand'Côte, 27.
Isidore fils, quai Saint-Antoine, 13.

Jacob Lévy et Simon (H.), place de l'Impératrice, 4.
Jalon, rue des Quatre-Chapeaux, 11.

Lafont (L.), Grand'Rue, 25 (Guillotière).
Lafuste, rue d'Austerlitz, 1.

Mazière, rue Centrale, 30.
Montamat, Grand'Rue-de-la-Croix-Rousse, 3.
Moreteau (P.), rue Impériale, 52.
Moreteau aîné, rue Impériale, 24.

Ozier (P.) et Cie, maison de gros, rue de l'Impératrice, 62.

Perraud père et fils, rue de la Pyramide, 47.
Picot et Jourdan, maison de gros, place Impériale, 44.

Régipas (J.), galerie de l'Argue, 64.

Sacerdote (J.), rue Impériale, 68.
Sermet et Achard, maison de gros, rue de l'Impératrice, 58.
Sosto, rue Bourbon, 46.

Thomas (J.), quai des Célestins, 3.

Vernanchet et Cie, manufacture importante de vêtements confectionnés pour hommes et enfants, France, exportation,
rue de Jussieu, 1 et rue Impériale, 51.

Confection pour Dames.

Aillaud de Bornes (Vve), rue Impériale, 36.

Bazalgette (V.) et Cie, broderies soie et confection pour dames,
façon et commission, rue de l'Impératrice, 62.
Blanchet et Martin, gros et détail, rue Romarin, 16.
Boudoint (Mme), rue de l'Impératrice, 1.

Clooten et Cie, rue Centrale, 31.
Clozel (Mme), rue Lanterne, 2.

Daboneau et Barrard, rue Impériale, 31, *A la ville de Lyon*,
magasins les plus vastes de l'Europe; choix immense d'é-
toffes nouveautés.
Deballe, fabricant de crinolines, rue de l'Impératrice, 59.
Deroche (Mme), rue Neuve, 34.

Franville sœurs (Mmes), et robes, rue de l'Impératrice, 77.

Gacon-Bouvier, rue Dubois, 48.
Gosset (Mlle), rue de l'Impératrice, 61.
Guérard et Cie, rue de l'Impératrice, 68.

Jourdan, *Au Louvre*, rue Impériale, 13.
Jussieu (Mme de), spécialité de vêtements d'enfants, confection et costumes complets pour dames, coiffures de Paris, modèles des premières maisons de Paris, pl. Bellecour, 16.

Lacroix, rue de la Plâtière, 9.
Longepierre, *Au Bébé*, pour enfants, mont. de l'Amphithéâtre.
Longue-Martin, rue d'Algérie, 6.

Marieton et Cie (Mmes), rue Centrale, 50.
Michaland-Sangouard (Mme), et robes, r. de l'Impératrice, 98.
Miège jeune, nouveautés, rue Centrale, 37.

Oderieux (Mme), rue Jean-de-Tournes, 10.

Piéry et Cie, place Saint-Nizier, 9.
Petit (A.) (Mme), *Au Manteau Royal*, confections pour dames et enfants, gros et détail, rue Centrale, 40, à l'entresol.

Royané (S.), dentelles et guipures en tous genres, garnitures de châles et confections, rue de l'Impératrice, 7.

Seys sœurs, robes. rue Neuve, 32.
Siebenfeifer, *Au Cardinal*, rue Centrale, 30.

Tavernier (A.). fabricant de sous-jupes acier, breveté s. g. d. g., tissus et jupons, rue Impériale, 32 ; maison à Paris.
Thomassin (Clémentine Mlle), rue Impériale, 15.

Confection pour enfants.

Jussieu (Mme de), spécialité de vêtements pour enfants, confection et costumes complets pour dames, coiffures de Paris, modèles des premières maisons de Paris, place Bellecour, 16.
Longepierre, *Au Bébé*, spécialité de vêtements pour enfants, haute nouveauté et joli choix de vêtements tout confectionnés pour petits garçons, montée de l'Amphithéâtre, de la place Sathonay au Jardin des Plantes.
Petit (Mme A.), *Au Manteau Royal*, rue Centrale, 40.

Confection de tentures

Perret (Mmes), spécialité pour rideaux, draperies, housses, etc., rue Impériale, 45, escalier à droite.

Cordiers spéciaux pour la Fabrique.

Béraudière, marchand-fabricant d'arcades, collets, cordes de lisage, maillons, et de toutes sortes de cordes pour la fabrique, gros et détail, Grand'Rue-de-Cuire, 10 (Croix Rousse).

Boyer (Vve), Grand'Rue-de-la-Croix-Rousse, 15.

Chardon (J.-P.), cordier pour la fabrique, fabricant d'arcades, collets-cordes pour les métiers à la Jacquard et les lisages. Commission pour tout ce qui concerne la fabrique, à des prix modérés articles de toile en tous genres, rues Magneval, 3, et Saint-Vincent-de-Paule, 10.

Curvat, Petite-rue-de-Cuire, 3.

Gauthier (Mlle), rue Vieille-Monnaie, 19.

Gautier (F.), filature de chanvre, arcades, collets et cordes pour les métiers à la Jacquard et les lisages, rue Jacquard, 24, (Croix-Rousse).

Raguet (Vve), rue Pailleron, 14.

St-Genis (J.-B.), cordier en tous genres, arcades, collets pour les métiers à la Jacquard, simples pour lisages, assortiment de fil de mailles, qualité supérieure, ficelles d'encartage, rue Vieille-Monnaie, 14.

Cordiers en tous genres

Chilquel, Grand'Rue-de-la-Guillotière, 201.

Desportes-Ardin, corderie en tous genres, articles de chasse, de pêche, de gymnase, ficelles de couleurs, sangles, cordages pour bâtisses, caparaçons, volettes, rue des Forces, 4, près la place de la Fromagerie.

Fontenaille, rue de Bourgogne, 4.

Girerd, Grand'Rue-de-la-Guillotière, 160.

Gontard, rue Childebert, 15.

Guigard-Micholier, rue de la Fromagerie, 6.

Harti, rue de l'Impératrice, 61.

Lhéritier, rue Dugas-Montbel, 38.

Mouchet, rue de la Fromagerie, 30.

Pallordet-Vallory, rue de le Fromagerie, 32.

Perret-Gelot, rue de la Fromagerie, 8.

Renaud, Grand'Rue-de-la-Guillotière, 135.

Roux, rue de l'Hospice-des-Vieillards, 9.

Silvan fils, avenue de Saxe, 70.

Vernange, Grand'Rue-de-Vaise, 13.

Corsets (fabr. de) et fournitures.

Bajard (M.), rue Neuve, 28.

Beaumont sœurs, rue Centrale, 38.

Bernier (A.), rue Mercière, 40.
Berthet, place du Petit-Change, 1.
Billet (F.), rue de la Bourse, 45.
Bobilier (E.), mécaniques pour corsets, rue Belle-Cordière, 4.
Bois-Bongrand, rue de l'Impératrice, 68.
Borel-Constant, représentant pour les tissus, rue Belle-Cor-
     dière, 4.
Boulharde, fabricant de corsets plastiques, rue Suchet, 23.
Bourdelin (Mme) et Cie, corsets et crinolines, rue de l'Impéra-
     trice, 82.
Boziny, à façon, rue Thomassin, 13.
Brun et Cie, rue de l'Impératrice, 100.
Brun et Cie, rue Centrale, 44.

Cabanon (Mme), recommande aux dames son nouveau corset-
     brassière pour enfant. Breveté, Prix : 5 fr. — Elle recom-
     mande également ses corsets dont la coupe et la confection
     sont des meilleures, ainsi que ses ceintures-ventrières en tous
     genres. Spécialité pour les tailles deviées. — Rue Cen-
     trale, 1, l'allée joint l'église St-Nizier.
Chaput, rue Mercière, 67.
Chauvet, en tous genres, gros et détail, rue Bourbon, 47.
Chavat et Cie, rue Impériale, 43.
Cochet, rue Terme, 16.

Dangmann, rue Saint-Jean, 17.
Defarge (Mme), rue Bât-d'Argent, 17.
Degalle, mécaniques à corsets, rue Grenette, 34.
Des Bruyères (Mlle), rue Tholozan, 14.
Duchamp (Adèle) et Cie, exportation, rue Quatre-Chapeaux, 5.

Fabre et Rivier. à Sans-Souci, chemin des Tournelles.
Fayard et Cie, fournitures, rue Madame, 107.
Fiard et F. Mettey, maison de gros, rue de l'Impératrice, 33.
Fils (Vve), place du Prince-Impérial, 7.

Garnier (Mme), *Aux Deux Créoles*, place St-Nizier, 5.
Gelet (Mme), rue Hippolyte-Flandrin, 3.
Gely (A.), rue Mercière, 13.
Giraudier et Cie, rue Tupin, 38.
Goyet (Mlle), rue Cuvier, 29.
Groche-Ricanet (Mme), rue d'Egypte, 2
Guigue (Vve), rue Centrale, 23.

Jaillet (Mme), rue Saint-Côme, 8.
Jomand (Mlle), rue Vendôme, 131.

Lafay-Bugnot, corsets platiques, rue de l'Impératrice, 85.
Lambert (Mlle), rue de l'Impératrice, 52.

Lathelize et Cie, fabrique de corsets et chemises, brevetés, s. g. d. g., cordons et fournitures, buscs mécaniques acier bleu, rue Mercière, 90.
Laissu (Mlle), place de l'Impératrice, 9.
Léon, rue Bourbon, 15.

Marnet-Veuillet, rue Ferrandière, 36.
Martin (Mlle), rue Grenette, 19.
Martin, buscs pour corsets, avenue de Saxe, 124.
Michaud (Mme), rue Quatre-Chapeaux, 16.
Moretti (Mme), rue Saint-Pierre, 16.
Moiroux-Brun et Cie, rue Centrale, 23.
Moulin (Mme), rue Pailleron, 8.

Nuer (Mme), Grand'Côte, 122.

Ostermann (L.), rue Saint-Dominique, 13.

Passas (Mme), rue Vieille-Monnaie, 19.
Peysson (Mme), rue Impériale, 28.
Pauthonnier, fournitures, rue Vaudray, 15.
Prel, rue du Commerce, 37.
Priez (L.), et Prel jeune, fournitures, Grande-Rue-Longue, 9.

Quinet (Mlle), rue Hippolyte-Flandrin, 20.

Rascle (Mlle), quai de Vaise, 30.
Rey (Mlle), place Impériale, 53.
Reymond (Mme), rue Impériale, 58.
Rivoire (Mme), rue Centrale, 40.
Robert (Mlle), rue Saint-Dominique, 17.
Roget (Mme), rue Thomassin, 5.
Roher (Mlle Pauline), rue Saint-Dominique, 13.

Sarcey (Mme), rue Grenette, 36.

Veyrandon (Mlles), cours Morand, 25.

Cotons en bourre et filés.

Arlès-Dufour C. ✳ et Cie, place Tholozan, 19; maisons à Paris, Marseille, Bâle et Créfeld.
Arnaud, coton pour mercerie, rue Grenette, 12.

Bertrand (Ch.), ancienne maison Castellan et Cie, cotons à tisser et à tricoter, laines à broder et à tricoter, rue Tronchet, 41 (Brotteaux).
Blein (J.-M.), retordeur de coton, rue Tête-d'Or, 107.
Bloch (Maurice), commerce de cotons en tous genres, spécialité de déchets de coton, chiffons et étoupes pour nettoyage de machines, rue Saint-Hélène, 49.

Boissière (A.) et fils, représentés par Dubost, rue Pizay, 4.
Bouez (L.) filature et retorderie, dépôt rue Romarin, 33.
Brante (A.) fils, cotons filés et fantaisies, pl. des Capucins, 2.

Challiol, glaceur sur cotons, rue Tronchet, 89.
Charmillon-Mayet, rue Saint-Polycarpe, 6.
Chavassieux, dégraissage de coton, rue de Marseille, 88.
Clunet, déchets de coton pour essuyage et fils blanc de filature,
  rue Monsieur, 9.
Créton et Cie, commissionnaires, quai de Retz, 5.

David (F.-A.) et Cie, fabrique d'ouates sans fin et coton cardé,
  usine à vapeur, rue Juiverie, 20.
Desgeorges (F.) et Cie, rue Puits-Gaillot, 19.
Dobler, Rodolphe et Cie, cotons. laine et déchets, rue Males-
  herbes, 33.
Duparquet (A.), mèches pour chandelles, cité Napoléon.

Farge-Girard, mercerie, rue de l'Impératrice, 65.
Fugier (Vve), fabrique de cardes, rue de la Préfecture, 1.

Gache, carde de coton et laine, rue Grenette, 35.

Horoy (N.), coton pour mercerie, rue Mulet, 6.

Igonnet (H.), et Cie, cotons filés, bourre de soie et fantaisie,
  quai Saint-Clair, 16.

Jallade-Crépet, cotons filés et retords en tous genres, spécialité de glacé et gaze, blanchi, écru et teint, laines et fantaisies, rue Romarin, 13.
Janselme, fabrique d'ouates, rue de Précy, 42.

Osmont fils aîné, cotons filés et retords, rue Puits-Gaillot, 15.

Pasquet Knoeri et Cie, rue Vieille-Monnaie, 33.
Perrin, fab. de cardes, rue Tramassac, 2.

Raffard et Chassignol, rue des Capucins, 25.
Rambaud-Thoral et Sestier, cotons et laines, quai de Retz, 7.
Ruef (F.), rue Royale, 17.

Schulthess et Cie (M.), et laines filées, rue des Capucins, 13.
Scotti (R.) et Chavanes, commissionnaires, quai de Retz, 10.
Soviche (G.) et Karcher (L.), Petite-Rue-des-Feuillants, 2.

Vial (C.), cotons filés, rue des Remparts-d'Ainay, 4.
Vernier (Francisque), commissionnaire en cotons filés et retords, glacés noir et blanc, rue Mulet, 18.

Ulmann (S.), dépôt de cotons filés et câblés, rue Vieille-Monnaie, 35.

Coupeurs de poils pour la chapellerie.

Chapuis (Mme), rue Vauban.
Gaillard, rue de la Thibaudière, 36.
Magnin, rue de Chabrol, 27.
Pitiot fils et Bugey, quai de la Charité, 4.
Vallin, à Monplaisir.

Courtiers en marchandises.

Chabran, passage des Terreaux ; boîte place des Terreaux, 1.
Delaval (C.), rue de l'Annonciade, 15 ; boîte place des Ter-
     reaux, 1.
Durand, quai Saint-Vincent ; boîte place des Terreaux, 1.
Froment (A.), syndic, place Louis XVI, 18 ; boîte au Palais-
     du-Commerce.
Flandre (B.), à Ecully ; boîte au Palais-du-Commerce.
Lafoy (F.), rue de l'Impératrice, 82 ; b. place des Terreaux, 1.
Nallier (J.), quai de Retz, 19 ; boîte au Palais-du-Commerce.
Palandre, rue Bourbon, 26 ; boîte place des Terreaux, 1.
Reverdet (F.), cours Bourbon, 86 ; boîte place des Terreaux, 1.
Rousset (F.-J.), cours Rambaud, 8 ; b. place des Terreaux, 1.

Couvertures (Fabricants de). — Voyez *Literie*.

Albrand-Revol, fab. en laine, rue d'Aguesseau, 5.
Accary (Vve) et fils, fabricants, rue Centrale, 24.
Bergeret (E), Bourret, Bouvier et Vigne, rue Bât-d'Argent, 11.
Boirivant (C.) et Bruyas, manufacture de couvertures unies
     de laine et coton, spécialité de couvertures piquées, da-
     massées et imitation tricot, rue Bât-d'Argent, 3 ; fabrique à
     Réaumont (Isère).
Bremont (H.), rue Childebert, 17.
Cazeneuve et Pradère, fabricants, rue de Chartres, 10.
Coste, fabricant, rue de Chartres, 103.
Demars (J.), rue Mercière, 70.
Derville, successeur de Vve Accary, rue Centrale, 8.
Desjardins, marchand, rue des Forces, 2.
Dumont (H.) Vve et Cie, fabr. rue Dubois, 9.
Ferrand et Cie, passage de l Hôtel-Dieu, 35.
Giroud (J.-J.), fab. hydraulique à Seresin-du-Rhône (Isère),
     spécialité pour les belles couvertures laine blanche, pour
     voyage et chevaux, blanchissage de vieilles couvertures pour
     les administrations et le commerce, place de la Baleine, 5.
Hoffmann, marchand, rue Mercière, 92.
Laurent, marchand, quai Saint-Antoine, 19.

Mary (Mme), fabrique spéciale de couvertures de laines blan-
ches et grises, mi-laine grise cabril et grison, coton blanc
uni et façonné, blanchissage à neuf de vieilles couvertures,
rue Grenette, 16.
Miegemolle et Uchan, fabricants, place du Pont, 12.
Mignot (Paul), fabricant, place du Gouvernement, 4.
Morin (L.), fabricant en indiennes piquées, rue Gasparin, 14.
Morin (J.), fabricant de couvertures en tous genres, place
Neuve-Saint-Jean, 1, derrière le Palais-de-Justice.
Pradère (B.), fabricant en soie, rue de l'Arbre-Sec, 40.
Pradère frères, fabricants en soie, cours de Brosses, 15.
Regny-Josserand, fabricant, cours Perrache, 22.
Revol et Ville, fabricants, rue Belle-Cordière, 26.
Rozès, rue Terme, 9.
Simon (Mme), marchande, quai des Célestins, 4.

Découpage d'étoffes.

Duvernay, rue du Commerce, 15.
Muffat, rue Saint-Polycarpe, 16.
Ronzière, découpage d'étoffes et gauffreur sur rubans, crêpes
et tulles, Grand'Rue-Longue, 15.
Tavernier-Micolon, spécialité pour le découpage de velours au
rasoir, sur étoffes fabriquées, rue Madame, 21.

Dégraisseurs pour la Fabrique.

Armand (Vve), rue Terraille, 9.
Bessenay (F.), rue Désirée, 21.
Bevoz, rue du Griffon, 13.
Bouvery (J.), rue de Thou, 4.
Carret, rue du Griffon, 3.
Chavel (Mme), rue des Capucins, 22.
Cordier (C.), Grande-Rue-des-Feuillants, 2.
Genillon, place Croix-Pâquet, 8.
Jannard (Mme), place Croix-Paquet, 11.
Loste (Jh), dégraissage spécial pour la fabrique, soieries, lai-
nages, velours et fantaisies, place Croix-Paquet, 4.
Lyon (Mme), rue du Griffon, 4.
Maltère (J.), rue Terraille, 6.
Maréchal (Dlle), rue du Griffon, 8.
Peillon (Mme), rue Désirée, 9.
Peymon, rue Victor-Arnaud, 13.
Poizat (S.), place Croix-Pâquet, 2.
Reynard, rue Désirée, 21.
Trinque (Mme), rue Saint-Claude, 2.

Dentelles.

Aymard, rue Bourbon, 34.

Bailly fils, points d'Espagne or et argent, r. la Préfecture, 10.

Baron (Mme), rue de l'Impératrice, 97.

Baud (Mme), place Bellecour, 7.

Berchoux et Cie, rue Centrale, 15.

Berger sœurs, rue de l'Impératrice, 5.

Berthier, et tulles, rue Saint-Polycarpe, 16.

Bonnardel (J.) et Boirayon, rue Impériale, 35.

Berliet et Cie, fabrique de dentelles lama et tulle, mention honorable à l'exposition, Paris 1867 ; rue Impériale, 5.

Biscornet, rue de l'Impératrice, 32.

Bongiraud (V.), rue Neuve, 26.

Boucharlat jeune, tulles brodés, rue des Capucins, 18.

Boussuge (A.), quai de Retz, 17.

Boyer (Vve), rue Terme, 18.

Boyer-Gros, fabrique de dentelles, tulle nouveauté et broderies, articles de Saint-Quentin, d'Alsace et de Tarare, rue Saint-Marcel, 38.

Breul et Cie, rue Centrale, 50.

Bruchon et Jacquin, imitation, rue Mulet, 18.

Carterade-Dumas, rue Saint-Joseph, 1.

Champallier (A.), breveté, s. g. d. g., fabrique, r. Griffon, 9.

Chapeaux (Mme), tulles et voilettes, rue Royale, 18.

Chatillon-Brunot, rue Centrale, 52.

Costadau et Pelloux, tulles, rue de l'Impératrice, 13.

Delormage, tulle, rue Mercière, 42.

Dognin ✻ et Cie, rue Puits-Gaillot, 1 ; fabrique, r. Pelletier, 8 (Croix-Rousse) ; à Paris, rue du Sentier, 37 ; à Londres, Cannon-Street, 74 et 75 ; à Condrieu et Dieulefit (Drôme).

Dolfus-Moussy et fils, imitation dentelles, tulles façonnés et nouveautés, rue Lafont, 18 et 20.

Dubied Saurou et Béguin, rue de l'Impératrice, 42.

Faurax, quai Saint-Vincent, 61.

Gallice (C.), rue Bât-d'Argent, 10.

Gallois et Mériel, et guipures, rue de l'Impératrice, 70.

Garnier, nouveautés, rue Impériale, 6.

Garnier (P.) fils, fabrique de tulles-dentelles et nouveautés, rue Royale, 19 et quai Saint-Clair, 10.

Geay (P.) et Cie, fabricants de dentelles soie, lama et yack, rue Lafont, 22 ; maison à Paris, rue des Jeûneurs, 24.

Gourgaud (J.) et Cie, fab. de tulles, dentelles laine et soie, imitation Alençon, Malines, guipures et nouveautés, rotondes, châles, pointes Marie-Antoinette, pèlerines, volants ; confection, rue Royale, 18.

Guillot (J.), rue Pizay, 9.
Guttin père et fils, frappage de dentelles sur crêpe, mousseline, rubans, florence, gros de Naples, léger, etc., impressions or et argent, application sur toutes sortes d'étoffes
légères, chemin de l'Oratoire, 6 (clos Bissardon).
Guyon (Mme), rue Romarin, 33.

Hebrard fils, Rivoire et Cie, broderies, rue Impériale, 11.

Idril, fab. de dentelles et broderies, rue Royale, 27.

Jallade frères, fab. de tulles et dentelles, rue Impériale, 1.
Juvenet (H.), tulles, rue des Capucins, 24.

Lachal-Denis, rue de la Pyramide, 12.
Legros (Vve), fab. de voilettes en tulle, r. de l'Impératrice, 15.
Lelarge et Cie, fab. de dentelles noires, rue de l'Arbre-Sec, 23.
Lepage-Planus, rue de l'Impératrice, 56.

Pichoz père, fils et Cie, dentelles, blondes, rue St-Pierre, 4.
Placet (E.) et Cie, grande manufacture, rue Impériale, 6.
Pey-Fourchet (Mme), rue Saint-Pierre, 13.
Pulliat (J.), imitation, rue Impériale, 5; maison à Paris.
Raffard (E.), fabricant, breveté s. g. d. g., rue Désirée, 2.
Reboul et fils, rue Impériale, 24.
Ribollet-Bauchu, rue de l'Impératrice, 51.
Rippard (C.), Argoud et Cie, rue Grenette, 3.
Rippard (D.), place d'Albon, 4.
Roque (C.) et Cie, Petite-Rue-des-Feuillants, 5
Roux (E.), rue Saint-Pierre, 33.
Royanė (S.), fab. de dentelles et guipures en tous genres, vraies
et imitations, rideaux guipures et mousselines brodées, rue
de l'Impératrice, 7.

Scherer (Mlle), rue de l'Impératrice, 50.
Strauss, tulle, voilettes nouveautés, rue des Capucins, 15.

Terrasson, fabricant, rue de l'Impératrice, 101.

Vachez (J.) et Limb jeune, rue Royale, 7.
Verdaulon (Vve) et fils, quai Saint-Antoine, 36.

Dessinateurs (Cabinets de) pour la Fabrique.

Bergeret et Imbert, nouveautés, place Tholozan, 21.
Bergeret, foulards, place de la Miséricorde, 3.
Bine, nouveautés, rue Romarin, 8.
Bléchy, tulles, rue Saint-Polycarpe, 3.
Bourchanin, tulles, place Croix-Paquet, 2.
Bouillier (A.), nouveautés, quai d'Orléans, 1.
Boullier et André, nouveautés, rue du Garet, 4.
Bruyère et Hébert, nouveautés, rue des Capucins, 14.

Douillet, en bannières, rue Monsieur, 60.

Lachapelle, tulles, place des Capucins, 3.
Leture, nouveautés, rue Coustou, 4.

Mesoniat et Baudin, nouveautés. rue du Griffon, 10.
Mertz et Benoît, cachemires, rue Coysevox, 3.
Moulin, nouveautés, place Croix-Pàquet, 1.

Polme, nouveautés, place Croix-Pâquet, 11.
Pompaski père et fils, dessinateurs pour ornements d'église, peintres de bannières et autres genres, rue Lafont, 8, ci-devant rue de la Bourse, 53.
Rostain, spécialité pour gilets et cravates, rue Imbert-Colomès, 37.
Roux, nouveautés, meubles et tapis, rue du Griffon, 3.
Veuillet et Lusy, successeur de Pognan et Conty, nouveautés, rue du Commerce, 41.
Vigouroux (A.), ameublement façonné et imprimé, tapis de table, nouveautés pour soierie, façonnée, impressions pour chaîne et tissus, articles du Levant, ornements d'église, linge damassé et rideaux, place Tholozan, 18.
Villard et Cuissard, nouveautés, rue du Griffon, 14.

Dessin (Fournitures de).

Audaz, quai d'Orléans, 7.
Dusserre, à la *Palette-d'Or*, place des Terreaux, 25.
Meunier père et fils, rue Saint-Pierre, 9.

Dessinateurs en broderies.

Arnaud (Mlle), rue de l'Arbre-Sec, 9.
Audran (E.), sur lingerie, rue Centrale, 32.

Bazalgette (V.) et Cie, dessins pour broderie, rue de l'Impératrice, 62.
Bouget (Mme Vve), dessinateur de broderies, nouvaeutés et ornements d'église, exportation, rue Vieille-Monnaie, 23.
Branca et Pinol, pour églises, pl. de la Miséricorde, 4.

Dally (Jules), dissinateur breveté s. g. d. g., spécialité pour broderies mécaniques, rue Dubois, 14; ci-devant place Sathonay.
Duchamp (Mme), cours Morand, 24.

Finand-Bony (Mme), rue Bàt-d'Argent, 8.
Guérin, rue Centrale, 23.
Juveny (Mlle), rue Vieille-Monnaie, 27.

Leroy, rue Bugeaud, 62.
Liobard (G.), seul successeur de J.-C. Dally, dessinateur pour la broderie ; maison du *Bon-Pasteur*, impressions sur mousseline, tulle, soie, drap, cachemire, velours, etc., place Sathonay, 6.
Métroz, rue Bourbon, 8.
Morel (Joseph), dessins et peintures pour ornements d'église, rue Terme, 12, au 2me.
Philibert (Mme), rue Centrale, 21.
Pochon (Mlle). rue Bât-d'Argent, 2.
Pompaski père et fils, dessinateurs pour ornements d'église, peintres de bannières et autres genres, rue Lafond, 8 ; ci-devant, rue de la Bourse, 53.
Pouzols-Darne (Vve), en tous genres. rue Impériale, 66.
Sauvayre-Marianny, rue Désirée, 7.
Seppe (P.), spécialité pour broderie d'uniformes civils et militaires, fournitures maçonnique, fanfares et pompiers, rue Centrale, 3.
Storck (Mlle), rue Impériale, 7.
Van-Doren, pour églises, rue des Augustins, 11.
Vincent (Mme), rue de l'Impératrice, 104·

Deuil (Nouveautés pour).

Arnoult et Cie, rue Saint-Pierre, 2.
Artaud (J.), rue Impériale, 8.
Bernardin (L.), commission, exportation, montée Saint-Barthélemy, 26.
Beysson-Vassel (Mme), rue de l'Impératrice, 55.
Chéreau fils, nouveautés, exportation. r. de l'Impératrice, 29.
Cochet (G.), rue Impériale, 65.
Daboneau et Barrard, rue Impériale, 31, *A la Ville de Lyon*.
Hodieux et Salvy, maison fondée en 1712, place de l'Impératrice, 9.
Lachal-Denis, rue de la Pyramide, 12.
Landry et Cie, *A l'Immortelle*, rue Impériale, 17.
Madiot et Perrot, rue Impériale, 36.
Michel (C.), fabrique de cols, crêpes et grenadines, place des Terreaux, 7.
Parceint (Mme), fabrique de cols, crêpes et articles de deuil, envoi d'échantillons, rue Mercière, 9, près la pl. d'Albon.
Ponthus (Henry), *Au Sablier*, rue de l'Impératrice, 98.
Ravier (J.) et Cie, fabrique de crêpes et grenadines, q. Retz, 6.

Roux (E.), fabrique de cols de crêpe, manches, parures, voilettes, fantaisie et deuil, rue Saint-Pierre, 33 et 35; maison à Paris, rue du Sentier, 18.

Royané (S.), achats à la commission, grands choix de cols crêpes, rue de l'Impératrice, 7.

Ruel et Buscoz, rue Saint-Marcel, 34.

Strauss, voilettes, hautes nouveautés pour modes, rue des Capucins, 15.

Dorures et étoffes pour ornements d'église
(Fabr. de).

Amy (F.), fabrique de découpures et de diamants pour broderie, rue , de La Martinière, 8.

Bailly fils aîné, dentelles et points d'Espagne, rue de la Préfecture, 10.

Barban (J.-V.) et Masson, ornements d'église, r. Mercière, 26.

Bardin et Cie, ornements d'église, rue Romarin, 12.

Bellon (B.), dorure et passementerie en tout genre, rue Sainte-Catherine, 11.

Bergier (G.), fabrique de dorures, tirage d'or, franges, traits filés, lames, cannetilles, paillettes, commission étoffes, soieries nouveautés et ornements d'église, exportation, rue du Jardin-des-Plantes, 9.

Blancard frères, ornements d'église, rue du Griffon, 5.

Bonvalot, broderies d'église, rue Romarin, 18.

Borday (A.), fabrique de dorures, ceintures ecclésiastiques, passementeries, enjolivures, rue Terme, 26.

Bosson (F.), rue des Capucins, 19.

Bret (A.), breveté s. g. d. g., équipement militaire et passementerie en dorure, broderies, fantaisie, administration et uniforme, bannières et insignes pour sociétés musicales, rue Bourbon, 15.

Brunier-Maréchal fils, pour militaires, quai de Retz, 12.

Clémenso (C.) et Cie, rue d'Algérie, 16.

David (J.), rue Vieille-Monnaie, 4.

De Clavière (G.) et Cie, ancienne maison J. Courtet, passementerie, soieries et broderies or et argent pour ornements d'église et militaires, rue Saint-Marcel, 30; Pitre-Gaudin et G. Leclerc, représentants, rue Hauteville, 21, à Paris.

Degabriel père, fils, Bourrin et Cie, rue Bât-d'Argent, 6.

De la Rue (D.), successeur de l'ancienne maison Jouve frères, soierie et dorures pour ornements d'église, et ameublements, rue de l'Arbre-Sec, 3; maison à Bruxelles, rue Galilée, 14, boulevard de l'Observatoire.

Desgrange, fabrique de gaze or et argent, rue Bât-d'Argent, 2.

Desalla, dorure fine et mi-fine, rue du Garet, 13.

Dime jeune et Cie, en tous genres, rue de la Platière, 12.
Douillet (E.), fabrique de bannières d'église, r. Monsieur, 60.
Dumur (Ch.), rue d'Algérie, 22.
Durret (P.), traits or et argent, rue Childebert, 21.
Dutel et Cie, broderies or et argent, rue Puits-Gaillot, 7.

Escoffier (P.) et Cie, rue d'Algérie, 6.

Fichet frères Muraour et Cie, fabrique spéciale de filés or et
    argent, traits, lames, cannetilles, paillettes, découpures et
    étoffes brochées, rue Puits-Gaillot, 3.
Frinzine et Duviard-Dime, fabrique de dorures, passemente-
    ries, broderies or et argent, soieries pour ornements d'église,
    rue Saint-Marcel, 23.

Gauthier (Auguste), ancienne maison Dumortier frères, doru-
    res fine, mi-fine et fausse, broderies civiles et militaires,
    étoffes pour ornements d'église, rue Constantine, 12.
Gavot (P.), filés or et argent, place du Perron, 2.
Gírerd frères, fabrique de dorures et soieries, rue du Bât-
    d'Argent, 12.
Guibout (Jules) et Cie, fabrique de dorures, passementeries et
    ornements d'église, rue des Capucins, 16 ; maison à Paris,
    rue Rivoli, 124.
Guillermin, rue Saint-Pierre, 27.

Henry (J.-A.), ancienne maison A. Henry et Jouve, dorures,
    passementeries, broderies civiles et militaires, ornements
    d'église, soieries, rue du Garet, 3.

Jacob-Desportes, rue des Marronniers, 6.
Jaillard père et fils, maison fondée en 1768, ornements d'église,
    tréfileries et articles militaires, rue Impériale, 12.
Jumont Buer et Cie, équipement militaire, place Bellecour, 5.
Lara (J.-B.), pour militaires, rue de l'Impératrice, 105.
Marin, fabrique de paillettes or et argent, Grand'Rue-de-
    Cuire, 95.
Mas (P.), successeur de Mme Delport, fabrique de paillettes or
    et argent, rue Vieille-Monnaie, 15, dans la cour.
Morel et Cie, pour église et militaires, r. de l'Impératrice, 9.
Multier (F.) et Cie, rue Impériale, 7.

Olivier-Saint-Cyr, représentant, quai de Retz, 16.

Panisset et Cie, galons, place Kléber, 3.
Peyrot aîné, fabrique de dorures, équipements militaires,
    spécialité d'épaulettes or et argent, galons, broderies, cein-
    turonnerie, coiffure, armes blanches, rubans, décorations
    françaises et étrangères, assortiment de bijoux et insignes
    maçonniques, bannières pour société, rue Impériale, 47.

Picollet (J.) fils et Cie, soies pour dorures et broderies, Grande-Rue-Longue, 20 et 22.

Roche (H.), broderies or et argent, quai Saint-Vincent, 51.
Rodes (F.), filés or et argent fin, place de la Miséricorde, 3.
Roux (B), fabrique de dorures, passementeries et enjolivures or, argent et soie, ornements d'église, rue Saint-Polycarpe, 9, et rue Romarin, 12.

Seur (P.) et Peyrot jeune, rue Saint-Pierre, 18.
Siméan et Cie, civils et militaires, place Sathonay, 4.

Tarpin père et fils, tréfilerie d'or, d'argent, rue de l'Impératrice, 37 ; maison à Paris, rue Montmorency, 13 ; usine à Persan-Beaumont (Seine-et-Oise).
Trouillet, paillettes or et argent, rue Imbert-Colomès, 22.
Truchy et Vaugeois, quai de Retz, 16 ; maison à Paris.

Voisin (J.), étoffes pour ornements d'église, meubles, broderies, etc., rue Impériale, 17.
Volay, Verger et Cie, ornem. d'église, r. de l'Impératrice, 1.

Doublures.

(Voyez Articles du Beaujolais.)

Drapiers.

Aynard ✳ et fils, rue Impériale, 19.

Bergeret (E.), Bouret, Bouvier et Vigné, rue Bât-d'Argent, 11.
Bonnafay fils, et Supéry, nouveautés, rue Saint-Pierre, 29.
Boucaud et Cie, rue de l'Impératrice, 70.
Bouillot ainé et Cie, rue Bât-d'Argent, 2.
Bouland, quai Saint-Antoine, 10.

Charrin et Cie ; Garcin et Cie successeurs, draperies et soieries, rue Centrale, 11 ; comptoir à Alexandrie (Egypte).
Courcy (L.), pour chaussures, rue de l'Impératrice, 55.

Darnat frères, quai de Retz, 22.
Darnat (F.) et Cie, nouveautés, rue de l'Impératrice, 19.
De Saint-Jean frères, rue Dubois, 4.
De Saint-Jean et Cie, rue de l'Impératrice, 46.
De Saint-Jean-Vadon, rue Dubois, 15.
Dubœuf (J.-B.), clergé et la magistrature, rue Saint-Jean, 48.

Garel-Lacroix, rue Dubois, 3.
Gayet, Gourd et Cie, draperies et nouveautés, r. Centrale, 6.
Genin ainé et Cie, nouveautés et lainage noir, r. Mercière, 62.
Grobon (J.) ainé et Cie, nouveautés, rue Saint-Pierre, 39.

Guyot, rue Bât-d'Argent, 4; représentant pour les draps noirs de la maison Hess et Voetzel de Bischwiller (Bas-Rhin).

Huit-Fidor et Vincent, nouveautés, rue de l'Impératrice, 25.

Lambert et Cie, rue Saint-Pierre, 26.
Laroque aîné et Cie, rue de la Fromagerie, 3.
Lombard, Sofferand et Chapoton, rue Grenette, 21.

Méry-Samson, J. Samson et A. Fleuriot, quai de Retz, 21.

Pichot jeune et Cie, nouveautés, rue de la Fromagerie, 9.
Pouget et Bertrand, rue de l'Impératrice, 19.
Reynaud et Cie, rue Centrale, 18, et rue Mercière, 19.
Ribaud (Léon), soieries, rue de l'Impératrice, 38.

Silve et Gellon, spécialité de gilets coutils et velours anglais, rue Grenette, 2.
Souvras Chevalon Vigne et Cie, rue du Plâtre, 8.

Talon fils et Cie, soieries et nouveautés, r. de l'Impératrice, 62.
Touni (A.), rue Centrale, 10.
Tournissoud frères et Monternot, rue Quatre-Chapeaux, 1.
Vernay Brachet et Cie, rue Centrale, 22.
Villaret et Cie, et nouveautés, r. Tupin, 38, et r. Impériale, 33.
Wormser, drapier, rue de la Préfecture, 10.

Draps (Coupons de).

Clauri (V.), lisières de drap, rue Ferrandière, 24.
Callomb (Vve), coupons de drap, rue Luizerne, 5.
Labit, rue Valfinière, 2.
Levy (Michel), place d'Albon, 13.
Levy (Alexandre), rue Grenette, 8.
Rossi (L.), coupons et lisières, quai de l'Hôpital, 10.
Sauge, rue de la Valfinière, 3.
Supery (F.), morceaux de drap, rue Luizerne, 3.
Weigel, rue Luizerne, 4.

Droguistes pour la teinture.

Berthoz (L.) fils aîné, commissionnaire, rue Saint-Côme, 7.
Bidaut père et fils, fabrique de bleu, rue Sainte-Catherine, 13.
Biétrix aîné et Cie, rue Lanterne, 29.
Bouillon (A.), quai Saint-Vincent, 58.
Burnicat frères, rue Lanterne, 24.

Cherblanc, rue Tupin, 10.
Chevalier, amidon translucide pour apprêts de tulles et de dentelles, rue Montesquieu, 24, et rue de Marseille, 18.

Chauvet et Solignat, quai Castellane, 29.
Cleyet, fabrique de bleu, rue de la Pyramide, 25.
Collin-S. et Aubert, fabrique de savons pour blanchissage et
    teinture, rue Neuve, 19, aux Charpennes-Lyon.
Comte (E.) et E. frères, commissionnaires, r. Malesherbes, 37.
Couturier frères et Cie, rue Mercière, 90.

De Lonchamp, fabrique d'amidon, à la Mouche.
Dubost (L.), rue des Capucins, 20.

Farges, fabrique de bleu, rue Quatre-Chapeaux, 14.
Favre et Cie, quai Saint-Vincent, 61.
Ferrus-Bony, rue Childebert, 17.
Foillard (M), représentant en droguerie, c. d'Herbouville.
Fuchsine (la), bureau à Rochecardon, près Lyon.
Franc (Théophile), fabrique de carmin, rue Neuve, 7.

Girard et Cie, rue d'Algérie. 7.
Gilliard (M.), quai de Retz, 6.

Henry et Cie (C.-A), bleu pour l'azurage, pl. des Cordeliers, 6.
Imbert (J.) ainé, place de l'Ancienne-Douane, 5.
Jomain et Cie, rue Sainte-Catherine, 11.

Lessieux et Rivière, rue de la Préfecture, 8.

Malibran, quai de l'Hôpital, 10.
Mélot et Morel, rue de l'Arbre-Sec, 38.
Mutalon (C.) et Cie, rue Neuve, 12.
Nachury, fabrique de bleu, rue Constantine, 1.

Pernel frères, quai Castellane, 31.
Pontal (P.), spécialité de colle et amidon, q. St.-Vincent, 46.

Ravier-Millou, cours Morand, 31.
Renaud (J.-L.) et Jay, rue Lanterne, 28.
Rubsamen et Remp, quai Castellane, 6.

Sadot neveu, droguerie, rue Bonnel, 41.

Venet (P.), rue Vendôme, 94.
Verchère jeune, rue Lanterne, 23.

Ecoles pour la Fabrique.

Audibert (P.), rue Imbert-Colomès, 37.
Bourbon, montée Bonafous, 4.
Chantre, théorie et pratique, cours des Tapis, 22.
Girardy (J.), professeur, rue Imbert-Colomès, 5.
Maisiat (S.), rue Vieille-Monnaie, 7.
Martin (C.), rue Ornano, 2, près la place Morel, professeur à
    l'école Dominicale, rue Vauban, 23 (Brotteaux).

Meyssin, professeur de fabrique, rue des Capucins. 2,
Peyot (F.), professeur de théorie, auteur du Cours complet de
    fabrique pour les étoffes de soie. Cet ouvrage a mérité l'ap-
    probation de la Chambre de commerce de Lyon et une men-
    tion à l'exposition universelle de 1867, place Croix-Pâquet, 5
Roux, rue du Sentier, 13.

Emballeurs.

Bernoud (L.), rue des Capucins, 29.
Bizet, place des Pénitents-de-la-Croix, 1.
Borel (J.), rue Gentil, 4.
Brun jeune, rue Sainte-Catherine, 17.
Brunier, rue du Garet, 19.

Carret père et fils, rue Impériale, 10.
Carret et Forrat, rue des Capucins, 14.
Charrin, rue Royale, 19.
Charles aîné, rue Victor-Arnaud, 15.
Combet et Ravassod, place Tholozan, 21.

Delorme (A.), rue Royale, 16.
Deneuville et Debeau, place de la Comédie, 25.
Depigny et Desserey, rue Bât-d'Argent, 17.
Dubourget et Fraque, rue Royale, 17.
Dupéray (C.), quai Saint-Clair, 8.

Latour, rue Royale, 23.

Maître-Brun (J.), rue des Capucins, 25.
Malleval et Cie, rue de Thou, 5.
Mermod frères, rue Victor-Arnaud, 13.
Millet (A.), rue Terraille, 18.
Monnoyeur jeune, rue du Garet, 5.
Moussy et Mangier, Petite-Rue-des-Feuillants, 9.

Pardon (J.) et Peillon jeune, rue de l'Arbre-Sec, 38.
Peillon, rue de l'Arbre-Sec, 12.
Pessat (J.-B.), rue Saint-Bonaventure, 9.
Peytel, Petite-Rue-des-Feuillants, 5.
Pourchet et Margueron frères, rue du Garet, 9.

Raginel (F.), rue de l'Arbre-Sec, 31.
Trizac, rue Mulet, 5.

Épingliers pour la Jacquard.

Bal (J.-B.), rue Pouteau, 11.
Bonnefond (A.), Grand'Côte, 29.
Braisaz, montée Saint-Sébastien, 11.

Brun, aiguilleur, fabrique d'aiguilles en fer et acier pour
métiers ronds à la chaîne et métiers de bas, passettes pour
remetteuses, rue Dumont, 21 (Croix-Rousse).
Bruyère-Dubuela, épinglier pour la Jacquard en tous genres,
fabrique de broches pour pliage et cantes élastiques, rue
Vieille-Monnaie, 17.
Durand, quai de Bondy, 22.
Fournier, place de la Visitation, 5.
Merle. rue du Mail, 29.
Rossat frères, rue Imbert-Colomès, 18.
Tabourier, Petite-Rue-de-Cuire, 4.
Vagenay (L.), Grand'Côte, 21.

Etireurs de plombs pour la fabrique.

Desmard, rue Bodin, 9.
Fontaine, étireur de plombs pour la fabrique depuis un
gramme jusqu'à cinq cents, maillons garnis en tous genres, spécialité de balles pour cantres, r. Sainte-Blandine, 2.

Fers pour velours.

Billion (B.), fabrique de fers pour velours, Grand'Côte, 53.
Chupin (J.), rue des Tables-Claudiennes, 18.
Pelossier, fabrique de fers pour velours unis et façonnés, fers
pour peluches en bois et en cuivre, rue des Tables-Clau-
diennes, 25.
Revol (L.), place du Perron, 5.
Riche (L.), fabrique de fers pour velours unis, fers pour nou-
veautés en cuivre et en bois en tous genres, rue d'Auster-
litz, 10.
Riondet, piquage de rouleaux, montée de la Boucle, 57.

Fleurs artificielles (Fabricants de).

Albran (Mme), rue Mercière, 90.
Alibert, Grand'Côte, 114.
Amic, rue de l'Arbre-Sec, 14.
Annequin (B.) et Tixier, rue Centrale, 35.
Avallet (Mlles), rue Saint-Jean, 23.

Boivin (Y.) et Detallancourt (L.), fabrique de fleurs en tous
genres, spécialité de parures de mariées, fabrique d'apprêt
et fournitures pour fleurs, rue de la Poulaillerie, 14, et
rue Dubois, 21.
Bouchardier sœurs, fleurs et plumes de Paris, r. St-Pierre, 31.
Boudet (Mme), rue Impériale, 30.
Bouvagnier, Grand'Rue-de-la-Croix-Rousse, 59.

Brun (Jh.) et Cie, fleurs de modes, d'église et mortuaires en tous genres, plumes et autres nouveautés, fournitures pour fleurs, rue de Sully, 44.

Calley (Mme), rue Saint-Pierre, 26.
Castel sœurs, en tous genres, rue Saint-Pierre, 20.
Caustaud (Mme), fabrique de fleurs blanches, spécialité de coiffures pour noces, rue Juiverie, 22.
Combalot, rue Saint-Pierre, 35.
Combanayre (P.-A.), rue Vendôme, 82.
Coste (Mme), à façon, rue Mulet, 10.
Cros et Saunier (Mmes), rue du Palais-Grillet, 22.

Detours, rue Saint-Pierre, 37.

Fontaine, rue Lanterne, 9.
Fugier-Breton, rue Tramassac, 4.

Garnier-Marietton, rue Constantine, 22.
Geille et Cie, rue Constantine, 16.
Gérard (Mme), fabrique de fleurs de Paris, parures de mariées, fleurs de soirées, fruits et fleurs naturels, rue Saint-Côme, 4.
Girard Palley, fabrique de fleurs et statues en cire de toutes grandeurs, fleurs naturelles et fantaisie, bouquets d'église, fruits en cire, rue de Loge, 4.
Girard (J.) et fils, deuil, rue de la Préfecture, 9.
Grept fils, Grand'Rue, 75 (Guillotière).
Grivet (Mlle), rue d'Algérie, 23.

James (Mlles) sœurs, rue de la Platière, 9.
Joanin et Julien, rue Saint-Côme, 3.
Jubin (N.), fleurs et plumes, rue de l'Impératrice, 59.

Lenormand, marchand, cours Morand, 53.
Liebelin (Mlle), rue Bourbon, 46.

Mayoux-Marrel, fabrique de fleurs et fourniture pour église, fleurs et plumes pour modes, coiffures et bouquets de mariées, couronnes de première communion, fabrique d'articles mortuaires, rue Mercière, 47,
Merlanchon (P.), spécialité mortuaire, cours de Brosses, 9.
Mollier (Mme), à façon, rue Hippolyte-Flandrin, 13.
Morot-Desous, rue de Chartres, 24.

Nandron (Vve), rue Neuve, 30.
Nigay (Mme), à façon, rue Ferrandière, 44.
Nicolardot, à façon, rue Tramassac, 21.

Passot-Vignat, rue Bât-d'Argent, 2.
Petite (Vve), rue Mercière, 59.
Picollet (A.), rue Bât-d'Argent, 1.
Perriod (H.) aîné, rue Centrale, 32.

Raphanel-Métrat. plumes en tous genres, pl. d'Albon, 2.
Rivière (L.) et Cie, mais. fondée en 1810, fab. de fleurs, vases,
    cylindres, socles, etc. Achat à la commis., r. Mercière, 58.
Rouvière (F.-E.), rue Mercière, 42.
Tailland (J.-M.), rue Hippolyte-Flandrin, 1.
Teste, Grand'Rue-de-la-Guillotière, 65.
Voyant (Ch.), rue Centrale, 37 ; maison à Paris.

Fleurs (Fournitures et Apprêts pour).

Alix-Thurel, rue Saint-Côme, 3.
Boivin Y. et L. Detalancourt, fabrique d'apprêts et fournitures
    pour fleurs, rues Dubois, 21 et de la Poulaillerie, 14.
Brun (Jb) et Cie, perles, mousseline et tout autre fourniture,
    rue de Sully, 44,
Calley (Mme), rue Saint-Pierre, 26.
Castel sœurs, rue Saint-Pierre, 20.
Chalandon et Fonteret (Mmes), rue du Plâtre, 9.
Combalot, perles d'Allemagne et de Venise, rue Saint-
    Pierre, 35.
Desgrange (Mlle), rue Bât-d'Argent, 2.
Fontaine et Detours, rue Lanterne, 9.
Geille et Cie, rue Constantine, 16.
Girard Pallay, rue de la Loge, 4, près la place du Change.
James sœurs, rue de la Platière, 9.
Marietton-Garnier, rue Constantine, 22.
Mayoux-Marrel, fab. et fournitures, rue Mercière, 47.
Picollet (A.), rue Bât-d'Argent, 1.
Rivière (L.) et Cie, maison fondée en 1810, fab. de fleurs,
    vases, cylindres, socles, etc., achat à la commission, rue
    Mercière, 58.
Salomon (Jh.), fabrique de gazes, rue Pizay, 5.

Frangeurs de châles.

Acrin (Mme), rue du Commerce, 22.
Badin (Vve), rue Bouteille, 18.
Barbillon (Mlle), rue Royale, 10.
Bouquet (Mme), rue Donnée, 5.
Bouveret (Mme), rue Coustou, 6.
Bressac (Mme). rue du Commerce, 30.
Brezat (Mlle), rue du Commerce, 41.
Fabry (Vve), rue Bât-d'Argent, 23.
Faure (Vve). impasse Saint-Polycarpe, 6.
Giraud (Mlles), rue Romarin, 18.

Mélinand, rue de l'Impératrice, 34.
Rochet, franges et broderies en tous genres, r. du Garet, 6.
Seyssel (Mme), côte Saint-Sébastien, 26.
Vuarin (Mlles), rue Sainte-Catherine, 12.

Ganterie. (Voyez *Bonnetiers*).

Gaufreurs.

Chazot, gaufreur et plieur par fils, rue Vendôme, 79.
Chevalier père, gaufreur et découpeur, place Impériale, 40.
Delorme (Mme), rue Mulet, 1.
Grenet, place des Terreaux, 2.
Janicot frères, pour chapellerie, galerie de l'Argue, escalier H.
Josserand, rue Vieille-Monnaie, 41.
Largefeuille, rue Luizerne, 5.
Martin (Mlle), rue Dubois, 25.
Martin, rue Dubois, 11.
Ronzière, gaufreur sur rubans, crêpes, tulles et découpage
    d'étoffes, Grande-Rue-Longue, 15.
Thorens, rue Centrale, 28.
Torally, rue Centrale, 56.
Vallat (Mme), rue Soufflot, 3.
Violet (Mme) et Cie, quai de Retz, 15.
Voland frères et cousin, rue Duguesclin, 115.

Gazeurs de soies.

Bernard, lustreur et gazeur de fils de soie, médailles et certi-
    ficats de 1re classe (exposition anglo-française), enlève, par
    un procédé le duvet aux fantaisies et autres, rue Ste-Ca-
    therine, 13.
Domeck, chevilleur, plieur et gazeur, gazage pour toutes ma-
    tières duvetteuses, tels que fantaisie, schapp, poils de chèvre
    et coton; par un nouveau procédé il se charge d'enlever le
    duvet aux couleurs sans altérer les nuances, et en conser-
    vant leur fraîcheur primitive, rue du Garet, 18.
Pollaud (C.), lustreur, grilleur de fantaisie, pliages en tous
    genres, rue du Commerce, 38.
Richarme (M.), gazage, chevillage de soie, cordonnet, fantai-
    sie, maison spéciale pour le souplissage des trames, rue
    Saint-Marcel, 11.

Graveurs pour l'impression.

Anglade (E.), quai Castellane, 27.
Anglade, rue Vauban, 25.
Association des ouvriers graveurs de Lyon, société anonyme à
    capital variable, rue Tronchet, 45 *bis*.

Bouillon, sur bois, rue Sainte-Elisabeth, 53.
Bronchoud (A.), rue Voltaire, 34.
Cadgène, graveur sur bois, cuivre et clichage, place Saint-Pothin, 13.
Campêche, sur bois, cours Morand, 33.
Cettier (F.), cours Lafayette, 8.
Charles (E.), avenue de Saxe, 133.
Dalbos, rue Tronchet, 54.
Duchesne (Œ.), rue du Commerce, 41.
Finet (J.-B.), rue Vauban, 31.
Gaget, pour foulards, rue Cavenne, 3.
Gas, place des Pénitents-de-la-Croix, 6.
Gros, rue Sainte-Elisabeth, 24.
Iltiss (Frédéric), rue de Sully, 61.
Kauffmann, quai d'Albret, 7.
Lamellet et Leroux, avenue de Saxe, 105.
Marcoud et Geoffray, rue des Capucins, 6.
Mazuyer, avenue de Saxe, 77.
Piraudon (P.) rue Bodin, 1.
Placet, rue Masséna, 58.
Planchet, graveur en foulards, cours Vitton, 80.
Revert (H.), graveur de planches plattes et en bois, rue de Sèze, 54 ; atelier, même rue, 48.
Roche fils, sur bois et métaux, rue Cuvier, 56.
Vaganay, graveur héraldique, cachets, timbres secs et humides, plaques de portes, médailles et articles de religion, passage de l'Hôtel-Dieu, 34.
Veyret, rue Madame, 112.

Grilleurs d'étoffes.

Boutin père et fils, atelier de rasage, grillage, polissage des taffetas et satins pour parapluies et robes, buclage des articles brochés en tous genres, rue Vieille-Monnaie, 30, et rue des Capucins, 27.
Bontin et Cie, grilleurs et raseurs, rue Madame, 13.
Brunet, grilleur d'étoffes soie, rue Vendôme, 89.
Cot (A.), grilleur d'étoffes soie et foulards, r. Duquesne, 30.
Durand et Gayet, rue Bugeaud, 28.
Garcin (P.), grilleur d'étoffes soie, foulards et nouveautés, lustrage des fils fantaisie par brevet d'invention, s. g. d. g. rue Monsieur, 9.
Thomassin, chineur et raseur d'étoffes, rue Madame, 10.

Guêtres (fabrique de).

Sassot, fabrique spéciale de guêtres, rue Constantine, 20.

Guimpiers.

Astier (J.), batteur de lames, rue du Garet, 9.

Battard, rue des Capucins, 6.
Bayet (C.), rue de l'Arbre-Sec, 36.
Berger (P.), rue de la Tourette, 1.
Berlier, rue Tholozan, 12.
Berthet père, rue de Gadagne, 12.
Berthet fils, rue Tavernier, 3.
Biollety, rue Saint-Jean, 40.
Bioletty, place Neuve-Saint-Jean, 5.
Blanc, rue Tronchet, 30.
Blanchet, rue Vieille-Monnaie, 3.
Blanquet, rue Grôlée, 41.
Borgat, rne Saint-Marcel, 8.
Boullet, rue Bouteille, 21.
Bouillin fils, place du Perron, 1.
Bosson (R.), passage Thiaffait, 4.
Burrat, rue du Plâtre, 6.

Chaboud, rue Bouteille, 13.
Chal frères, rue de la Vieille, 17.
Chavel, côte de Carmélites, 16.
Cottier, côte des Carmélites, 20.
Cornu (Vve), rue des Capucins, 21.
Courtiat (F.), place du Perron, 1.

Damour (Vve), rue Saint-Marcel, 10.
Descombes, quai de Pierre-Scize, 62.
Dantron, rue Tholozan, 16.
Desroches, rue Grôlée, 65.
Doix, (J.), rue Desirée, 6.
Drevet (J.-F.), rue Tholozan, 16.

Espercieux, place du Perron, 5.

Garçon-Sodon (J.), rue des Tables-Claudiennes, 21.
Gavot (P.), place du Perron, 2,
Gavot aîné. place du Perron, 5.
Gerbaud, rue Grôlée, 14.
Gery, rue des Tables-Claudiennes, 2.
Gouillon, rue Confort, 20.

Hopital (H.), rue Paradis, 1.

Isabelle (J.), rue des Tables-Claudiennes. 20.

Janon, rue Saint-Marcel, 19.

Lafaverge, rue des Tables-Claudiennes, 18.
Lamy, rue des Tables-Claudiennes, 12.
Lecorney, batteur de lames, rue Grôlée, 4.
Lhopital (H.), aîné, rue Vieille-Monnaie, 24.

Maillard, rue du Commerce, 22.
Maillou, rue Bouteille, 25.
Marcot, rue Sainte-Catherine, 10.
Mathelin (J.-B.), rue des Tables-Claudiennes, 8.
Mathias, rue Saint-Polycarpe, 10.
Mathieu, rue du Palais-Grillet, 40.
Messonnier (Vve) et fils, rue de la Platière, 5.
Mollard (P.), rue des Tables-Claudiennes, 16.
Mollard, rue des Tables-Claudiennes, 23.
Morel, rue des Capucins, 21.
Morel, passage Thiaffait.
Motta, rue Tholozan, 18.
Muraour (F.), rue Terme, 16.

Orset, batteur de lames, rue Sainte-Catherine, 15.

Palet, rue Terme, 1.
Pallony, rue du Bœuf, 15.
Palu, rue Vauban, 87.
Paravy (P.), rue du Commerce, 36.
Perrot (F.), rue Cuvier, 15.
Pitiot (B.), rue Tholozan, 19.
Pitiot (J.), rue des Tables-Claudiennes, 16.

Raymond neveu, côte des Carmélites, 16.
Raymond, rue Tholozan, 21.
Reidet (L.), avenue de Saxe, 100.
Renaud (L.), batteur de lames, rue Impériale, 33.
Rivière (J.), quai de l'Archevêché, 7.
Rocher (Mlle), rue Saint-Polycarpe, 10.

Saudon, rue Monsieur.
Seillon (V.), rue Godefroy, 18.
Sybille, rue Tholozan, 21.

Troncy, rue Victor-Arnaud, 19.

Valentin, rue Vauban, 23.
Vasserot (D.), rue Tholozan, 10.
Vasserot (J.-A.), rue du Commerce, 8.
Vidal, Grand'Côte, 59.
Vigouroux (Vve), rue Neyret, 13.
Vincent, rue Madame, 23.
Vivant, rue Bouteille, 6.
Warin (Vve), rue Ferrandière, 44.

Impressions sur étoffes.

Ballard, rue Royale, 20.
Cambon (A.), rue des Capucins, 15.
Duchon, spécialité d'application sur tous genres d'étoffes, couleurs métalliques et autres, rue Sainte-Elisabeth, 61.
Durand frères, rue de l'Arbre-Sec, 19; fabrique au Cheylard.
Gandy, application or et argent, rue du Palais-Grillet, 42.
Guttin, frappeur sur étoffes, impressions or et argent, application en tous genres sur toutes sortes d'étoffes légères, frappage de dentelles, ch. de l'Oratoire, 6, clos Bissardon.
Industrie Stephanoise. — Impressions sur étoffes, à Bourg-Argental (Loire), teinture à Saint-Etienne (Loire), dépôt rue des Capucins, 12.
Jandin, Grand'Rue-Saint-Clair, 90 (Caluire).
Jurien fils et Domenjon, rue Saint-Polycarpe, 9.
Leroy, rue Bugeaud, 62.
Massard, sur bannières, impressions et applications or et argent sur velours, rue des Deux-Cousins, 6.
Misset (L.). rue du Palais-Grillet, 12.
Pochon (H.), impressions métalliques sur tous genres de tissus, crêpes, tulles, soierie, coton et articles brevetés (s. g. d. g.), cours d'Herbouville, 71.
Samuel frères, à Neuville, et rue des Capucins, 25.

Indicateur des Soies. — Moniteur des Soies.

Indicateur des Soies, feuille hebdomadaire, publiée par Ponthus-Cinier, ancien courtier ; bureaux rue Puits-Gaillot, 25.
Moniteur des Soies et Revue de Sériciculture, agence de graines de vers à soie et renseignements, 14, rue de la Bourse.

Instruments de précision pour la Sériciculture.

A. Gaiffe et A. Darlot, opticiens (ancienne maison Richard), 12, rue de l'Impératrice (Palais Saint-Pierre), Lyon. Compte-fils, Hygnomètres, Manomètres, Microscopes, Sabliers, Thermomètres. (Voir aux annonces.)

Lacets et cordons (Fabricants de).

Barvet, dépôt, rue Centrale, 48.
Boffard (B) et Cie, fabricant, quai de Retz, 12.
Bonnamour aîné, comptoir, rue de l'Impératrice, 50 ; fabrique en tous genres, cours Lafayette, 50, à Villeurbanne près Lyon.
Bonnamour jeune, marchand, rue Grenette, 23.

Chabrier et Liénard, marchands, rue Centrale, 33.
Gaillard, fab. de cordons, rue Mercière, 49.
Husson et Cie, marchands, rue Centrale, 32.
Melsier (Ch.) et Cie, rue Saint-Pierre, 39.
Rochard-Corcelette, marchand, rue de la Poulaillerie. 6.

Lacets (Ferreurs de).

Capit (Mme Vve), rue Tupin, 27.
Chaumier, rue Dubois, 11.
Chalon (Mlle), rue Poulaillerie, 6.
Dumond (Mme), rue Mercière, 58.

Laines en bourre, crins et fantaisies filées
(Filateurs et Marchands de).

Aubert et Cie, laines filées à tricoter. r. de l'Impératrice, 87.
Augier (D.), laines filées, rue Childebert, 5.
Baumann jeune, laines à matelas, gros et détail, rue Saint-
    Marcel, 25.
Bertrand (Ch.), ancienne maison Castellan, cotons et laines à
    tricoter et à broder, rue Tronchet, 44.
Boissière (A.) et fils, de Roubaix. rue Pizay, 3.
Bouez père et fils, fantaisies filées, rue Puits-Gaillot, 1.
Brante fils, fantaisies filées et coton. place des Capucins, 2.
Brès (F.), déchets, rue Bugeaud, 50.

Charmillon-Maillet, en bourre et filée, rue Rozier, 6.
Clunet, fantaisie en barbe filés, schapp en flottes et cannettes,
    tous numéros, rue Monsieur, 9.
Combrichon, crins et laines, quai Pierre-Scize, 93.

Dailly, laines en bourre, quai de l'Hôpital, 8,
Dubessy (B.), laines filées, rue Neuve, 10.

Forret et Vernier, rue Bât-d'Argent, 17.
Franc (A.), père et fils, et Martelin, filateurs. rue Neuve, 7.
François frères, laines en tous genres, quai Castellane, 11.

Granjanny père et fils, rue Impériale, 32.
Guillermet (J.-B.) et Cie, cours Lafayette 7, et r. de Vauban, 6.

Henry et Vaillat, crins frisés, rue du Bourbonnais, 9.
Horoy (N.), laines à tricoter, rue Mulet, 6.

Igonnet, laines anglaises et autres, quai Saint-Clair, 16.

Laresse (Ch.) et Cie, manufacture de fleurets pour passemen-
    teries, laines et soies filées, fantaisies, bourre de soie car-
    dée ou non, rue Saint-Jean, 68.

Magnan (Henri) et Cie, laines en bourre, crins et peaux, maison de gros, rue Rabelais, 1.
Mignot (Paul), laines en tous genres, p. du Gouvernement, 4.
Millot et Cie, laines filées et à broder, rue Ferrandière, 7.
Morin, commissionnaire, rue Gasparin, 14.

Nicorelliet et Cie, dépôt de laine, rue des Archers, 11.

Olph-Gaillard (L.) et Cie, laines filées, p. des Capucins, 3.
Osmont fils aîné, fantaisie, rue Puits-Gaillot, 15.

Paradis (J.) et Cie, vente et achat, rue Vieille-Monnaie, 33.
Pasquet, Knœri et Cie, commissionnaires en laine. rue Vieille-Monnaie, 33.
Pichon jeune, pour tricots et broderies, rue Saint-Pierre, 27.
Pontal, laines en bourre, quai Saint-Vincent, 46.
Popelin (J.), laines à matelas, rue Neuve. 5.
Prat-Salle, laines filées et crins, rue Ferrandière. 27.

Rambaud-Thoral et Sestier, laines filées, quai de Retz, 10.
Ruef (F.), rue Royale. 17.

Scotti (R.) et Chavanes, commissiennaires, quai de Retz, 10.
Schulthess (M.) et Cie, laines et fantaisie. r. des Capucins, 13.
Soviche et Karche, Petite-Rue-des-Feuillants, 2.

Thevenin jeune et Cie, dépôt de laines à matelas et crins en tous genres, rue de la Fromagerie, 5, et rue Longue, 20.
Warnery et Morlot, déchets de soie, quai Saint-Clair, 14.

Zindel et Cie, laines filées, gros et détail, rue Pizay, 3.

Lainages et nouveautés en gros.

Aubert (Louis) et Cie, rue de l'Impératrice, 38.

Baugier (R.) et Cie, rue Gentil, 10.
Benjamin et Constant, nouveautés, rue Centrale, 20.
Bouillod, Seurre et Granjon, soieries, rue Bât-d'Argent, 1.

Compagnie anglaise, succursale rue Royale, 2.
Crétinon-Ricard, Belmont et Cie, châles, r. des Capucins, 23.
Cusenier et Gentelet, rue de la Fromagerie, 7.
Cuvillier et Cie, rue de l'Impératrice, 49.

Desguers (E.) et Cie, rue de l'Impératrice, 25.
Décrand et Cie, rue de la Fromagerie, 5.
Delore (F.) Laval et Cie, tissus anglais, r. de l'Impératrice, 31.
Devilliers et Cie, châles, rue Saint-Pierre, 28.

Empaire ✳ (Vve) et fils, nouveautés, rue Impériale, 22.

Furnion (E.), successeur de Lacroix et Cie, lainages de cou-
leurs, fantaisies unies, place Saint-Nizier, 5.
Guibert et Terret, rue Centrale, 14.
Guillermet et David, châles, rue Impériale, 27.
Imbert et Cie, châles et soieries, rue de l'Impératrice, 32.
Læderich (J.) et Cie, châles, rue Victor-Arnaud, 21.
Lang (J.), rue Saint-Dominique, 16.
Lévy (Léopold), gros et détail, quai Saint-Antoine, 28.
Michel et Cie, rue Grenette, 23.
Mollard jeune, Reboux et Cie, r. Grenette, 4, et Mercière, 35.
Magnan, Rullat et Cie, rue de l'Impératrice, 40.
Mathevon (A.) et Cie, rue Grenette, 2.
Piéry et Cie, gros et détail, place Saint-Nizier, 6.
Riche, Lanfrey et Masseran, place Saint-Nizier, 5.

Lainage (*Coupons de*).

Brunswick (Samuel), montée du Gourguillon, 2.
Pegon, rue Saint-Joseph, 3.
Penet, *A Saint-François*, rue Saint-Joseph, 18.

Laines, canevas et tapisserie.

Abadie (Mlle), rue Bourbon, 2.
Aujogue (Mlle), rue Impériale, 11.
Badiou (Mlle), rue Bourbon, 11.
Ballet (Mlle), rue de l'Impératrice, 59.
Barange (Vve), rue Impériale, 45.
Berger (Mme), rue Mercière, 3.
Bourdin (Mlles), place Saint-Pierre, 2.
Cathenod-Robert (Mme), rue Impériale, 26.
Condamin (J.), rue Impériale, 5.
Curtet et Hyver, maison de gros, rue du Palais-Grillet, 22.
Dugoujon (Mme), rue de l'Impératrice, 56.
Farge-Girard, rue de l'Impératrice, 65.
Gonthier, galerie de l'Argue.
Maréchal, (Mme), rue de l'Impératrice, 32.
Meyer-Jaudon, rue Neuve, 34.
Millet (Mlle), rue Impériale, 45.
Myon (J.), place de l'Impératrice, 7.
Pichon jeune, pour tricots et broderies, rue Saint-Pierre, 27.
Poy-Liénard (Mmes), rue Impériale, 18.
Prat-Salle, maison de gros, rue Ferrandière, 27.
Raginel (M.), rue Centrale, 48.
Revol (Mlle), rue Impériale, 63.
Ribollet-Bauchu (Vve), rue de l'Impératrice, 49.

Lingerie confectionnée.

Abriot, rue du Plâtre, 3.
Aubert et Fournier, pour église, rue du Plâtre, 6.
Baron (Mme), rue de l'Impératrice. 97.
Baudoin (L), maison de gros, rue Ferrandière, 21.
Beguet-Anselmier, lingerie fine, rue de l'Impératrice. 95.
Biscornet (Mme), rue du Plâtre. 10.
Bois-Bongrand. rue de l'Impératrice, 68.
Bonnassieux père et fils, linge de table, r. de l'Impératrice, 23.
Boyer-Gros, gros et détail, rue Saint-Marcel, 38.
Cahen (S.). rue l'Impératrice, 73.
Charavay-Genevey, rue de la Monnaie. 2.
Chassignol (F.), rue Impériale, 43.
Chauvet, flanelle végétale. rue de l'Impératrice, 78.
Chereau fils, pour deuil, rue de l'Impératrice, 29.
Choisnet (Mme), rue Impériale, 45.
Chol, maison de gros, rue de l'Impératrice, 32.
Costadau et Pelloux, maison de gros, rue de l'Impératrice, 13.
Daboneau et Barrard, rue Impériale, 31.
Emery (Mme) et Cie), rue Saint-Pierre, 18.
Finand-Bony, rue Bât-d'Argent, 8.
Grélon et Satin (Mmes), rue Centrale. 10.
Hébrard fils, Rivoire et Cie, rue Bât-d'Argent, 7.
Hébert-Paque, rue Romarin, 12.
Jamelton (A.), fabrique de jupes, pantalons, camisoles et dessus de corset; spécialité de chemises d'hommes, rue Mercière, 47.
Jussieu (Mme de), spécialité de vêtements d'enfants, confection et costumes complets pour dames, coiffures de Paris, modéles des premières maisons, place Bellecour, 16.
Laprèvote (Mlle), rue Impériale, 12.
Larochette (L.), maison de gros, rue Grenette, 43.
Legros (Vve), voilettes et cols, rue Impératrice, 15.
Lepetit-Charollet, confection de lingerie en gros, représenté par Mlle A. Henry, rue de l'Impératrice, 42; maison à Paris, rue du Sentier, 10.
Lucas et Veyron (Mmes), maison de gros, rue de l'Impératrice, 100.
Low, trousseaux et layette, rue de l'Impératrice, 94.
Mathellon (Mme), rue Grenette, 37.
Mouchet, fabrique de lingerie apprêtée, cols, manchettes, genre de Paris, rue Cuvier, 76.
Pascal (A.), rue Impériale, 71.
Perrache-Perrin, maison de gros, rue Impériale, 11.

Pichoz père, fils et Cie, rue Saint-Pierre, 4.
Pin (Vve), rue Impériale, 62.
Pirrot, rue Impériale, 63.
Pouzols-Darne (Mme Vve), dessinateur de broderie en tout genre, crinolines, lingerie et corsets baleine, jupes couleurs, se charge de toutes commandes pour lingeries, mouchoirs de Chollet, gants de peau, rue Impériale, 66, près Bellecour.
Poy-Fourchet, rue Saint-Pierre, 13.
Rippard (C.) Argoud et Cie, lingerie, articles blancs, dentelles Saint-Quentin, Tarare et Chollet, rue G enette, 3.
Roux (Ernest), articles de deuil, rue Saint-Pierre, 33.
Royané (S.), rue de l'Impératrice, 7.
Rubinstein, en gro-. rue Impériale, 39.
Serviant et Maigre, rue Saint-Pierre, 31.
Simonin et Jossaume, maison en gros, place des Célestins, 10.
Tavernier (A.), rue Impériale, 32; maison à Paris.
Teillon, rue Impériale, 55.
Vaucheret et Cie, *Au Bât-d'Argent.* rue Impériale, 9.

Liseurs d'étoffes.

Agnès (J.) et Suchet, rue Tables-Claudiennes, 18.
Audibert (Mme), rue Imbert-Colomès, 24.
Berthet, rue Pouteau, 13.
Bertholier (L.), rue du Commerce, 38.
Besson (J.), rue Neyret, 4.
Billard, rue Pouteau, 21.
Bonichon (V.), rue du Commerce, 36.
Casi (P.), enlaceur de cartons. rue Tables-Claudiennes, 31.
Chaleyssin, rue Imbert-Colomès, 18.
Chambion (A.), rue Vieille-Monnaie, 8.
Charlel (J.), rue Imbert-Colomès, 25.
Chatet, rue du Bon-Pasteur, 22.
Chazellet rue Pouteau, 21.
Condamin (J.-B.), rue Camille Jordan, 3.
Croix, rue Pouteau, 18.
Daloz (L.), rue Vieille-Monnaie, 12.
Darphin, rue des Tables-Claudiennes, 33.
David, rue des Tables-Claudiennes, 18.
Dufour (J.), boulevard de l'Empereur, 1.
Faure, rue Camille Jordan, 1.
Favier, rue du Commerce, 24.
Fix (P.), rue Imbert-Colomès, 16.
Fournet (Mme), montée Saint-Sébastien, 22.
Fournier, place du Perron, 1.
Garin, rue Pouteau, 12.

Garnier (Vve), rue des Tables-Claudiennes, 31.
Gattaz, rue Imbert-Colomès, 5.
Girardon, rue du Commerce, 18.
Gauthier frères, rue des Tables-Claudiennes, 20.
Giraud (H.), rue Pouteau, 11.
Gouverneur, rue Jacquard, 11.
Guinganino, enlaceur, rue Caponi, 1.
Guignard, rue Camille-Jordan, 3.
Guiguet, rue Bodin, 8.

Jacquet, montée des Carmélites, 10.
Jaillet, rue Caponi, 1.
Jaillet, Grand'Côte, 59.
Jund (H.), rue Vieille-Monnaie, 19.

Labey, rue des Fantasques.
Lange (Mlle), rue Tête-d'Or, 46.
Léspinasse, rue des Tables-Claudiennes, 25.
Luquin (C.), rue du Commerce, 36.

Mairot aîné, rue Camille-Jordan, 1.
Mairot (J.), rue des Tables-Claudiennes, 14.
Maurel (F.), rue Imbert-Colomès, 16.
Meunier, rue Imbert-Colomès, 14.
Michallet, rue Imbert-Colomès, 12.
Molin, rue du Commerce, 33.
Molin fils, rue des Tables-Claudiennes, 25.
Molin jeune, rue du Commerce, 32.
Molin, place du Perron, 2
Molin (Mme), rue des Tables-Claudiennes, 25.
Monnier (A.), rue Vieille-Monnaie, 19.
Morel-Schorisch, rue du Commerce, 50.
Morel, rue Imbert-Colomès, 16.
Morel, rue Vieille-Monnaie, 8.

Perret, enlaceur, place du Perron, 5.
Poussonnel, rue Sainte-Blandine, 2.
Prost (E.), rue Vieille-Monnaie, 19.
Revel (F.), rue Imbert-Colomès, 7.
Richard, rue des Tables-Claudiennes, 14.
Richard (Vve), rue Camille-Jordan, 3.
Richard, rue des Tables-Claudiennes, 18.
Rivoire, rue du Commerce, 26.
Rochat, rue Camille-Jordan, 3.

Salles, rue du Griffon, 15.
Saunier (C.), enlaceur de cartons, rue Neyret, 16.
Terrier, enlaceur, rue Sainte-Marie-des-Terreaux, 4.
Timottet (J.), enlaceur de cartons, rue Imbert-Colomès, 19.
Toillon, rue du Commerce, 28.

Trouillet, rue du Commerce, 22.
Vachon frères, rue Vieille-Monnaie, 23.
Vincent, rue des Tables-Claudiennes, 25.
Vincenzi, rue Imbert-Colomès, 14.

Literie.

Augros, Grand'Rue-de-la-Croix-Rousse, 66.
Baron, épuration de literie, rue Mongolfier, 53.
Bascans-Arguillet, rue Coustou, 5.
Baumann aîné, marchand de meubles, rue Palais-Grillet, 12.
Baumann jeune, marchand de meubles, rue Saint-Marcel, 25.
Blanchet et Treillat, épuration, rue Saint-Georges, 30.
Boiron frères, maison centrale d'épuration et assainissement
    de literie, réparation de sommiers, dégraissage de tapis,
    avenue de Noailles, 26.
Bouvier (A.), quai de l'Hôpital, 36.
Buisson (P.), quai des Célestins, 11.
Bussac (J.) fils, épuration, rue Vaubecour, 10.
Buisson aîné (Vve), rue Terme, 12.
Cabal, marchand de meubles, quai Castellane, 1.
Collet-Gerrier (ex-employé de la maison Vve Accary et fils),
    grande confection d'articles pour literie, dépôt de crins
    d'Afrique, lits en fer, sommiers élastiques, assortiment de
    tapis, etc., rue Mercière, 41, angle de la rue Tupin.
Daviet (F.), quai d'Orléans, 8.
Démars (J.-B.), rue Mercière, 70.
Demoly, rue du Mail, 5.
Derbès, Grand'Rue-de-Vaise, 36.
Derville, successeur de Vve Accary, confection de tous objets
    de literie, lits en fer et sommiers en tous genres, rue Cen-
    trale, 8.
Dutel et Cie, couvertures, rue Mercière, 12.
Ferrand fils et Cie, brevetés (s. g. d. g.), passage de l'Hôtel-
    Dieu, 35 et 37 ; quai Saint-Antoine, 16, angle de la rue Gre-
    nette. Literie complète, ameublements en fer pour jardins.
    Ateliers, rue Dunoir, 67, aux Brotteaux.
Guillot fils aîné, quai des Célestins, 5.
Hoffmann, assortiment d'objets de literie, crins, laines, plu-
    mes et duvet, tapis, toiles à matelas, coutils, rue Mercière,
    92, près de la place de l'Impératrice.
Koster (L.), rue Saint-Joseph, 29.
Laguaite et Cie, rue de l'Impératrice, 97.
Laurent (J.), quai Saint-Antoine, 19.
Lombard (A.), rue Saint-Côme, 1.
Ollier, place Bellecour, 5.
Pélissier-Dumoulin, rue Hippolyte-Flandrin, 2.

Raguillet, quai d'Orléans, 2.
Roche (P.), rue Centrale, 35.
Roux (Vve), Benoit et Cie, épuration, rue Dubois, 33.
Rozès, ancien directeur de la maison ¡Vve Accary et fils, fab. de couvertures en tous genres et blanchissage, épuration de laines et plumes; entrepôt de laines et crins pour matelas ; lits en fer et en bois, sommiers élastiques, articles de tapisserie, rue Terme, 9.
Royané (S.). spécialité de lits, stores et vitrages en guipures et en mousselines brodées, de Tarare et de Hérisau (Suisse), rue de l'Impératrice, 8.
Simon (Mme), ancienne maison Piffady, sommiers en tous genres, par brevet d'invention (s. g. d. g.), crin d'Afrique végétal et varech; ameublement, matelas, traversins, crins, laine, sommiers élastiques à jour, lit pliants brevetés, et autres en fer modèles nonveaux, quai des Célestins, 4.
Tivolle (J.), quai Castellane, 30.
Tranchand fils, quai d'Orléans, 11.
Vallernaud, quai de la Charité, 2.

Machines à coudre.

Américaine (maison) ✳, fournisseurs brevetés de LL. MM. l'Impératrice des Français, la Reine d'Espagne. l'Impératrice du Brésil et la Reine des Pays-Bas. Machines de salon, de famille et d'ateliers ayant obtenues à l'exposition universelle de Paris 1867, la croix de la Légion-d'honneur (hors concours), — Pascalis, passage de l'Hôtel-Dieu.
Bissuel, rue Mercière, 92.
Costal, rue Grenette, 23.
Elias Howe ✳ ayant obtenu à l'exposition de Paris, 1867, la croix de la Légion-d'Honneur et la médaille. (*Exiger la médaille du célèbre inventeur incrustée sur chaque machine*). Système Bonnaz, brodeuse au crochet exécutant les dessins sans tourner l'étoffe. médaille à l'exposition universelle de Paris, 1867 ; machines à faire les boutonnières, — Pascalis, passage de l'Hôtel-Dieu.
Gueux (Alexandre), rue Childebert, 6.
Jackson et Cie, quai d'Orléans, 11.
Larray (J.) et Rotton jeune, seuls dépositaires pour le département du Rhône de la machine à navette (dite *Parisienne*), fonctionnant sans bruit, à 175 fr. Fournitures spéciales en tous genres pour machines à coudre. corsets et chaussures, pièces de rechange de tous les systèmes de machines, rue Centrale, 29.
Lecomte, machines à coudre et à broder perfectionnées, cons-

tructeur-mécanicien, vente et réparation de tous les systèmes français et américains, aiguilles, navettes et accessoires, rue Saint-Dominique, 14.

Martougen (C.-M.), rue de l'Impératrice, 47.

Molliére (J.-P.), rue Impériale, 63.

Pamartin, rue du Palais-Grillet, 36.

Pascal, avenue de Noailles, 63.

Simpson (R.-E.) et Cie, constructeurs brevetés, à Glasgow (Écosse); Agence à Lyon, quai Joinville, 19, manufacture de machines à coudre, système Américain à navette, (points enlacés), fournisseurs des gouvernements anglais et belges, médailles aux expositions anglaises et françaises.

Veillet (E.), mécanicien breveté s. g. d. g., construction de machines à coudre et à broder, réparatiou de tous systèmes français et américains; spécialité de guides pour la ganterie, rue de Crillon, 35.

Weber (A.), mécanicien, fabrique de machines à coudre, travaux de précision et réparation de machines à coudre de tous systèmes, rue François-Dauphin, 11, dans la cour.

Maillons (Fabricants de).

Fontaine, maillons garnis en tous genres, r. Ste-Blandine, 2.

Sagnon fils, plombs et maillons, montée Saint-Sébastien, 18.

Vammoë, successeur de l'ancienne maison Brossier et Vammoë, rue Vieille-Monnaie, 11.

Verchera, fabrique de verres pour la soierie, filature, moulinage, passementerie et guimperie, bambins, carcagnolles, crochets, grénouilles, baguettes, etc., annelets, maillons, poulies en verre, fabrique de remisses, boulevard de l'Empereur, maison de la Terrasse, 1.

Vial aîné, fabrique de maillons crochets en verre pour filature et moulinage, verres pour cannetière et dévidage, rue Magneval, 16.

Vial (J.), rue Vieille-Monnaie, 27.

Villetant, fabrique de maillons en tous genres, auclais, barbins et carcagnolles, crochets pour le dévidage en tous genres, rue Bodin, 11.

Vincent, rue Calas, 20.

Mécaniciens pour les fabrique de tissus.

Abrias, Grande-Rue-de-Cuire. 2.

Allibert, pour dévidage, rue du Commerce, 16.

Arnal (A.), pour la Jacquard, rue Sainte-Blandine, 11.

Baraud, rue Lebrun, 1.

Barbier frères, pour apprêts, rue Montgolfier, 30.
Baverey, mécanicien, breveté s. g. d. g., cannetières à défiler pour taffetas, laine et coton, dévidage et détrancanoirs à décroissement, canetières à dérouler et à filer, verticales, à décroissement, doublage, machines à polir les étoffes de soie, système breveté et métiers mécaniques, rue Boileau, 2.
Bayet, Grande-Côte, 27.
Bèchet (L.), rondes à dévider, rue Vieille-Monnaie, 19.
Benistaud, serrurier-mécanicien et fabricant de régulateurs en tous genres ; taillage d'engrenages en fers, fontes, acier, cuivre et bois, rue de la Visitation, 17.
Bert, fabricant de battants, rue Magneval, 18.
Berthand (J.) et Cie, pour filatures, rue Désirée, 6.
Bigot, fabicant de battants, rue de la Citadelle, 3.
Billon, fabricant de battants, rue du Mail, 19.
Billon, menuisier pour la fabrique, rue du Chariot-d'Or, 7.
Blardon, fabricant de battants, rue de la Visitation, 5.
Blin, fabricant de battants, rue Saint-Vincent-de-Paul, 3.
Bodon, pour le moulinage et dévidage de soies gréges, rue Vauban, 81.
Boland, mécanicien, rue Audran, 6, à l'angle de la côte Saint-Sébastien, forge, tours, ajustage, réparations de machines à vapeur et autres ; fabrique de métiers de tulles et métiers de velours, taillage de roues d'engrenages, filtrage de vis de toutes dimensions, transmission, alisage de roues ; volants de tout diamètre.
Bonnet, pour la Jacquard, rue Bodin, 20.
Bouillet frères, pour la chapellerie, rue d'Aguesseau, 3.
Boyer (J.), pour la Jacquard, raquettes et tambours pour velours à deux pièces et brocheurs en bois, rue du Mail, 26.
Branche, sur bois, rue Neyret, 13.
Brossier, construction sur dessins, rue Vieille-Monnaie, 17.
Buffaud frères, brevetés s. g. d. g., premier prix à l'Exposition universelle de 1867, sept médailles or et argent, spécialité pour les hydro-extracteurs à moteur direct et à courroies, machines à vapeur fixes et locomobiles horizontales et verticales perfectionnées, chemin de Baraban, 27.
Burdet et Cie, neuf récompenses obtenues aux Expositions. Nouveau système breveté s. g. d. g., pour régulariser la soie au moulinage; spécialités de machines et instruments pour filature, moulinages essai des soies, coton, or, argent, etc., rue Désirée, 17.
Burtin (F.), pour dévidage, rue des Tables-Claudiennes, 23.
Buy, fab. de chaînes à la Vaucanson, Grande-Côte, 59.
Caburol aîné. mécanicien et tourneur sur métaux, pour la fabrique et autres, forges et ajustages, aiguisage et polissages, rue Bossuet, 80.

Caminet (L.), pour tulles, rue Tête-d'Or, 61.

Camp, pour tulles, rue Tête-d'Or, 65.

Carrier, pour machines à coudre, cours d'Herbouville, 30.

Challiol (J.), rue Tronchet, 89.

Charlaix, pour tullistes, rue Charlemagne, 69.

Charnier, pour tireurs d'or, place du Perron, 3.

Chermette (Vve), fab. de régulateurs à tisser les étoffes, laine, soie, coton, fil, passementerie, rubans et ornements d'église ; fab. de supports pour le rouleau de derrière, le tout à des prix très-modérés, rue de la Martinière, 7.

Chevalier, tourneur-mécanicien pour la dorure, rue du Commerce, 22.

Cheyssout (ancienne maison Gache), breveté s. g. d. g., fab. d'ourdissoirs en fer et en tous genres, nouveaux systèmes de pliages à vis sans fin et en tous genres, rue Vieille-Monnaie, 23.

Claudy (J.), pour le moulinage, rue Cuvier, 87.

Coignet, machines Jacquard et battants-brocheurs, rue de Sèze, 80.

Clerc (E.), horloger-mécanicien, place des Hospices, 1.

Comte, ferrures, pour métiers, rue Dumenge, 10.

Corbaz, rue de Sèze, 80.

Côte, mécaniques rondes, longues et détrancanoirs ayant son appareil s'adaptant aux détrancanoirs ronds et longs, dévidage et tissage, brevetés s. g. d. g., prix modérés, rue Imbert-Colomès, 24.

Coué (L), fab. de régulateurs, breveté s. g. d. g., rue des Chartreux, 14.

Croizier-Desronzières, mécanicien-constructeur, brevetés plus de vingt fois pour ses nouveaux systèmes de métiers, s. g. d. g.; mécaniques à tisser les taffetas, satin, armure, gaze de Chambéry et gaze à bluter, velours doubles pièces et draperie, machines à polir les taffetas et satin, régulateurs nouveaux modèles, à des prix très-modérés, rue Bodin, 2.

Cropper (John), de Nottingham, constructeur d'intérieur de métiers tulle, représenté par S. Royané, rue de l'Impératrice, 7.

Délaigue, mécaniques rondes, rue Imbert-Colomès, 12.

Délaville, mécanicien, travaux de bâtiments en tous genres, ferrures pour tentes et stores, forge, tour et ajustage. rue Passet, 4.

Delaye, réparation, rue Madame, 12.

Demotat, tourneur, spécialité de rouets à cannettes, roquets échantillés et toutes sortes d'objets de fabrique, côte des Carmélites, 24.

Denis (A.), grande place de la Croix-Rousse, 26.

Desroches (Pierre), pour la guimperie, rue Grôlée, 65.

Desmard (P.), ustensiles pour la fabrication des étoffes de soie unies et façonnées, montage de métiers, gros et détail, exportation, rue d'Austerlitz, 21.

Dessaché, successeur de Depingon, (ancienne maison Vieux aîné), mécaniques à dévider longues et rondes, détrancanoirs, réparations en tous genres et échanges, r. des Tables-Claudiennes, 11.

Despineto (David), sur bois, rue de Sève, 6.

Droz (J.), cylindres pour guimpiers, rue Rabelais, 38.

Dumas, fabricant de régulateurs, place des Bernardines, 5.

Durafort, rondes et cannetières, rue Imbert-Colomès, 18.

Durand (J), cannetières à dévider, r. St-Vincent-de-Paul, 3.

Durand, mécanicien, spécialité de perçages pour plaques, planchettes en métal et en bois, cantre, etc., tournages de métaux et bois, tels que rouleaux en tous genres, piqués et autres; fait les modèles en tous genres et les presses de lithographes, rue Dumont, 18 (Croix-Rousse).

Durochat et Brun, fab. de velours à deux pièces, de régulateurs, outillage de précision, forge, tours, ajustage, taillent toutes sortes d'engrenages, fer, cuivre et bois, r. Caponi, 3.

Fargeix (Vve), fabricant de régulateurs, rue d'Ivry, 10

Fillod (C.), fabr. de régulateurs pour métiers à tisser, déroulages pour les métiers au quart, taillages de roues en tous genres et à la vis sans fin, forge, tour et ajustage, place Colbert, 8.

Fillon (E.), machines à scier le sucre, de plusieurs modèles et à force motrice; construction de machines sur plans donnés, cours Lafayette, 43, et rue Vendôme, 150.

Fion (V.), moulinages Jacquard, place du Perron, 1.

Florian et Finken, spécialité pour la réparation de métiers de tulles et autres genres, rue Tronchet, 79.

Forestier, mécanicien, grande baisse de prix de mécaniques à dévider, longues et détrancanoirs; mécaniques en 10 guindres, 130 fr.; en 12 guindres, 140 fr.; en 14 guindres, 150 fr., garanties pour deux ans, échanges et réparations, rue Mottet-de-Gérando, 15, près l'église Saint-Bernard.

Futin, tourneur sur bois et métaux. tournages pour fabriques et machines industrielles, rouleaux et apprêts de toutes dimensions, rue des Tables-Claudiennes, 13.

Francillon frères, spécialité pour tout ce qui concerne l'ourdissage et le pliage; ourdissoirs en bois, en fer, cantres régulateurs à cylindre (nouveau système), pliages d'un nouveau genre et ordinaire, échanges et réparations, rue Rozier, 3, en face de l'église Saint-Polycarpe.

Gabert frères, rue Bugeaud, 73.

Gache frères, ourdissoirs, rue Vieille-Monnaie, 29.

Gandit aîné et neveu, rondes, rue Coustou, 4.

Ganty, pour la Jacquard, rue du Chariot-d'Or, 9.

Gascuel (J.-J.), pour apprêts, rue des Tables-Claudiennes, 35.

Gervat, machines en tous genres, place Saint-Laurent.

Girard (F.-Cl.), successeur de Girard père (maison fondée en 1734, mécanicien des guimpiers, tireurs d'or, et enjolivures en tous genres, rue Palais-Grillet, 14.

Guérin, dévidoirs et ourdissoirs, rue des Fantasques, 8.

Guicherd, mécanicien, trois fois breveté s. g. d. g., construction de diverses machines pour fabriquer les tissus; cannetières à défiler, dérouler, pour soie, fil, laine et coton, mécaniques à dévider rondes et longues, détrancanoirs circulaires et longs, doublage, pliages, ourdissoirs, montée Bonafous, 10, en face le pont Saint-Clair.

Guigon, articles pour moulinage, quai Castellane, 1.

Guinet, cannetières à dérouler et à défiler, p. des Bernardines, 4

Henry, machines à dévider, rue Vieille-Monnaie, 2.

Hild, pour tulles, rue Bugeaud, 32.

Husson (J.), brocheur, rue du Commerce, 22.

Jeunet père et fils, frères, mécaniciens, outillage pour cartonniers et pour le lisage, cylindres cannelés et réparations en tous genres, rue Bossuet, 39.

Lagrange, fabricant de battants, rue Mottet-de-Gérando, 11.

Laray (J.) et Rotton jeune, mécaniciens pour machines à coudre, rue Centrale, 29.

Lemaire, rue Sainte-Hélène, 53.

Loubet, fabrique de cannetières, rue Imbert-Colomès, 16.

Magat, spécialité de brocheurs et brodeuses, expédition, exportation, montée Saint-Sébastien, 18.

Magat fils, fab. de brodeuses volantes aux battants et à location, nouveau système à dérouler pour brodeuses pouvant employer toutes les soies, exportation, rue Perrod, 22, angle de la rue d'Isly.

Marat (J.-B.), pour la Jacquard, place des Tapis, 3.

Maréchal, fabrique de battants en tous genres, successeur de Mosnier aîné, rue du Mail, 30.

Martin (J.), pour tulles, rue Charlemagne, 66.

Martinet (J.-B.), pour tullistes, cours Morand, 56.

Massot (C.), brocheurs, rue Pouteau, 8.

Mazière fils, fab. de battants en tous genres, brevetés s. g. d. g. nouveau système pour éviter presque entièrement le commencement de fassure et le variage, rue du Mail, 32.

Mazoyer (L.), pour moulinage des soies, rue Bugeaud, 62.

Michel (L.), pour la Jacquard, rue Dumont, 10.

Minvielle, mécanicien, spécialité de détrancanoirs et mécaniques rondes à dévider la soie, laine, fantaisie, coton, etc.;

mécaniques longues dévidant toutes matières ; nouveaux systèmes de rouet dévidant, doublant et moulinant à la fois à un degré de tord voulu pour toutes sortes de matières ; nouveaux réglages à défiler au dévidage, grand avantage pour la fabrique ; assortiment de toutes sortes de fournitures pour passementiers ; régulateurs en tous genres pour toutes sortes d'étoffes, rue Pouteau, 17.

Montellier, mécanicien, spécialité de brocheurs pour métiers à tisser et fabrique de pointisselles à rotation, construction de machines en petit modèle, rue des Gloriettes, 9.

Montellier, spécialité de brocheurs, rue des Gloriettes, 12.

Moriard (A.), sur méteaux, rue Sainte-Elisabeth, 61.

Morier (J.), pour chapellerie, cours Bayard, 40.

Murnay, pour tulles, rue Cuvier, 80.

Mosnier (P.) fils, fabricant de battants, côte St-Sébastien, 11.

Mosnier, fait la réparation, rue Cuvier, 148.

Mosnier (L.), fabricant de battants, rue Lafayette, 10

Nayme, en tous genres, rue de Sèze, 59.

Niel et Cie, brevetés (s. g. d. g.), mécaniciers pour machines à décruer les tissus, fabricants de bois pour gravures, cuivre pour planches plate et taille-douce, spécialité pour tous les traveaux d'impression, construction de coffre-forts et cassettes en tous genres, usine à vapeur, Grand'Rue-Saint-Clair, 100 ; boites place Tholozan, 21, et rue Puits-Gaillot, 33.

Noël, spécialité de battants-brocheurs, brodeuses et cannetières à défiler et dérouler, rue du Bon-Pasteur, 45.

Oysel, menuisier en ustensiles de fabrique, rue des Tables-Claudiennes, 2.

Pallais, fabricant de battants, rue Dumont, 16.

Pancrace-Pourcheron, mécanicien pour le moulinage des soies, rue de Créqui, 125 (Brotteaux).

Pichereau, pour la fabrique, rue de Créqui, 8.

Rassat (C.), rue Boileau, 7.

Reynoard (F.), mécaniques rondes, rue Imbert-Colomès, 9.

Richard, pour la Jacquard, Grand'Côte, 51.

Richard, constructeur mécanicien en tous genres, spécialité pour les mécaniques à apprêter les tissus, rue Cuvier, 121.

Roche, en tous genres, rue de Crimée, 32.

Robin, menuisier pour la fabrique, rue Pailleron, 13.

Rougemont, mécaniques à dévider, place du Perron, 1.

Rubin, articles pour moulinage, avenue de Saxe, 136.

Sallier aîné, tous genres. breveté (s. g. d. g.), r. Tronchet, 45.

Schirmeyer, spécialité de Jacquard, rue du Bon-Pasteur, 4.

Sigalon, mécanicien sur métaux, fabrique et réparation de machines à coudre et à broder de divers systèmes, guides pour la ganterie, outils pour découpage, forge, tour, ajustage de précision, rue Juiverie, 8.

Sornin, réparation, rue d'Auvergne, 19.

Tissieux et Dumais, pour chapellerie. rue Duguesclin, 140.

Trambouze, tourneur sur bois et métaux, fabricant en tous genres de pièces mécaniques, rue Tables-Claudiennes, 18.

Tribollet (E.), successeur de Vicux aîné, fabricant de détrancannoirs ronds, doubles et simples ; détrancannoirs longs à tours comptés, mécaniques rondes et longues, garanties pendant deux ans, sauf fractures, place du Perron, 4.

Triquet frères, constructeurs de machines, lisages, fournitures et ustensiles de métiers pour la fabrication des étoffes unis et façonnés, mise en carte de dessins pour étoffes de tout genre, lecture et copiage de dessins, rue Imbert-Colomès, 17.

Vadoux, mécanicien, spécialité de Jacquard, mécaniques rondes, cannetières, brocheurs, etc., rue Lebrun, 4.

Vaisse et Troilleton, fabricants de battants, rue Imbert-Colomès, 12.

Valette, réparations sur bois, rue Cuvier, 69.

Vernet, pour tulliste, Grand'Rue-de-Cuire, 11.

Vial, cannetières à dévider, rue du Bon-Pasteur, 15.

Viedmann, pour tulliste, avenue de Saxe, 88.

Vieux (F.), pour la fabrique, montée Saint-Sébastien, 12.

Weber (A.), mécanicien, fabrique de machines à coudre, travaux de précision et réparations de machines à coudre de tous systèmes, forges, tours et ajustages, outils à découper et outillage qui concerne la fabrique de parapluies, rue François-Dauphin, 11, dans la cour.

Winter (Henri), rondes à dévider, rue Vieille-Monnaie, 2.

Ziperlin, pour la Jacquard, rue d'Ivry, 2.

Mercerie en gros et quincaillerie fine.

Arnaud (J.), rue Grenette, 12.

Assada neveu, rue Jean-de-Tournes, 12.

Bacheville et Roux, rue Quatre-Chapeaux, 9.

Bailly (A.) et Cie, rue de l'Impératrice, 54.

Benoît et Lacroix, mercerie, boutons et nouveautés, rue Centrale, 23.

Benoît, galons, boutons et velours, rue Mercière, 53.

Bergmann (F.), représentant, rue de l'Impératrice, 54.

Billaz (A.), rue Tupin, 9.

Bonnand (A.), bijouterie fausse, rue Centrale, 38.

Bonvallet frères, rue Grenette, 35.

Boucher aîné, rue de l'Impératrice, 29.

Budillon (L.), rue de l'Impératrice, 34.

Braunschvig frères jeunes, rue de l'Impératrice, 78.
Braunschvig (A.), rue Jean-de-Tournes, 10.
Calvat fils, dépôt de l'aiguillerie de Teste, rue Centrale, 38.
Chabert Berger et Canton, rue Mercière, 44.
Chabrier et Liénard, rue Centrale, 33.
Comte-Ninet, rue Centrale, 45.
Crevat jeune et Fray (S.), rue Tupin, 35.
Delay et Bouchu, rue Mercière, 43.
Dervieux jeune, rue Mercière, 20.
Duchet aîné, fabricant de boutons de nacre, rue Quatre Chapeaux, 16.
Farge-Girard, rue de l'Impératrice, 65.
Fontvieille-Collin, rue Quatre-Chapeaux, 5.
Fouret (E.), rue Impériale, 30.
Fournet (J.), rue Centrale, 46.
Fournier aîné et Cie, rue de l'Impératrice, 68.
Gaynon et Cie, rue Mercière, 26.
Georges (L.), rue Centrale, 21.
Girard (J.) fils, rue de la Préfecture, 9.
Grandjanin-Fournier, rue Grenette, 10.
Guillaume (S.), rue Mercière, 64.
Husson et Cie, rue Centrale, 32.
Janeas, rue Thomassin, 5.
Jeannin (J.-S.), dépôt de passementerie, rue Thomassin, 20.
Laliche, fabricant de crochets, rue Ferrandière, 8.
Levrat (V.), rue Centrale, 44.
Magniny-Piccotin, rue de l'Impératrice, 64.
Maureau (P.), rue de l'Impératrice, 46
Mazoyer fils, rue Mercière, 57.
Menu et Claret, rue et palais de la Bourse.
Mignot-Drevet, mi-gros, rue du Palais-Grillet, 46.
Nicorelli (Ph.), rue des Archers, 1.
Noaillès (L.), rue Mercière, 64.
Nevière (G.) jeune, r. de la Poulaillerie, 9, et r. St-Nizier, 10.
Perret jeune et fils, maison de gros, rue des Forces, 4.
Piquet (J.), dépôt de mercerie et quincaillerie, rue Ferrandière, 36.
Prud'homme fils, quincaillerie, rue Mercière, 66.
Ratton (Vve), quincaillerie fine, rue Mercière, 62.
Renaud-Cros, rue Thomassin, 38.
Ronzon (H.), rue Mercière, 5.
Rousselon frères, rue Impériale, 39.
Sullice frères et Favre, place des Cordeliers, 12.
Teillard jeune, rue Grenette, 4.
Teste père et fils, fabricants d'aiguilles, rue de la Claire, 11.
Vallet aîné et L. Magnin, rue Saint-Nizier, 10.

Valette (P.-F.), rue Tupin, 15.
Viallet et Cie, rue Centrale, 25
Vigouroux aîné, agent de manufactures françaises et étrangères, harlem et rubans rose, place Tholozan, 18.

Mercerie, Bonneterie, Lingerie et Rouennerie
(en détail).

Achild-Verrières, rue Mercière, 20.—Agam. rue de Créqui, 135. — Aguillon, rue Adamoly. 2. —Allard, Grande-Rue-de-Cuire, 13. — Allard-Latour, avenue de Noailles, 65. — Albert, rue Louis-le-Grand, 2. — Albine-Herbin, rue de l'Impératrice, 8. — Arnaud, Grande-Côte, 40. —Audet (Mlle), rue Saint-Jean, 6.

Badet, rue de l'Impératrice, 23.—Badin, rue Sainte-Hélène, 35.—Badiou (Mlle), rue Bourbon. 11.—Bailly, rue Imbert-Colomès, 22.—Ballivy. place Saint-Clair, 3.—Balbet, rua de l'Impératrice. 59.—Barbier, Grande-Rue-de-la-Guillotière, 80.—Barbier, place des Carmélites, 4. — Barbelat, rue du Doyenné, 6. — Bardin, rue Grôlée, 45. — Rarrat (Vve), rue Saint-Joseph, 11. — Barey, rue Centrale, 33. — Baud, rue Saint-Dominique, 16. — Bayet, rue Childebert, 21., — Bayon (Mlle), rue de Sèze, 16. — Beausoleil (Vve) rue des Remparts-d'Ainay, 5. — Beguyot (J.), rue de la Pyramide, 32. — Bellier. rue d'Austerlitz, 14 — Berger (Mme), rue du Jardin-des-Plantes, 4. — Berger, rue de l'Impératrice, 5. — Bergeret (Mlle), rue du Mail, 12. — Bergeron (Mlle), cours Morand, 2.— Berlioz, Grande-Rue-de-Vaise, 35. — Bernard, rue de la Bourse. 45. — Bernard, rue de Marseille, 27. — Bernou, Grande-Rue-de-la-Guillotière, 24. — Bert (Mlle), cours Morand, 55. — Berthaud (Mme), Grande Côte, 130. — Bert.aud (Mlle), rue de Trion, 31. — Berthet (Mlle), place des Cordeliers, 6.—Berthodin, rue du Bon-Pasteur, 25. — Bertru hond, rue du Commerce, 36. —Bilault (Mlle), quai Joinville, 40. — Billon, rue de la Bourse, 17. — Blache, rue Mercière, 26 — Blachère, rue Masséna, 49. — Blanc, rue Terme, 14. — Blanc, rue de la Martinière, 4. — Blanc, Grande-Rue-de-la Guillotière, 51. — Blanchard (J.-B.), rue Bugeaud, 26.—Blanquet, rue Cuvier, 153.—Bodin fils, cours Morand, 2. — Boissat, rue de Sèze, 17. — Bonnet, rue de la Charité, 7. — Bonifay, Grande-Rue-de-la-Guillotière, 39. — Bonthoux, cours Lafayette, 58. — Borgeay, Grande-Rue-de-la-Guillotière, 2. — Borret, rue Bourbon, 40. — Boudeyron-Beauchamp, rue Centrale, 12.—Boullardin, rue du Commerce, 41. — Boulogne, rue Bomarin, 29. — Bourdet, rue du Palais-Grillet, 42. — Bourdillon, avenue de Saxe, 80. — Bouricand, rue de Trion, 45. — Bousquain-Mallard, Grande-Côte, 106. —Boutin (Vve), rue de Chartres, 20, — Bouraïd, rue du Bon-Pasteur, 33. — Bouvier, rue de la Favorite, 9. — Bouvier, cours Morand, 31. — Bouzon, place Croix-Pâquet, 8. — Boragnet (Mlle), place Saint-Clair, 5. — Brachet, rue Bourbon, 37. — Brancia, rue du Commerce, 38, — Bridon, rue de Chartres, 23. — Brigidoux, rue Saint-Joseph, 5. — Brissaud, avenue de Saxe, 108.—Brisson, Grande-Rue-de-la-Guillotière, 126. — Brochet, rue Masséna, 38. — Brochet (Vve), cours Lafayette, 48. — Bronc, avenue de Saxe. 90. — Bruneton, rue de Chartres, 63. — Brunier, Grande-Rue-de-la-Croix-Rousse, 51. — Budillon, rue de l'Impératrice. 34. — Buffard, rue Perrod, 2. — Burfin (R.), rue de l'Impératrice. 52. — Burtin-Juif (Mlle) et Cie, rue Saint-Pierre, 23. — Burty, rue des Machabées, 60,

Caire, Grande-Rue-de-la-Croix-Rousse, 37. — Carlod, place de la Croix-Rousse, 11. — Camaud (Mme), rue Grôlée, 21. — Campagna (Mlle), quai de Vaise, 18. — Caron (Mlle), rue de la Préfecture, 6. — Carrel, cours Vitton, 7. — Carrier-Guyot, rue Pouteau, 11. — Carron (Mme), rue du Mail, 4. — Casanoval Mlle), r. Tête-d'Or, 77. — Cassagne, place Impériale, 42. — Caseneuve (Vve), Grande-Rue-de-la-Croix-Rousse, 47. — Cathobard, avenue de Noailles, 46. — Catinot (Vve), rue Ferrandière, 8, — Cattin, rue Mercière, 6. — Cavaroc (Vve), pl. de la Croix-Rousse, 14. — Cerf, rue Centrale, 31. — C abert, Grande-Rue-de-Vaise, 27, — Chabert (Mlle), rue Saint-Vincent-de-Paule, 15. — Chaland, rue Bourbon, 52. — Challiol (Mme), rue Bugeaud, 5. — Chalmas (Mmes), rue d'Algérie, 20. — Chambon (Vve), rue de Trion, 53. — Chana, rue de la Pyramide, 44. — Chanal, cours Lafayette, 66. — Chanal (Mme), montée des Carmélites, 1. — Chapas, rue Saint-Jean, 44. — Chapuis (Mlle), rue de la Fromagerie, 28. — Chardon (Mme), r. Sala, 46. — Charpentier, Grande-Rue-de-la-Croix-Rousse. 57. — Charrel, cours Vitton, 27. — Charvet (Vve), quai Saint-Vincent, 43. — Chaumard, rue de la Préfecture, 4. — Chavanay, rue de la Pyramide, 12. —Cheneaux (Mlles), rue Vieille-Monnaie, 25. — Chevalier (Mlle), montée Saint-Sébastien. 9. — Chevalier (Vve), cours Vitton, 2. — Chiron, r. Terme. 33. — Cholleton (Vve), cours Vitton, 19. — Chosson, rue Centrale, 41. — Cicéron (Mlle), r. des Capucins, 6. — Clermont, Grande-Rue-de-la-Croix-Rousse, 71. — Cluzel, r. du Garet, 18. — Cochet, rue de Pyramide, 49. — Collomb, rue des Capucins, 17. — Collin, rue de Chartres, 53. — Commissaire, rue Bodin, 3. — Comtesse (Mme), rue Vendôme, 60. — Conjard, rue de la Pyramide, 35. — Corand, rue Bourbon, 28. — Corrand (Vve), rue Bourbon, 41. — Corbier, rue des Farges, 12. — Cormier, montée Rey, 2. — Coste, rue Saint-Vincent-de-Paule, 6. — Cote jeune, Grande-Rue-de-la-Guillotière, 38. — Cottet-Clerc, rue Grenette, 9. — Courtial (Mlle), rue de la Charité, 55. — Couture, rue Bourbon, 36. — Couturier, rue Villeneuve, 2. — Crassard, rue de Flesselles, 22. — Crozier, rue de Trion, 84. — Cusin, rue des Machabées, 16.

Dallot, r. de Chartres, 89.—Damichon, r. de la Pyramide, 32. — Daret (Mlle), cours Lafayette, 44. — Debas, rue Palais-Grillet, 13. — Deblasis, rue Saint-Joseph, 26. — De Girard, Grande-Rue-de-la-Guillotière, 26. — Delamares, rue Saint-Cyr, 37. — Delachanal, rue Mercière, 43. — Delery, rue de Chartres, 25. — Demartines, rue Bourbon, 48. — Denuzière, rue du Plat, 20. — Deport, chemin de la Demi-Lune, 143.— Derieux, Petite-Rue-de-Cuire, 7. — Deschamps (Vve), rue Palais-Grillet, 17. — Devaux (Mlle), rue Saint-Jean, 42. — D'Hautefeuille (Mlle), rue de Chartres, 47. — Didier, place du Marché, 5. — Digaud, rue la Charité, 39. — Dolbeau, place des Célestins. 4. — Doucet, rue Mercière, 68. — Doutre, chemin du Sacré-Cœur, 72. — Drouin, Grande-Rue-de-la-Guillotière, 116. — Dubois, rue Rivet, 10. — Duc, pl. de la Croix-Rousse, 24. — Duchamp fils, rue Romarin, 20. —Dufay, rue Bourbon. 34. — Dufoy, rue du Plâtre, 7. — Dumas, rue des Machabées, 3. — Dumas (Mme), rue Bourbon, 17. — Dumas (Mlle), place Saint-Jean, 1. —Dunet (Vve), r. Terme, 19. — Dumoulin (Vve), cours Morand, 42. — Dupéray, place Croix-Pâquet, 4. — Duplat, rue Montesquieu, 55. — Durieux (Mlle), rue de l'Impératrice, 50. — Duther, rue la Pyramide, 11. — Duvermy, rue Masséna, 52.

Eat, rue de Sully, 17. — Edouard, rue Pailleron, 8. — Emard, rue du Commerce, 7. — Emin, rue du Mail, 3. — Escoffier, Grande-Côte, 96. — Escoffier (Mlle), rue de l'Annonciade, 20. — Espiat (Mlle), rue Saint-Pierre, 41. — Etot (Vve), rue de Sèze, 3.

Falque, rue Saint-Marcel, 38. — Fargeot, rue Hippolyte-Flandrin, 15. — Fargon, rue de Sèze, 15. — Fauchier (Vve), rue Tholozan, 21. — Faure, rue des Remparts-d'Ainay, 8. — Faure, rue Cuvier, 12. — Faust, Grande-Rue-de-la-Guillotière, 62. — Favier-Martinet, Grande-Rue-de-Vaise, 6, — Fayard, rue Jacquard, 7. — Flachat, place des Cordeliers, 4. — Fine, rue Romarin, 23. — Font frère et sœur, rue Terme, 29. — Fore (Vve), rue Saint-Côme, 5. — Fosse-Perrier, rue Grôlée, 33. — Fournaud, rue de Trion, 3. — Francillon, rue Romarin, 2. — Franck, rue Lanterne, 3.—Fréry, rue Confort, 13.—Fromantin, rue des Remparts-d'Ainay, 29.

— Fuchy (Vve), rue Impériale, 55. — Fugit frère et sœur, rue Lanterne, 2. — Futin, rue Mercière, 30.

Gachet, rue de la Pyramide, 53.—Gacon, place du Petit-Change, 2. — Gadet, rue du Mail, 21. — Gaillot, rue du Palais-Grillet, 24. — Gajon, rue Cuvier, 25. — Gallin, rue de la Charité, 43. — Gauthier, rue de Chartres, 73. — Gay-rallet, place Saint-Georges, 3. — Genest, Grande-Rue-de-la-Guillotière, 32. — Georges, rue Centrale, 21. — Germain, place de la Croix-Rousse, 19. — Gervézy, Grande-Rue-de-Vaise, 8. — Gigaudon, rue Vieille-Monnaie, 43. — Gilbertier, rue de Chartres, 17. — Girard (Vve), rue Imbert-Colomès, 9. — Girard, rue Romarin, 8. — Giraud (Vve), place du Perron, 4. —Giroud, rue de Trion, 16. — Glukner, cours Morand, 10. — Goin (Mme), rue de l'Impératrice, 52. — Gonnet (Mlle), rue Bourbon, 15. —Gonon, rue de la Terrasse, 4. — Gonthier (Mlle). rue du Mail, 27. — Gorier, rue Saint-Georges, 68.— Grajon (Vve), rue du Mail, 7. — Grand (Mlle), rue Moncey, 65.—Granger et Gagnaire, Grande-Rue-de-la-Guillotière, 98. —Grevot, rue Bourbon, 19.—Griffon (Mlle), rue Saint-Nizier, 8.—Grobon, cours Vitton, 44.—Gros (Vve), Petite-Rue-de-Cuire, 5. — Gros (Vve), rue Saint-Dominique, 3. — Guérin, rue Moncey, 210.—Gugnet (Mme), rue Cuvier, 176.—Guidon, rue de Chartres, 47.—Guilland, rue Sainte-Hélène, 33.—Guiller-mier, rue Grenette, 2.—Guillot (Mme), rue de la Reine, 36.— Guillot, rue Pouteau, 23. — Guillot, rue de la Charité, 18. — Guillot, rue du Commerce, 20. — Guillot, quai de Vaise, 28.— Guindon, rue Moncey, 13.—Guy, Grande-Côte, 81. — Guy, rue de Marseille, 12. — Guy (Ch.), rue Saint-Cyr, 39.

Hellion (Mlle), rue des Capucins, 19.—Hérard, place Louis-le-Grand, 8. — Héraud (Mme), rue du Plat, 12. — Housset, (Mlles), rue Mercière, 14. — Husson, rue de Chartres, 34.

Jachetty, rue des Machabées, 31. — Jacob, place de la Croix-Rousse, 17. — Jacquet (Vve), rue Saint-Georges, 47.— Jacquet, rue Mercière, 61. — Jacquin, cours Morand, 57. — Jameton, rue des Farges, 8.—Jametton, rue Mercière, 47. — Janin (Mlle), rue du Marché, 4.—Joannard, rue du Mail, 37.— Jassé, rue du Palais-Grillet, 38.—Jeunet, rue de Chartres, 41. Joquet, cours Morand, 1. — Jouanon, rue du Bon-Pasteur, 1. — Joubert, rue de la Madeleine, 24. — Jourdan-Duport, rue Bourbon, 1. — Jourdan, Grande-Rue-de-la-Guillotière, 70. — Juliard (Mme), Grande-Côte, 62. — Jullien, Grande-Rue-de-Vaise, 43. — Kollefrach, Grande-Rue-de-la-Guillotière, 137.

Labourel, rue de la Pyramide, 51. — Lachal, rue de la Pyramide, 12.—Laforest (Mme), rue Saint-Jean, 23.—Lacroix, rue de Créqui, 100. — Lacroix, rue Pailleron, 6. — Lagrange (Mlle), rue Confort, 3. — Lallemand, cours de Brosses, 8. — Larivoire, quai de Bondy, 6. — Launois, avenue de Saxe, 102. — Laurent, rue Bourbon, 31. — Laurent, rue de Saint-Cyr, 24. — Laval, place du Marché. 3. — Laville, Grand'Côte. 6. — Lebre (Vve), rue Vendôme, 109. — Lemonon (Vve), rue Saint-Pierre, 15. — Lobry (Mlle), galerie de l'Argue, 34. — Lollier, rue Terme, 33. — Lorin (Mme), rue du Commerce, 35. — Loury, cours Morand, 27.

Macon (Mlle), rue de l'Impératrice, 34. — Magaros (Vve), rue Lanterne, 10. — Magnard (Vve), cours Lafayette, 12. — Magnard, quai Pierre-Scize, 99. — Maigre, rue Saint-Joseph, 44. — Mairesse, rue Impériale, 24. — Maisonneuve, cours Lafayette, 113. — Maître, quai d'Orléans, 7. — Maliquet, Grande-Rue-de-Vaise, 20. — Maljournal, rue Moncey, 17. — Marcellin (J.), quai Pierre-Scize, 73. — Marillat, Grande-Rue-de-la-Croix-Rousse, 21. — Martin (Mlle), rue de l'Impératrice, 65. — Martin (Mlle), rue de la Madeleine. 6. — Martin, rue Chabrol, 21. — Martin, rue Perrod, 13. — Masson (Mme), rue du Commerce, 23. — Masson, rue Pouteau, 23. — Mathieu (Mlle), place du Prince-Impérial, 9. — Mathouret, rue Hippolyte-Flandrin, 9. — Matile, avenue de Noailles, 65. — Matray-Chetaille. rue Vieille-Monnaie, 15. — Max, place de la Croix-Rousse, 21. — May-Magdinier, rue Montesquieu, 30. — Mercier (Vve), rue de Trion, 64. — Mercier (Mlle), rue Terme, 16. — Mermet (Mlle), cours Morand, 56. — Mermet, Grande-Rue-de-la-Croix-Rousse, 22. — Messin, rue de la Pyramide, 46. — Meunier, rue Cuvier, 23. — Meyer, rue Malesherbes, 34. — Michaillard. rue Duguesclin, 70. — Michaud, rue Moncey, 32. — Michel Georges, place Louis-le-Grand, 8. — Michel, rue du Palais-Grillet, 30. — Mignot-Drevet, rue Impériale, 40. — Mignot, rue Grôlée, 43. — Milliet (Mlle), rue de l'Hôpital, 8. — Molmeret, rue Saint-Jean, 15. — Moltier rue Bugeaud, 18. — Monlor, rue d'Algérie, 8. — Montagny, rue Saint-Joseph, 32. — Montalet, rue des Remparts-d'Ainay, 41. — Morel, montée des Carmélites, 20. — Morel, rue d'Ivry, 4. — Morel (Vve), rue de la Pyramide, 24. — Moriard, place des Célestins, 5. — Moriesse (Mme), rue de la Bourse, 40. — Moya et Cie, avenue de Saxe. 70. — Muller, cours Morand, 5. — Multier, rue Duguesclin, 106. — Mussillon (F.), magasin des *Quatre Saisons*, mercerie. bonneterie, ganterie, toilerie, rouennerie et nouveautés, fabrique de chemises, gilets, caleçons et camisoles de flanelle; faux-cols-cravates et foulards, rue de la Reine, 31, près de la rue Bourbon. — Musy, rue Moncey, 18. — Myon, place de l'Impératrice, 7.

Narbonne, Grande-Rue-de-la-Muillotière, 151. — Néaud (Mlle), Grande-Rue-de-Vaise, 35. — Neyrod, Grande-Rue-de-la-Croix-Rousse, 27. — Niver, rue d'Austerlitz, 4. — Noailly, rue de la Madeleine, 8. — Noël, rue Hippolyte-Flandrin, 3. — Nyd, rue de l'Impératrice, 82.

Odoz, Grande-Rue-de-la-Guillotière, 76. — Ogiz, rue du Garet, 10. — Olagnon, rue du Commerce, 26.

Panouillat, quai Saint-Vincent, 50. — Pape, place des Bernardines, 3. — Paquereau, rue de la Reine, 37. — Paquet, rue Cuvier, 31. — Paradis, rue Moncey, 12. — Paret (Mme), rue Ney, 37. — Pascalis, spécialité de fils pour machines à coudre, passage de l'Hôtel-Dieu, 36. — Patissier (Mlle) rue Lanterne, 4. — Paturel, rue Lafayette, 3. — Payen (Mlle), rue de Crimée, 12. — Peillon, rue de l'Arbre-Sec, 10. — Pellegrin, place Kléber, 6. — Pelletier, Grande-Rue-de-la-Croix-Rousse, 31. — Peneau, rue du Palais-Grillet, 7. — Percigny (Mlle), rue des Farges, 20. — Perrier (Mlle), rue Terme, 21. — Perrier (Mme), rue Romarin, 17. — Perrin, rue de la Pyramide, 82. — Perrin, avenue de Saxe, 153. — Perrin sœurs, rue Tupin, 29. — Perrod-Ogier (Vve), rue de l'Impératrice, 56. — Peyron-Ferry, rue Mercière, 40. — Peytel (Mlle), rue des Farges, 49. — Philippe, rue Mercière, 52. — Picard (Mlle), rue Royale, 17. — Pillaud, rue de Condé, 46. — Pillet, rue Saint-Jean, 29. — Pin, rue Mercière, 16. — Piquet, rue Tramassac, 25. — Pitaval, rue Saint-Jean, 14. — Planquet, Grande-Rue-de-la-Guillotière, 109. — Plasse-Lestra, cours Morand, 43. — Poyet, rue du Jardin. — Pone, rue de Trion, 13. — Poulet, rue de la Pyramide, 15. — Pourrat (P.), place d'Ainay, en face de l'église. — Poyet, rue Mercière, 65. — Proteaux, rue Impériale, 67. — Prudhomme, rue Bonrbon, 38. — Putout, cours Vitton, 21.

Quety, rue de La Martinière, 21. — Quinard, rue Moncey, 25.

Raginel, rue Centrale, 46 et 48. — Ravier (Vve), rue Masséna, 37. — Ray (Mme), rue de la Madeleine, 12. — Regnier, rue Centrale, 13. — Regota, avenue de Saxe, 133. — Renaud (Vve), rue Saint-Denis, 1. — Reverchon, rue Hippolyte-Flandrin, 1. — Rey-Bertrand, rue Centrale, 15. — Reynier, avenue de Saxe, 69. — Richard (Mlle), rue du Plat, 7. — Ricol, avenue de Saxe, 77. — Rigotier (Mlle), montée Saint-Sébastien, 12. — Roberjot (Vve), rue de Chartres, 32. — Robert (Vve), rue de Marseille, 13. — Robier, rue Confort, 23. — Rochat, rue Cuvier, 70. — Roche, rue des Machabées, 29. — Roche, rue des Célestins, 8. — Roche, Grande-Rue-de-la-Guillotière, 22. — Rochefort, Grande-Rue-de-la-Croix Rousse, 34. — Rodot, rue Bugeaud, 31. — Rodot, avenue de Saxe, 98. — Rogemont, rue

Saint-Joseph, 52. — Roger, rue Louis-le-Grand, 4. — Roget-Reynaud, rue Bourbon, 30. — Rollet, rue de la Reine, 32. — Rostaing (Mlle), rue de l'Impératrice, 32. — Rostan, rue Saint-Marcel, 36. — Roudet, rue de la Madeleine, 22. — Roudier, rue Mercière, 86. — Roux (Vve) Benoît et Cie, rue Dubois, 33. — Roux (Vve), et Berthier, rue Terme, 14. — Roux-Michon, rue Saint-Joseph, 37. — Rousset (Mlle), rue Saint-Joseph, 24. — Ruet, cours Morand, 37.

Sabattier-Perrod, rue Romarin, 18. — Sage, r. des Farges, 31. — Salpointe, rue de Chartres, 114. — Sarazin, rue Saint-Marcel, 42. — Sarazin, rue Mercière, 43. — Sougneux, rue de la Charité, 21. — Sauvage, rue de la Charité, 54. — Sassot (Mme), cours Morand, 32. — Schérer (Mlle), rue de l'Impératrice, 50. — Serre (Mme), rue du Plâtre, 5. — Serve (Mme), rue de l'Impératrice, 91. — Sornay, rue de la Pyramide, 61. — Stockmyer, rue Sainte-Elisabeth, 159.

Tabareau, cours d'Herbouville, 38. — Tabouillot, avenue de Saxe, 97. — Tamain, rue de la Magdeleine, 6. — Tapissier, rue du Commerce, 39. — Tardieu (Mme), rue du Commerce, 26. — Telle, rue d'Austerlitz, 15. — Terpaud, cours Vitton, 1. — Terrasse, quai de Pierre-Scize, 20. — Terrenoire (Mme), place du Change, 3. — Thevenet (Vve), Grand'-Rue-de-la-Croix-Rousse, 100. — Thévenet, rue du Mail, 22. — Thibert, avenue de Noailles, 47. — Thollin-Clément, rue du Plat, 40. — Thomas, rue des Machabées, 28. — Thonnelier (Mlle), rue Grenette, 27. — Toussaint (Mlle), place du Marché, 2. — Traverse, cours Morand, 16. — Trillat, rue des Augustins, 2. — Triolliaire, rue Sainte-Blandine, 4. — Tronel, rue Saint-Marcel, 24. — Turbel, rue de la Visitation, 21. — Turtin, rue de Marseille, 18.

Vacher, rue Saint-Jean, 70. — Vachet (Mlle), Grand'Rue-de-la-Guillotière, 96. — Vaganay, rue de la Charité, 52. — Vallerin, Grand'Rue-de-la-Croix-Rousse, 8. — Vandé (Vve), rue de la Visitation, 17. — Vanel (Mlle), cours Vitton, 54. — Vargoz, rue du Commerce, 3. — Vernier (Vve), rue Romarin, 10. — Verrier (Mlle), rue Louis-le-Grand, 4. — Veyrandon (Mlle), cours Morand, 25. — Vibert, avenue de Saxe, 155. — Villefranche, quai Saint-Vincent, 43. — Villette, Grand'Rue-de-la-Croix-Rousse, 85. — Vincent, rue Bodin, 7. — Vincent-Brun, passage Caponi, 1. — Vire (Vve), rue Montebello, 12. — Viron, place de la Croix-Rousse, 10. — Vissier (Mme), Grand'-Rue-de-la-Guillotière, 119. — Vivien, rue Lafayette, 9. — Vondière, rue Romarin, 1. — Vuchard (Mlle), Grand'Rue-de-la-Croix-Rousse, 81.

Westengel (Mme), rue la Barre, 2. — Wolf, rue Bourbon, 38. — Wuy (Mme), rue Saint-Paul, 30.
Zacharie, rue Saint-Jean, 17.

Modes.

Abougy (Vve), rue Impériale. 45. — Achard, rue d'Austerlitz, 10. — Allardet (Mme), rue Romarin, 8. — Amy (Mlle), rue de l'Impératrice, 95. — Amy, rue Jean-de-Tournes, 12. — Aguillon (Mlle), rue Constantine, 12. — Armand-Plénard, rue Saint-Joseph, 6. — Aubagne, rue de Chartres, 117. — Auclair (Mme), rue des Farges, 2. — Augoyal (Vve), rue Romarin, 14.

Baffert, rue Lemot, 14. — Barbier, rue Royale, 14. — Barbe (Mlles), rue d'Algérie, 18. — Barlet, rue Villeneuve, 12. — Barronniers (Mme), rue de la Charité, 18. — Bassard, rue Lebrun, 7. — Bault (Mlle), rue du Commerce, 7. — Bayet (Mlle), rue Impériale, 89. — Bazin, rue Saint-Pierre, 8. — Berle (Mlle), rue Impériale. 45. — Bernond, rue Perrod, 2. — Bernachet (Mme), rue Madame, 33. — Berthier (Mlle), rue des Archers, 11. — Bichet (Mlle), rue Constantine, 2. — Billiet-Bertrand, place du Change, 2. — Blache, r. Bourbon, 11. — Blanc (Mme), rue de Chartres, 47. — Blanc (Mme), rue Duguesclin, 85. — Blanc (Mme), rue Impériale, 18. — Blet (Mme), rue de la Platière. 10. — Blénot (Mlle), rue des Capucins, 6. — Blondel (Mme), rue de Chartres, 36. — Bonnard (Mme), rue Sainte-Elisabeth, 69. — Bonnet (F.), rue d'Austerlitz, 27. — Bonneveau (Mme), place Bellecour, 22. — Besson (Mlle), rue Saint-Marcel, 48. — Botulla (Mme), rue Vendôme, 102. — Bouygon, rue Neuve, 30. — Bretton, côte des Carmélites, 28. — Brun sœurs, rue Madame, 5. — Brunet (Mme), rue Grenette, 24. — Buffart (Mme). rue Confort, 16. — Buguet, rue d'Austerlitz, 7. — Buisson, cours Lafayette, 20. — Bugat, rue de l'Impératrice, 35. — Burlant (Mlle), rue Centrale, 42. — Burlet (Mlle), place Sathonay, 4.

Caduff (Mme), rue Pizay, 22. — Canet (Mlle), rue de Vendôme, 118. — Can (Mlle), quai de Retz, 24. — Casson, Petite-Rue-de-Cuire, 7. — Chabrol (Mme), rue Impériale, 48. — Chabrol, montée des Carmélites, 1. — Chapard (Mmes), rue Constantine, 10. — Chapuis (Mlle), rue de Vauban, 47. — Charmeton, Grande-Rue-de-la-Croix-Rousse, 65. — Chatard sœurs, quai Saint-Antoine, 29. — Chatron, r. des Capucins, 6. — Chaverot, rue Mercière. 82. — Chenevier (Mlle), rue d'Oran, 2. — Chermet, r. Terme, 15. — Chevalier, r. Tupin, 30. — Chevalier, rue d'Algérie, 10. — Choublet (Mlle), r. Sainte-

— 118 —

Catherine, 3.—Christin Henry (Mme), r. de l'Impératrice, 60.
— Clavel (Vve), Grande-Rue-de-Cuire, 23. — Clément (Mme),
rue Cuvier, 63. — Colléon (Mme), rue de la Pyramide, 20.
— Colin, rue de la Reine, 36. — Colin, rue Monsieur, 3. —
Comberousse et Lenormand, r. Centrale, 43. — Combe (Mme),
rue Saint-Jean, 1. — Comte (Mme), rue des Augustins. 8. —
Cottard (Mme), rue Saint-Marcel, 27. — Coulomb (Mme), rue
de la Madeleine, 74. — Couteau (Mme), rue Impériale, 16. —
Cousin (Mlle), r. Masséna, 41. — Dauvergne et Barsu (Mlles),
place de l'Impératrice, 4. — Barancia, rue d'Austerlitz, 15.—
Debauge, rue Mercière, 23. — Debroas et Cie, place des Terreaux, 22. — Decours (Mlle), place Bellecour, 17. — Demo-
ret (Mme). rue Terme, 25. — Derémez (Mme), rue Neuve, 12.
—Deschemeaux (Mme). rue Ferrandière, 42 —Deville (Mme),
rue Sainte-Catherine, 2. — Divat. rue Pouteau, 23. — Doli-
sie, rue Godefroy, 33. — Donneaud (Mlle), rue de l'Impératrice, 5.—Drapier et Poncet, r. Impériale, 10.—Droin (Mlle).
r. de Trion, 73. —Ducreux, cours Napoléon, 34.—Ducroux,
rue de la Charité, 8. — Duguay (Mme), rue Terme, 11. —Du-
martheray (Mme), rue Centrale, 54. — Dumas (Mme), rue des
Augustins, 4. — Dumont, rue Dumenge, 2. — Duperray, rue
Vieille-Monnaie, 22. — Dupoizat (Vve), rue de Trion, 75. —
Dupuy (Mme C.), rue Childebert, 1. — Dupuy (Mlle), rue de
l'Impératrice, 51. — Duru (Mlle), rue Centrale, 32.

Eschenbenner, rue Impériale, 36.—Escoffier, rue Bodin, 13.
— Estragnat (Mlle), rue du Commerce, 5.

Faillant-Quicolet, rue Mercière, 44. — Fauriste (Mmes), pl.
de l'Impératrice, 7. — Farge (Mlle), rue Saint-Georges, 88. —
Favier (Mlle), quai des Célestins, 8. — Favrichon, cours Vitton, 9. —Félix (Mlles), rue Saint-Dominique, 13. —Ferrouil-
lat, Grande-Rue-de-la-Guillotière, 35. — Fèvre (Mlle), rue
Vaubecour, 14. —Forest, place Louis XVI. 4. — Forey, rue
d'Austerlitz, 14. —Fléchon (Mme), rue Gasparin, 15. —Fran-
coy (Mme), rue de l'Impératrice, 21. — Fray (Mlle), rue de
Marseille, 11.

Gachet, quai Saint-Vincent, 54. —Gagneur (Mlle). cours des
Tapis, 3. — Gantillon (Mme), rue Bourbon, 6. — Gaillard,
Grande-Rue-de-la-Croix-Rousse, 67. —Garcin (Mme), rue Im-
périale, 34. — Gurguet, rue de la Charité, 56. — Garnier, r.
de la Préfecture, 6. —Gathier (Mlle J.), r. de l'Impératrice, 93.
— Gauchet, Grande-Côte, 81. —Gaudry, r. de la Préfecture, 8.
— Geoffray sœurs, rue Saint-Pierre, 31. — Georges (Mlles),
rue de Marseille, 5. —Giroud (Mme), cours d'Herbouville, 26.
— Godard, rue Saint-Joseph, 20. — Godet (Mme), rue du

Mail, 18. — Granger, rue du Mail, 18. — Grevot (Mme), rue Sala, 32. — Guerrier, Grande-Côte, 122. — Guichard (C.), c. de Brosses, 10.—Guillet, rue des Farges, 43.—Guilhon (Mme), rue de Vendôme, 103. — Guillot (Mme), Grande-Côte, 36. — Guillot, rue Romarin, 4. — Guillotte-Bugeray (Vve), rue du Plat, 9. —Guiraud (Mlle), rue Lanterne, 15.

Heidlauff, rue Madame, 12. — Hess, rue Saint-Joseph, 50. — Hugon, rue du Jardin-des-Plantes, 1.

Jacquand (Mlle), rue Imbert-Colomès, 8. — Jag (Mme), cours de Brosses, 18. — Jaillet (Mme), place du Gouvernemeut, 5.—Jambon (Mlle), place Saint-Michel, 1. —Joncerand (Mlle), rue de l'Impératrice, 53. — Jordanis (Mme), rue Impériale, 61.—Jourde (Mme), rue Saint-Pierre, 16.—Jullien (Mme), rue Impériale, 56.—Jumelle (Mlle), cours Morand, 41.

Koch (Mlle), quai Joinville, 40.

Lachal, rue Saint-Côme, 9. — Lafond, rue Rivet, 10. — Laforest (Mme), cours Vitton, 39. — Laglasse (Mme), rue Grenette, 3. — Larçon (Mme), rue de Chartres, 53. — Lardet, place des Tapis, 2.—Lartique, rue Bourbon, 46.—Latheaume, rue de la Reine, 45.—Lavergne (Mlles) sœurs, rue Sala, 7.— Léautaud (Mlle), rue de l'Impératrice, 82.—Léonard, Grande-Rue-de-la-Croix-Rousse, 39. — Lelogé, place Louis XVI, 16. — Letanche (Mme), place de la Croix-Rousse, 20.

Maister, avenue de Saxe, 68. — Mallaval (Mlle), passage de l'Hôtel-Dieu, 30. — Manet, cours Perrache, 12. — Marley (Mlle), place de la Croix-Rousse, 22. — Margotton (Mlle), rue Mercière, 21. — Massardier, rue du Palais-Grillet, 1. — Masson (Mme), place du Marché, 1. — Martau (Mlle), rue de l'Impératrice, 30. — Mathevet, quai Saint-Clair, 8. — Maurice (Mlle), place Impériale, 53. — Mazoyer (Mme), rue Impériale, 4. — Mazuchely, rue d'Austerlitz, 13. — Meister, avenue de Saxe, 68. — Megnès, place Louis-le-Grand, 26. — Mesoniat (Mme), rue Jean-de-Tournes, 6. — Michél sœurs, place Henry IV, 8. — Michon, cours d'Herbouville, 21. — Montel, rue Duguesclin, 131. — Montel (Mme), rue Bellecordière, 20. — Morel (Mlles), rue de l'Impératrice, 61. — Morgon (Mlle), rue Bourbon, 51. — Moriard (Mmes), rue Tête-d'Or, 47. — Moulin (Mme), rue Madame, 62. — Moulin, Grande-Côte, 89. — Mousset (Mme), rue Saint-Marcel, 23. — Musanty et Rolland, rue Impériale, 49.

Nicolle-Deshayes, rue Centrale, 1. — Nourtier (A.), rue de l'Impératrice, 64.

Ottonnelly (Mme), rue Masson, 5.

Pageod (Mme), cours Morand, 43. — Paget-Pontus, rue de l'Impératrice, 21. — Paillet, rue Hippolyte-Flandrin, 16. — Pascal (Mme), rue Madame, 75.—Pélisson (Mlle), rue Ferrandière, 52. — Pelosse, rue Gentil, 11. — Perraud, rue de Fleselles, 12. — Perret (Mlle), place du Prince-Impérial, 5. — Perier (Mlles), rue du Commerce, 19. — Perriod, (Mlle), rue d'Algérie, 20. — Perolle (A.), rue Moncey, 18. — Peroncel (Mme), rue du Plat, 10. —Perondon (Mlle), rue de la Charité, 15. — Petit (Mlle), rue Neuve, 33.—Peuble (Mme), rue Saint-Jean, 49. — Piégay, rue du Doyenné, 15. — Pinaroli (Vve), place des Terreaux, 75.—Pitaval sœurs (Mlles), rue Centrale, 46.—Pitrat (Mlle), rue de Flesselle, 2.—Pitiot, rue Lafond, 10. — Place (Mlle), rue Saint-Joseph, 30. — Planeur-Pucet, rue Constantine, 16. — Planus (Mme), rue Childebert, 6. — Plantard, rue Bourbon, 13. — Planus (Mme), rue Childebert, 6. — Poncet, rue Mottet-de-Gérando, 12. — Ponton, (Mlle), rue Centrale, 54.— Prollier (Mlle), rue Saint-Jean, 54. Pronatti (Mme), rue Cuvier, 60.

Quillon (Mlle L.), rue Montesquieu, 61.

Rang-Félix (Mme), rue Bourbon, 26. — Ravut (Mme), rue de la Pyramide, 46. —Refet, rue Saint-Marcel, 46. — Renaud (Mme), rue Saint-Jean, 15. — Rey, rue Jean-de-Tournes, 10.— Ribaud, rue de Chartres, 106. — Ricannet (Mme), rue du Commerce, 10. — Rigard (Mlle), rue Saint-Dominique, 16.— Ringuet (Mlle), rue Bourbon, 34. — Riotor, avenue de Saxe, 103. — Rojon (Mlle), rue de la Bourse, 39. — Rolland (Mme), rue Impériale, 52. — Rolland (Mlle), rue Terme, 10. —Romé, quai Pierre-Scise, 74. — Rome, rue Hippolyte-Flandrin, 22. —Ronzy (Mlle), rue Centrale, 52 — Rostain (Mlle), rue Villeneuve, 6. — Rousset-Farobert (Mme), place d'Ainay, 4. — Roux-Michon, rue Saint-Joseph, 37. — Ruby (Paul), Grande-Rue-de-la-Croix-Rousse, 43.

Sallen (Mme), avenue de Noailles, 61.—Salomon (Mlle), quai Pierre-Scise, 93.—Sarrazin, rue Saint-Joseph, 53.—Sarrazin (Mlle), Grande-Rue-de-la-Guillotière, 130. — Sauvaget (Mme), rue de l'Impératrice, 99.—Servillat sœurs, rue Impériale, 66.—Simon (Mlle), rue Saint-Dominique, 12.—Subtil (Mme), rue Mercière, 6.

Teissier, rue du Plat, 10. — Terrenoire, rue Constantine, 22. — Theurier (Mme), cours d'Herbouville, 1. — Thomas (Mlle), Grande-Rue-de-la-Guillotière, 71. — Trémeaux (Vve), rue Vaubecour, 23. — Trollioux, rue Terme, 13.

Vagner (Mme), rue de l'Arbre-Sec, 31. — Vailland (Mlle), rue Impériale, 88. — Varay (Mme), rue de l'Impératrice, 61. — Vaisseaux (Mlle), rue des Archers, 8. — Vautrin (Mlle), avenue de Saxe, 71. — Venot, rue Saint-Pierre, 11. — Venot, rue Constantine, 2. — Verdun, rue Ferrandière, 8. — Vernay, rue Saint-Polycarpe, 8. — Vial, rue de Vendôme, 145. — Vincent (Mlle), rue de l'Impératrice, 95. — Vire, cours Bourbon, 90. — Vivier, Grande-Côte, 1. — Vollon (Mlle), rue de l'Impératrice, 57. — Wug (Mlle), quai Pierre-Scise, 107.

Zindel (J.), rue Neuve, 18. — Zotelle (Mlle), cours Vitton, 42.

Modes (Fournitures pour).

Agnelet frères, rue Centrale, 33; maison à Paris.
Annequin (B.) et Tixier, rue Centrale, 35; maison à Paris.
Bajat (Mlle), rue Mercière, 52.
Besson (Mlles), fournitures pour modes, dépôt de formes de Paris, tulles, crêpes et soieries, rue Lanterne, 15.
Celle (A.), rue Centrale, 28.
Claude-Chaninel, étoffes et rubans, rue de l'Impératrice, 35.
Clunet (Mme), fournitures et soieries en tous genres pour tailleuses et modistes, rue de l'Impératrice, 67.
Durst-Wild frères, représentés par Monceau, rue Centrale, 29; maison et fabrique à Paris, rue du Caire, 39.
Favre aîné et fils, fabrique de résilles, rue Grenette, 4.
Ferlay et Giraud, rue de l'Impératrice, 6.
Ferry (J.-B.), rubans et velours, rue de l'Impératrice, 32.
Gachet-Lepind et Cie, rubans et fleurs, rue Impériale, 20.
Gaydon, Petite-Rue-Longue, 1.
Gayet jeune et Cie, place Saint-Nizier, 1.
Gizon, rue Impériale, 36.
Grillet, marchand de plumes, rue Neuve, 11.
Krause (H.), tourneur en tous genres, fabricant d'objets à étalages pour modes, lingerie, chapellerie et confection, rue des Capucins, 18.
Lambert (M.), rue Centrale, 39.
Martin (A.), gaufrage, rue Dubois, 11.
Martin (F.), fabricant de fournitures pour modistes, nouveautés, chenilles, résilles, cordelières, zéphirs; médaille d'argent 1re classe à l'Exposition universelle de 1867; anciennement q. Fulchiron, 21, actuellement r. Mercière, 5.
Mathon, rue de la Bourse, 33.
Meyer (J.), rue Mercière, 13.
Musy, tulles, blondes, crêpes, velours, rubans, formes pour chapeaux, fournitures pour modes, articles soldes extra-bas prix, rue Moncey, 18.

Perriod (H.), rue Centrale, 32.
Pitaval (F.) et Rager, fournitures pour modes et chapellerie, dépôt de pailles en tresses, blanchissage et teinture, quai de l'Hôpital, 6, et rue Champier, 9.
Rieu et Acary, soieries et mouveautés, rue Centrale, 20.
Royane (S.), dentelles vraies et imitations, tulles et crêpes, rue de l'Impératrice, 7.
Strauss, violettes haute nouveauté, rue des Capucins, 13.
Trévoux frères, rue de l'Impératrice, 34.

Monteurs de métiers.

Association des Monteurs de métiers en tous genres, nouveaux systèmes, empoutage, appareillage et remettage pour unies et façonnées, rue de la Visitation, 5 (Croix-Rousse).
André, rue d'Auterlitz, 8.
Barjot, rue de Flesselles, 20.
Demeure, rue Célu, 3.
Desmard et Cie, marchands de métiers, rue du Mail, 23.
Desmard (P.), marchand de métiers, rue d'Austerlitz, 21.
Gallin, rue des Fantasques, 8.
Hermitte frères, marchands de métiers, pl. des Bernardines, 1.
Hermitte, Grand'Rue-de-Cuire, 14.
Jamin, rue Saint-Vincent-de-Paule, 17.
Laroche, rue du Bon-Pasteur, 9.
Mollard et Cie, rue de la Visitation, 23.
Morel, marchand de métiers, place de la Visitation, 4.
Reynaud, place de la Croix-Rousse, 3.
Sifflet, rue Tholozan, 9.

Mouliniers et ovalistes.

Avon (F.), rue de Vaudrey, 15.
Avy (Dlle), rue de Créqui, 7.
Baraton (Mme), rue de Vauban, 63.
Bedon (A.), rue de la Madeleine, 43.
Berthaud, rue des Martyrs, 133.
Betri, montée des Carmélites, 10.
Blanc, rue Boileau, 13.
Blein (J.-M.), pour le coton, rue Tête-d'Or, 109.
Bonnardel, rue Bossuet, 65.
Bougnard (L.), chemin du Sacré-Cœur, 62.
Borel père, rue des Fantasques, 12.
Bouchet, rue Bugeaud, 128.
Brisson (Mlle), rue Philibert-Delorme, 1.
Brun, rue Cuvier.
Buyat, montée de la Boucle, 36.

Caillat, rue Tête-d'Or, 104.
Chareyre (F.), ateliers rue Tête-d'Or, 106, et rue des Trois-
 Pierres, 20 ; autre atelier et bureau, rue Ney, 33.
Chazalet (M.), rue Duguesclin, 210.
Chomat, rue Magneval, 15.
Christophe (V.), rue du Gazomètre, 10.
Christophe (J.), rue de Sèze, 44.
Couraton (A.), Grand'Rue-des-Charpennes.
Coindre, rue Cuvier, 47.
Couderc (J.), chemin du Sacré-Cœur, 66.
Craponne montée des Carmélites, 10.
Deroudille (F.), rue Vendôme, 141.
Detrie (A.), montée des Carmélites, 10.
Donjean, rue Cuvier, 141.
Durand frères, rue de l'Arbre-Sec, 19, et rue Bossuet, 35.
Esclosant, rue Montgolfier, 45.
Eyraud, place Rouville, 5.
Favrot, montée des Carmélites, 10.
Ferrand, trieur de soies en tous genres, flottes à tours
 comptés, titrés et repugés, rue Montbernard, 24.
Fournet (J.), Grand'Rue-des-Charpennes.
Giraud (F.), place des Pénitents-de-la-Croix, 6.
Glaizal, rue Cuvier, 120.
Grenier, rue de Créqui, 124.
Guigon, fabricant de purgeoirs ; spécialité d'articles pour
 moulinage et verroterie en tous genres, quai Castellane, 1
 (Brotteaux).
Guilhon, rue Vauban, 98.
Guillermier, rue des Fantasques, 12.
Hebrard-Béranger, rue Sainte-Elisabeth, 95.
Jourdan, montée Rey, 11.
Joutteur, rue de Créqui, 84.
Lacombe, rue Cuvier, 156.
Ladret, montée des Carmélites, 10.
Lacombe, rue Imbert-Colomès, 12.
Lagarde (Mlle), rue Imbert-Colomès, 24.
Lejeune (J.), rue Bugeaud, 55.
Levrat (A.), cours Lafayette, 55.
Mallessrad, pour coton, rue des Fantasques, 12.
Marin, place Colbert, 8.
Martinay, rue Vaudray, 21.
Martinet, rue des Martyrs, 96.
Méaly, montée des Carmélites, 10.
Niel (Vve), cours d'Herbouville, 37.
Orange, rue Sainte-Elisabeth, 85.
Pichat, rue Charlemagne, 72.

Roux, rue Bossuet, 80.
Rousset, impasse Saint-Polycarpe, 2.
Robin, rue de Barême, 11.
Ruby, rue Bossuet, 37.
Seylard (Mme) rue Imbert-Colomès, 24.
Terrasse, rue Perrod, 13.
Terrasse (B.), rue de Flesselles, 20.
Throphême, cours Lafayette, 74.
Toureille, montée de la Boucle, 21.
Vaudray, rue Rivet, 4.
Viallet (E.), rue Bugeaud, 99.
Vincent, rue du Gazomètre, 23.

Musée d'Art et d'Industrie (au Palais-du-Commerce).

Le but de ce Musée est d'aider au développement de l'art appliqué à l'industrie.

Fondé par la Chambre de commerce et organisé sur un plan nouveau et pratique, cet établissement intéressant est appelé à rendre de grands services aux artistes, aux dessinateurs et aux industriels.

Les collections sont déjà remarquables ; elles embrassent toutes les branches de l'art industriel.

Une salle de travail est réservée aux personnes qui désirent consulter les portefeuilles et collections que possède l'établissement. Elle renferme une bibliothèque spéciale composée d'ouvrages d'art à figures et d'estampes décoratives d'ornement classées par maîtres, par écoles et par époques.

Le Musée d'Art et d'Industrie est ouvert les dimanches, les jeudis et jours de fêtes, de onze heures à trois heures. Les mardis, mercredis, vendredis et samedis, jours réservés, le public est admis aux mêmes heures avec des billets d'entrée. Les étrangers sont admis tous les jours, sur leur demande.

Les cartes d'étude et billets d'entrée, pour les jours réservés, sont délivrés à la direction du Musée, 2me étage, pavillon sud-ouest.

Conservateur : M. P. Brossard, place Saint-Clair, 8.

Musée industriel de La Martinière (rue des Augustins).

Ce Musée contient un grand nombre de modèles de machines propres à la fabrication des étoffes de soieries ; on y enseigne la théorie aux élèves de l'École.

Il est ouvert au public pour le visiter les dimanches, de 11 heures à 2 heures, excepté pendant les vacances.

Navettes (Fab. de).

Anjou, rue d'Ivry, 25.

Berthou (F.), rue Bodin, 5.

Burjoud, fab. de navettes en tous genres, piquage de tampias et de rouleaux, conducteurs en tous genres et réparations, rue de la Tour-du-Pin, 7 (Croix-Rousse).

Comte, fab. de navettes, conducteurs de divers systèmes, rasteaux et liages, tampias pour diverses étoffes, spécialité de piquage de rouleaux pour velours, rue d'Austerlitz, 17.

Comte fils, fab. de navettes, conducteurs de divers systèmes, rasteaux et liages, tempias pour diverses étoffes; spécialité de piquage de rouleaux pour velours. draps et toiles, rue Tholozan, 4.

Condamin, rue Saint-Georges, 41.

Collet (J.), rue du Mail, 33.

Dalloz, fab. de navettes à défiler aux nouveaux systèmes à conducteurs divers, par la tention des trames, navettes pour caméléon, et à broches, fuseaux pour foulards et rasteaux pour pliage, côte Saint-Sébastien, 14.

Descombes, place Colbert, 6.

Estienne (P.), rue Creuzet, 8.

Fayet (A.), rue d'Austerlitz, 11.

Ferlat, fab. de navettes en tous genres, côte St-Sébastien, 14.

Flachet, fabrique en tous genres, tampias pour velours, piquage de rouleaux, rue Perrod, 5.

Guinet, fabrique de pointiselles, rue Jean-Baptiste-Say, 5.

Jacquetant, rue Bossuet, 94.

Jamet (E.), rue du Mail, 18.

Lacroix (Vve), place Kléber, 7.

Martignat (A.), rue Masséna, 42.

Martignat, rue Sainte-Elisabeth, 61.

Mercier fils, fabricant de navettes et conducteurs en tous genres, rue Célu, 16 (Croix-Rousse).

Montbillard (F.), rue du Chariot-d'Or, 17.

Mura, fabrique de navettes en tous genres, tampias pour velours. Rasteaux pour pliage et piquage de rouleaux; polissoirs de cornes et d'aciers; spécialité de pointizelles pour toutes sortes de tissage, tuyaux à défilés et déroulés, vernis, place Saint-Laurent, 1 et 2.

Nivon, rue Imbert-Colomès, 31.

Orelle aîné, rue de Flesselles, 10.

Orelle cadet, fabrique en tous genres, spécialité pour conducteurs à rotation, breveté s. g. d. g., piquage de rouleaux, avenue des Tapis, 2 (Croix-Rousse).

Pacut (J.), rue Cuvier, 123.
Poulet (J.), Grand'Côte, 45.
Relave, montée Saint-Sébastien, 14.
Rigot (F.), rue Dumenge, 15.
Serre fils, rue du Mail, 30.
Sigaud, rue Saint-Georges, 62.

Nouveautés de Tissus en tous genres (Magasins de).

Arnould et Cie, ancienne maison Chaîne, rue Saint-Pierre, 1.
Baquet (J.), rue Bourbon, 6.
Beguin, cours de Brosses, 20.
Bertin jeune, rue de l'Impératrice, 85.
Benjamin et Constant, rue Centrale, 20.
Bonnefond et Buffel, rue Impériale, 54.
Bonneton (J.), cours de Brosses, 18.
Bournet et Cie, rue Centrale, 2.
Boyriven-Lagarde, rue Grenette, 3.
Brachet. rue Bourbon, 37.
Brébion-Carrier, rue Saint-Marcel, 21.
Charbonnier-Lambert, draperie, Grand'Rue-de-Vaise, 41.
Clément (L.), rue Centrale, 46.
Clooten et Cie, rue Centrale, 34.
Courtieu (J.), rue Bourbon, 8.
Daboneau et Barrard, *A la Ville de Lyon*, magasins de nouveautés les plus vastes de l'Europe, choix immense d'étoffes nouveautés, rue Impériale, 31.
Damey (J.), rue Centrale, 28.
Delanoë (J.-B.), rue des Capucins, 1.
Delore, Laval et Cie, rue de l'Impératrice, 31.
Deromieu-Rolland. rue Saint-Côme, 1.
Devilliers (L.) et Cie, rue Saint-Pierre, 28.
Donnet (C.), rue de l'Impératrice, 57.
Duchatel, spécialité de foulards, rue Impériale, 28.
Empaire ✳ (V.) et fils, rue Impériale, 22.
Fougerat, Honorat et Pallard, rue Saint-Pierre, 14.
Garanty (Vve), cours Morand, 40.
Gorand, rue de l'Impératrice, 102.
Girard (Mlle), rue Romarin, 8.
Grandin, Grand'Rue-de-la-Guillotière, 10.
Guigard jeune et Cie, rue Centrale, 7.
Héritier, rue Terme, 13.
Hirchel (A.), rue Bourbon, 1.
Hodieux et Salvy, m. fondée en 1712, pl. de l'Impératrice, 9.
Jourdan (A.), *Au Louvre*, rue Impériale, 13.
Kessler (H.). Grande-Place, 22 (Croix-Rousse).

Lamarque-Delaigue, cours Morand, 18.
Laval (A.), place du Marché, 3 (Vaise).
Lemann et Cie. soieries, châles, quai des Célestins, 6.
Levy (Léopold), quai Saint-Antoine, 27 et 28.
Lutz (Mme), quai Saint-Antoine, 39.
Madiot et Perrot, *Aux Deux-Passages*, rue Impériale, 38.
Marchand, rue de l'Impératrice, 93.
Marix frères, rue de l'Impératrice, 96.
Miège jeune, rue Centrale, 37.
Morel, Grand'Rue-de-la-Croix-Rousse, 16.
Nordheim et Cie, rue Saint-Pierre, 41.
Pahud, Hunnel et Cie, rue Saint-Pierre, 10.
Pascal et Cie, rue du Plâtre, 1.
Picard (Vve) et fils, *Magasins du Palais-Royal*, rue du Plat, 2.
Piéry et Cie, place Saint-Nizier, 6.
Placet (E.) et Cie, châles cachemires, rue Impériale, 6.
Ponthus (H.), *Au Sablier*, rue de l'Impératrice, 98.
Regaudiat, quai des Célestins, 11.
Royané (S.), fab. de dentelles, guipures en tous genres pour
   garnitures de châles et confections, rue de l'Impératrice, 7.
Ruel et Buscoz, rue Saint-Marcel, 34.
Siebenpfeifer, *Au Cardinal*, rue Centrale, 30.
Viron (L.), Grand'Rue, 2 (Croix-Rousse).
Vondière (F.), rue Romarin, 1.

Papetiers spéciaux pour la Soierie.

Chapard et Chanal, rue Lafond, 18, et rue du Garet, 9, fab. de
   registres et fournitures de bureau, dépôt des manufactures
   de papiers d'Angoulême de C. Chertier et Cie. usines à Laprade et à Pontvieux (Charente).
Chavent (Vve), spécialité de papiers pour la soierie, fournitures de bureau, fab. de registres, barêmes et tableaux à
   l'usage de la soierie, place Croix-Pâquet, 2 et 3.
Guttin (E.) et Cie, fournitures de bureau, spécialité de papiers
   pour la soierie, fab. de cartonnages et de registres, rue du
   Griffon, 7.
Molard, fournitures de bureau, impressions pour le commerce,
   fab. de registres, rue Royale, 6, et rue Victor-Arnaud, 5.
Senocq, libraire-papetier, spécialité de travaux authographi-
   ques et dessins; gravures en tous genres, achat, vente et
   échange de timbres-poste pour collections d'amateurs, rue
   Impériale, 48.

Parapluies et Ombrelles (Fabr. de)

Abel, Soubranche et Cie, rue Lanterne, 1.
Delpeuch neveu, rue Neuve, 12.
Despert, rue Sainte-Marie, 8.
Forgeot (L.), rue Terme, 16.
Imbert (M.), soieries et fournitures, rue Sainte-Catherine, 17.
Lefrançois frères, rue Sainte-Catherine, 5.
Maillet (G.) frères et Huguet, rue Bât-d'Argent, 12.
Pascal aîné et Cie, rue Sainte-Catherine, 12.
Perrot fils, fab. de parapluies et ombrelles, soieries et fournitures, passage de l'Hôtel-Dieu, 31. (Exportation).
Poncet jeune fils et Cie, exportation, rue Dubois, 21.
Revel (F.), parapluies et ombrelles, haute nouveauté, soieries et fournitures. Exportation, rue Pizay, 3, et rue Lafond, 2.
Rouche (J.), gros et détail, rue Impériale, 55.
Verzier (Vve) et fils, rue Sainte-Marie, 3.

Parapluies (Marchands de)

Bal, avenue de Noailles, 40. — Bapt (A.), Grand'Rue, 45 (Guillotière). — Bassans, quai de l'Archevêché, 6. — Baudoin, rue Vaubecour, 1. — Bellanges, cours d'Herbouville, 15. — Bertholon (Vve), place du Petit-Change, 3. — Beurkardt, rue de Flesselles, 21. — Blanchard, place Forez. — Bonnel, rue du Bon-Pasteur, 22. — Bordelait (Vve), rue de l'Impératrice, 94. — Boucheron, rue Terme, 4. — Bouilhot (Mlle), rue Bourbon, 2. — Bourgin (A.), rue Bugeaud, 22. — Brissaux, cours Morand, 14. — Brochier fils, cours de Brosses, 4. — Brogia (J.-F.), avenue de Saxe, 91. — Bucheron, rue Terme, 4. — Buchet (J.-M.), r. du Plat, 9.—Burtin, r. de l'Annonciade, 18.

Cauderon, rue Terme, 16. — Celu, rue Saint-Côme, 2. — Charles fils, rue Impériale, 13. —Chassagne, rue de Chartres, 16. — Chassagnard (P.), rue Vendôme, 111.—Clamaron (E.), quai Saint-Vincent, 59.—Claudy, rue Impériale, 72.— Clède, rue de la Pyramide, 32. — Collègue (Vve), rue Dumenge, 4. — Collègue (A.), Grande-Place, 9 (Croix-Rousse). — Cordier (L.), rue d'Austerlitz, 8. — Coulon, Grand'Rue-de-la-Guillotière, 113. — Coupade (M.), rue du Commerce, 3.—Coursole, cours Lafayette, 36. — Couture (J.), rue Bourbon, 36.

Damian, cours Vitton, 29. — Degivry (J.), rue Romarin, 13. — Delpeuch, rue Bourbon, 19. — Demaison, rue Saint-Joseph, 39. — Denis, rue des Machabées, 64. — Desbordy, côte Saint-Sébastien, 22. — Desvigne, rue Terme, 7. — Duchet, pass. de l'Argue, 40. — Durand (F.), c. Morand, 45.

Ferru (E.), rue du Plat, 22.

Girard et Cie, rue Saint-Pierre, 23. — Gardier, cours Vitton, 3. — Gay (F.), Grand'Côte, 28. — Gonnet (Mme), rue Bourbon, 15. — Grillet, rue des Remparts-d'Ainay, 38. — Grillet, rue Bourbon, 8. — Guibal, quai de Vaise, 2. — Guillon, (Mlle), rue Mercière, 48.

Hervé, cours Morand, 6. — Hugon, Grande-rue-de-la-Guillotière, 32.

Imbert, rue d'Austerlitz, 19.

Jourdan (A.), quai de l'Archevêche, 14.

Lafarge, quai Saint-Vincent, 59. — Lafont, rue Constantine, 2. — Landier, rue du Sacré-Cœur, 72. — Laplace, rue Saint-Marcel, 42. — Lejeune, cours Lafayette, 101. — Léon (Vve), rue Mercière, 13. — Longueville, rue de la Bombarde, 8. — Loyon, rue Impériale, 64.

Magnin, rue Mercière, 52. — Madinier, rue Vaubecour, 21. — Magote (Mme), Grand'Rue, 40 (Vaise). — Manoua, côte des Carmélites, 13. — Marcour (Vve), rue Vendôme, 107. — Marenne (P.-J.), quai Fulchiron, 20. — Martin, rue Bouteille, 25. — Mathias (Mlle), Grand'Côte, 45. — Mathonnet (C.), quai de Vaise, 8. — Masse (Mme), rue Saint-Dominique. 15. — Mayot, Grand'Rue, 40 Vaise. — Maillaret, cours Vitton, 19. — Montgoze, rue Impératrice, 8. — Mortier, rue Bourbon, 10,

Pellegret (D.), rue de Chartres, 80. — Pichon, rue de Chartres, 45. — Pierron (J.), rue Claudia, 23. — Poix (Mme), rue de Créqui, 144.

Rebeyrotte (M.), passage de l'Hôtel-Dieu, 31. — Renard (N.), place Gerson. — Roche, rue des Maronniers, 2. — Roche jeune, passage de l'Hôtel-Dieu, 6. — Roche, rue de la Charité, 42. — Rouffiat, rue de l'Impératrice, 78. — Roux (A.), cours de Brosse, 7. — Roux, rue Vendôme, 90.

Saul, cours Morand, 14, — Sage (J.), rue des Machabées, 2. — Serre (Vve), Grand'Rue, 14 (Croix-Rousse). — Serret, montée des Carmélites, 30. — Sialve, rue Béchevelin, 7. — Soubrat, rue des Tapis, 6.

Tabey (Mme), fabricant de parapluies et ombrelles en tous genres, fait les répartions, recouvre et échange, spécialité de cannes, rue Saint-Pierre, 41, au fond de l'allée. — Tardy, rue Saint-Dominique 13. — Thévenin (S.), rue Saint-Pierre, 29. — Timonier, Grand'Côte, 100. — Turlot-Passeron, rue de l'Impératrice, 43.

Vassoilles (J.), rue Saint-Marcel, 8. — Vernijoud, rue Bourbon, 56. — Vert (Vve), place du Change, 2.

Parapluies (Fournitures pour).

Association ouvrière et industrielle pour la Fabrication des
  Manches de parapluies et ombrelles, articles riches et ordi-
  naires, bois des îles et faux bois, rue de l'Arbre-Sec, 27.
Barral, rue Monsieur, 81, fabrique de manches.
Bayard (S.), carcassier, rue de la Paix, 1.
Besson (J.-M.), carcassier, rue Chaponay, 21.
Bidaud, monteur, rue Grôlée, 48.
Bouchard, carcassier, place Sathonay, 6.
Bourgier (P.), fabricant de joncs, rue Grôlée, 43.
Brossier, fabricant de garnitures, rue Vieille-Monnaie, 17.
Burnichon (J.-M.), monteur, rue des Capucins, 6.
Bussillet, fabricant de cannes, rue de l'Arbre-Sec, 9.
Céillier frères, fabricants de montures de parapluies, spécia-
  lité de baleines, vieilles, potiers d'étain, c. des Carmélites, 40.
Chénat, monteur, rue de la Poulaillerie, 13.
Chevalier, garniture, rue Tavernier, 5.
Chaumil, monteur, rue Neuve, 5.
Conchon, monteur, rue Grôlée, 35.
Collègue, rue des Farges, 25.
Cuzieux, fabricant de cannes, rue Rabelais, 26.
Duclocher, rosettes, rue Vendôme, 170.
Dupuis, monteur, Grande-Côte, 71.
Ferrand (B.), garnitures, rue Palais-Grillet, 14.
Ferrand jeune, garnitures, rue Pareille, 11.
Forgeot (C.), en tous genres, rue Terme, 16.
Gaillard (A.-R.), fourreaux de parapluies, r. Sainte-Marie, 3.
Grillet, monteur, rue Bourbon, 16.
Gueslin (P.), jonc, rue Pareille, 11.
Hudriot, fournitures pour la garniture de parapluies, plaques
  et coulants, rue Sainte-Elisabeth, 32.
Imbert (M.), fournitures en tous genres, r. Ste-Catherine, 17.
Jaroux (C.), monteur, rue des Tables-Claudiennes, 29.
Jubin (Arthur), soieries, rue Bât-d'Argent, 7.
Lagrollé (F.), cannes, rue Juiverie, 22.
Kraff, monteur, rue Juiverie, 18.
Latout, carcassier, rue Bouteille, 29.
Lefrançois frères, en tous genres, rue Sainte-Catherine, 5.
Limousis, fabricant de cannes pour parapluies et ombrelles,
  crochets, cornes et ivoire, etc., r. Monsieur, 28, Brotteaux.
Loire, monteur, rue du Bœuf, 12.
Maillet frères et Huguet, rue Bât-d'Argent, 12.
Marcel (A.), monteur, rue de Jussieu, 5.
Miège (A.), cannes, rue Grôlée, 61.

Milloz, cannes, rue Grenette, 12.
Moret (P.), fabrique de fourchettes pour parapluies et ombrelles, tringles et montures en fer et aciers en tous genres, rue Neyret, 37.
Morin (A.), soieries au détail, rue Pizay, 4.
Perrier (J.), fabrique de montures en acier et fer en tous genres, et de couleurs variées pour parapluies et ombrelles ; fabrique de fourchettes, rue de la Vieille, 13, dans la cour.
Philibert et Cie, monteurs, maison de gros, r. des Martyrs, 95.
Pillon (H.), carcassier, rue Palais-Grillet, 18.
Pipier, carcassier, rue de l'Annonciade, 20.
Pocachard jeune, fabricant de baleines, quai de Retz, 17.
Pivot (F.), raccommodage, rue Thomassin, 20.
Renard jeune, monteur, rue Thomassin, 18.
Ravax, garnitures, rue Terraille, 14.
Ravoux, fabrique de cannes, rue Grenette, 24.
Schmitt (Mme), monteuse, rue des Tables-Claudiennes, 19.
Sergent cadet, rue Palais-Grillet, 14.
Sergent aîné, rue Sainte-Catherine, 5.
Teste et Cie, fabricants de branches acier, rue de la Claire, 11.
Tiphaine et Dubuisson, fabricants de tubes et cuivrerie pour parapluies, articles en métal pour soierie, d'un poids fixe, tels que : roquets, bobines, billots, chevilles, cappelette, zing, etc., rue de Sully, 43.
Verzier (veuve), et fils, rue Sainte-Marie-des-Terreaux, 3.

Passementiers en tous genres.

(Voyez aussi Dorure.)

André-Bogey et Cie, manufacture de passementeries pour meubles et nouveautés, maison à Paris, rue Quincampoix, n° 107 ; fabriques à Voiron et à la Tour-du-Pin (Isère), usine, teinture et blanchisserie, rue Grenette, 12.
Armand et Pitiot, passementerie soie, place Saint-Nizier, 3.
Avallet (J.), passementerie pour meubles, hautes nouveautés, garnitures de robes (exportation), rue Mulet, 10.
Bergier (G.), dorure et enjolivure, r. du Jardin-des-Plantes, 9.
Bellon (B.), dorures et passementeries, r. Ste-Catherine, 11.
Bessac, (L.), enjolivures, ch. des Granges (Point-du-Jour.
Bonnin (V.) pour chapellerie, rue de l'Impératrice, 91.
Bonnamour jeune, passementerie soie, rue Grenette, 23.
Bonnamour aîné, passementerie soie, rue de l'Impératrice, 52 ; Fabrique, cours Lafayette, 50, à Villeurbanne, près Lyon.
Borday (A.), fabrique de dorures et ceintures ecclésiastiques, rue Terme, 26.

Boulay et C. Morel, meubles et nouveautés, rue Tupin, 12.

Bosson (F.), enjolivures d'église, rue des Capucins, 19.

Bret (A.), breveté s. g. d. g., équipement militaire et passementeries en dorure, broderies fantaisie, administration et uniformes, bannières et insignes de sociétés musicales, rue Bourbon, 15.

Brunier-Maréchal, fils, équipements militaires, manufacture de boutons d'uniforme et de livrées, broderies, passementeries, fournitures pour Lycées : spécialité pour les compagnies de sapeurs pompiers, quai de Retz, 12.

Budillon (L.), enjolivures, rue de l'Impératrice, 34.

Burtin, Juif, Laroche (Dlles), enjolivures, rue Saint-Pierre, 25.

Canard, ameublements, rue de la Platière, 5.

Chabrier et Liénard, enjolivures, rue Centrale, 33.

Chevalier, rue Centrale, 8.

Clemenso (G.) et Cie, dorure, rue d'Algérie, 16.

Crépon (A.), et Cie, pour meubles, rue de l'Impératrice, 40.

David, pour ornements d'église, rue Vieille-Monnaie, 4.

De Clavière (G.) et Cie, broderies or et argent pour ornements d'église et militaires, rue Saint-Marcel, 30, (ancienne maison Courtet, maison à Paris, rue Hauteville, 21).

Dime jeune et Cie, dorures en tous genres, rue de la Platière, 12.

Divat-Magdinier, enjolivures, rue de l'Impératrice, 48.

Dolbeau-Barret, pour meubles, rue Tupin, 38.

Duinat, fabricant de chenilles, franges et effilés, rue des Capucins, 25.

Dumur, pour église et militaires, rue d'Algérie, 22.

Durret (P.), traits or et argent, fins et mi-fins, cannetilles, lammes et bouillons, articles nouveautés en dorures pour la fabrique; exportation, rue Childebert, 21.

Dutel et Cie, en dorures, rue Puits-Gaillot, 7.

Escoffier (P.) et Cie, dorures, rue d'Algérie, 6.

Fabre (A.), et Rivier, passementerie, nouveautés pour modes, route de Villeurbanne, 28 quartier Sans-Souci (Guillotière).

Fagot jeune, rue Centrale-de-la-Villette, près le Sacré-Cœur.

Fichet frères, Muraour et Cie, fabrique spéciale de filés or et argent, traits, lames, cannetilles, paillettes, découpures et étoffes brochées, rue Puits-Gaillot, 3.

Fore (Vve), enjolivures, rue Saint-Côme, 5 *bis*.

Frinzine et Duviard-Dime, en dorures, rue Saint-Marcel, 23.

Gaillard jeune, en soie, rue Mercière, 49.

Gauthier (Auguste), rue Constantine, 12 (ancienne maison Dumortier frères), dorure fine, mi-fine et fausse, broderies civiles et militaires, étoffes pour ornements d'église.

Gay (J.), nouveautés pour dames, rue Impériale, 18.

Gaydon, enjolivure, Petite-rueLongue, 1.
Gelet (Vve), pour meubles, rue du Plâtre, 8.
Girerd frères, dorures, broderies. rue Bât-d'Argent, 12.
Gizon, pour meubles, rue Impériale, 36.
Grand (Dlle). enjolivures, place des Cordeliers, 8.
Grossat (A.), pour chapellerie, rue Sainte-Elisabeth, 61.
Guibout (J) et Cie, fabr. de dorures, rue des Capucins, 16.
Guillermier, pour meubles, rue Grenette, 11.
Guillermin et F. Louis, dorure. rue Saint-Pierre, 27.
Héraud (J.-B.), fabricant de filets, résilles nouveautés en tous genres, rue Grôlée, 61.
Henry (J.-A.), ancienne maison (A.), Henry et Jouve, dorures, passementeries. broderies civiles et militaires, ornements d'église, soierie, rue du Garet, 3.
Husson et Cie, rue Centrale, 32.
Jacob, rue des Maronniers, 6.
Jaillard père et fils, passementerie , dorure, ornements d'église et articles militaires, rue Impériale, 12.
Jeannin (J.-S.), dépôt pour modes et boutons, rue Thomassin, 20.
Jumont-Buer et Cie, pour militaires, place Bellecour, 5.
Laresse (Ch.) et Cie, manufacture de fleurets pour passementerie, soies filées, fantaisies, bourres de soie cardée ou non, rue Saint-Jean, 68.
Levrat (V.), rue Centrale, 44.
Martin aîné, fabrique de chenilles, résilles, rue Constantine, 15.
Martin, place de l'Impératrice, 6.
Mattan, dorures à façon, rue Grôlée, 48.
Mayot (C.), fabrique de résilles et coiffures, rue Centrale, 54.
Méhier (Ch.) et Cie, pour dames, nouveautés, rue Saint-Pierre 39.
Maureau, place de l'Impératrice, 46.
Morel et Cie, passementerie or et soie, rue de l'Impératrice. 9,
Nicod, passementerie pour ameublement, rue Duguesclin, 99.
Papon (Vve), rue des Forces, 3.
Petit et Gayet (Dlles), pour église, rue Tramassac, 4.
Poncet (Ch.), fabrique de résilles, coiffures et nouveautés, ceintures et soieries, place Saint-Nizier, 1.
Poyet (A.) et Blanc, résilles et chenilles, rue Bât-d'Argent, 3.
Rochet, franges et broderies en tous genres, rue du Garet, 6.
Rodes (F.), dorures. place de la Miséricorde, 3.
Seillier, fabricant de franges, rue Vieille-Monnaie, 15.
Siebenpfeifer, articles pour dames, rue Centrale, 28.
Silvestre frères, dépôt de boutons et galons de Paris et d'Allemagne, passementerie pour dames, rue de l'Impératrice, 67.

Siméan (C.) et Cie, dorures, place Sathonay, 4.
Sonthonax (A.). pour ombrelles, rue de l'Impératrice, 33.
Tarpin, père et fils, tréfilerie d'or et d'argent, maison à Paris,
    rue Montmorency, 13 ; usine à Persan-Beaumont (Seine-et-
    Oise), rue de l'Impératrice, 37.
Tissot (Vve), détail, rue de l'Impératrice, 40.
Truchy et Vaugeois, dorures, quai de Retz, 16, maison à Paris.
Volay, Verger et Cie, or et soie, rue de l'Impératrice, 1.

Peignes à tisser (Fab. de)

Auzet (Vve), fab. de dents de peignes, rue Montbernard, 15.
Baile fils, rue Romarin, 17.
Bigé (J.-B.). fab. de peignes à tisser en tous genres, spécialité
    pour toiles métalliques et gazes, rue Désirée, 19.
Braisaz, rue de Sully, 103.
Chautin (J.), rue des Capucins, 31.
Coint et Cie, rue des Capucins, 22, et rue Coustou, 5 ; méd. à
    Paris 1867, peignes et dents de peignes à tisser, spécialité
    de peignes forts et réguliers, pour les glacés, la moire, les
    gazes à bluter et les toiles métalliques, remisses et lisses de
    tous genres, méd. aux Expositions de Londres, Bordeaux et
    Paris.
Dumas (B.), rue Romarin, 13.
Dumolard, rue des Capucins. 18.
Durand (A) et Souton, rue Terraille, 18, successeur de Cha-
    telard et Perrin, fab. de peignes à tisser en tous genres, et
    fournitures d'ustensiles de fabrique. 14 médailles bronze,
    argent et or à diverses Expositions.
Garnier aîné, rue du Commerce, 41.
Gras fils aîné, place de la Croix-Rousse, 19, spécialité pour
    moire, brocheur, brodeuse, taffetas unis et façonnés, pei-
    gnes pour laine et surtout velours unis, peignes de rencon-
    tre de tout compte.
Gras (G.), rue Puits-Gaillot, 7.
Mardienne et Pollard, manufacture de peignes à tisser en tous
    genres par mécaniques, systèmes régulateurs, brevetés s.
    g. d. g., rue des Capucins, 12.
Menin, rue du Griffon. 3.
Noël, rue Vieille-Monnaie, 35, fab. de peignes à tisser, bre-
    veté pour un nouveau système s. g. d. g.; gros, exportation.
Perret (L.), rue Romarin, 8
Pichon (E.), rue des Capucins, 18.
Poncet, fab. de dents de peignes, rue Monsieur, 75.
Privat (Mme), rue du Commerce, 26.
Richard, réparation, rue Sainte-Rose, 7.

Rivoire et Paul, montée Saint-Sébastien, 18.
Simond, réparation, rue du Mail, 12.
Vally (L), manufacture de dents de peignes à tisser, laminage
de métaux, spécialité de paille de fer, rue Bugeaud, 69.
Venet, fab. de dents de peignes, Grande-Côte, 79.
Vion (C.), rue des Capucins, 21.

Perceurs pour la Fabrique.

Blanc, place de la Croix-Rousse, 17.
Jambon, rue d'Austerlitz, 11.
Josserand, pour la tréfilerie, rue Bourbon, 14.
Poizeau, rue Audran, 5.
Porte, rue du Pavillon, 2.
Vauchez, rue du Chariot-d'Or, 19.

Planches à impressions (Fabricants de).

Dervieux, planches sur bois, rue Vauban, 54.
Estieoule, planches sur cuivre, rue Cuvier, 94.
Leroy, planches sur bois, rue Vauban, 41.
Merle, planches sur cuivre, rue Duguesclin, 177.
Niel et Cie, fabricants bois et cuivre, Grand'R.-St-Clair, 100.
Vincent frères, sur cuivre, rue Cuvier, 48.

Plieurs pour la Fabrique.

Achard (Vve), rue Tholozan, 8. — Amiet, place de la Visitation, 2. — Argentier, rue du Chariot-d'Or, 7. — Aucagne, rue Tholozan, 21. — Auzéby, rue Montesquieu, 68. — Aynes, chemin de la Demi-Lune, 1.

Barbier, rue de l'Oratoire, 4. — Barde, rue Belle-Cordière, 20. — Barot, rue de la Visitation, 5. — Barnaud, rue d'Austerlitz, 16. — Bavoux, rue du Mail, 32. — Berger, rue de la Citadelle, 14. — Berthier, rue Pramelle, 5. — Blanc, rue Saint-Vincent-de-Paul, 3. — Boisson, rue Jacquard, 28. — Bonnet (F.), rue Saint-Vincent-de-Paul, 19. — Bonnet (M.), place de la Visitation, 5. — Bouchard, rue Perrod, 2. — Bouchardy (A.), quai Pierre-Seize, 24. — Bourgat (Mme Vve), Place Saint-Georges, 3. — Bouvier, rue Tête-d'Or, 58.

Cagnion, (F.), place Rouville, 4. — Cattin (J.-B.), rue Sainte-Elisabeth, 65. — Chalon (J.), rue Dumont, 16. — Chanet, rue du Bœuf, 10. — Chassot, gaufreur et plieur par fils, rue Vendôme 79. — Chavent (L.), Grand'Place, 6, (Croix-Rousse). — Chavent (S.), rue Dumont, 10. — Cognet fils, montée des Carmes-Déchaussés, 5. — Cotte, côte Saint-Sébastien, 11. — Curt (J.), rue Lemot, 1.

Decour, rue Madame, 53. — Défanis, Grand'Place, 4 (Croix-Rousse). — Dervieux, rue Tramassac, 27. — Desgrange, rue Pelletier, 4. — Devaux, rue Lebrun, 11.

Fayolle, rue du Mail, 23 — Ferrand, Petite-Rue-de-Cuire, 1. — Fontaine, pour tulles, rue Magneval, 15. — François (Vve), rue Richard, 5.

Gagea (H.), rue Masséna, 23. — Gaillard, rue Pelletier, 4. — Gallien, rue Cuvier, 67. — Gally, rue Duviard, 1. — Garçon (J.), rue Bodin, 7. — Genod (J.) père, rue Charlemagne, 67. — Giroud (J.), rue Dumenge, 13. — Givord (Mlles), rue Rodin, 13. — Cros, Grand'Côte, 41. — Guy (J.), cours d'Herbouville, 32.

Henry, rue Vielle-Monnaie, 15.

Journaux. rue des Chrrtreux, 58.

Laposse, rue Projetée, 5. — Lardet, rue de la Citadelle, 3. — Lassarat (J.), cours des Tapis, 1. — Lassauzay, rue d'Ivry, 35. — Lehodez (F.), rue du Bon-Pasteur, 21.

Malinjoud, rue Dumont-d'Urville, 23. — Marin. rue Sainte-Elisabeth, 61. — Martin (J.-M.), rue d'Austerlitz, 10. — Mercier (J.), rue du Bon-Pasteur, 9. — Monand, rue de l'Alma, 16. — Montely, rue Saint-Georges, 11. — Monnet. rue Dumenge, 10. — Morellon, rue de Gloriettes, 1. — Moret, montée Rey, 8. — Mouton (J.-L.), Grand'Côte, 7.

Nicolas (M.), rue Rivet, 7.

Ollas, rue Rast-Maupin, 16.

Perret (Vve), rue des Fantasques, 8. — Perrod, rue de la Visitation. 5. — Petit-Jean (F.), rue de la Visitation, 5. — Piégay (J.), rue Imbert-Colomès, 13. — Pinet (V.), rue de Sèze, 90. — Pittaval, rue Audran, 5. — Pochon, rue du Bon-Pasteur, 41. — Ponchon, rue de la Favorite, 20. — Pramondon (Mme), Grande-Rue-des-Feuillants, 6.

Quaire, quai Pierre-Scize, 77.

Renaud, rue d'Ivry, 31. — Rey, place Colbert, 9. — Ribe, Grand'Côte, 41. — Richard, rue Sainte-Elisabeth, 55. — Robert, montée des Carmes-Déchaussés, 10. — Ronchaud, rue de la Terrasse, 2. — Rousset, cours d'Herbouville, 3. — Rousset, rue de la Citadelle, 5. — Rousset fils, rue de la Citadelle, 5.

Sibut, place des Tapis, 3. — Souveraz, rue Bodin, 11.

Terral, rue Madame, 39. — Terol, rue d'Ivry, 21. — Thevenet, rue Richan. — Tisson (J.), cours des Tapis, 9.

Valette, rue Lemot, 8. — Valous (A.). rue des Chartreux, 27. — Veitard, rue Bugeaud, 135. — Vialond (F.), rue Célu, 12. — Vitte, rue Perrod, 20.

Plieurs pour soie à coudre.

Baptiste (J.). rue Centrale, 17.
Bernard, gazeur et lustreur de fils de soie; médailles et certificats de 1re classe, exposition anglo-française, rue Sainte-Catherine, 13.
Chanet, rue Ferrandière, 18.
Curbillon, quai Pierre-Seize, 104.
Domeck; chevilleur plieur et gazeur, gazage de toutes matières duveteuses, tels que fantaisie Chapp, poils de chèvre et coton; par un nouveau procédé il se charge d'enlever le duvet aux couleurs sans altérer les nuances et en conservant leur fraîcheur primitive, rue du Garet, 18.
Durand, rue Hippolyte-Flandrin, 15.
Guerrier (V.), lustreur, étireur et refloteur, rue Neuve, 10.
Lamadon (F.), rue de l'Arbre-Sec, 26.
Maurier, rue Grôlée, 46.
Polaud, rue du Commerce, 38.
Richarme(M.), plieur et gazeur, rue Saint-Marcel, 11.
Trossard (L.); plieur de laine, rue Juiverie, 17.

Produits chimiques pour la Teinture (Fabricants de)

Accarie (A.-C.), fab, de crême de tartre, r. Montesquieu, 11.
Berthoz (L.) fils aîné, commissionnaire, rue Saint-Côme, 7.
Biétrix frères, pour teinture, rue Lanterne, 29.
Blanpied et Cie, rue de la Pyramide, 100.
Bourgeaud (J.), et Cie, rue de Saint-Cyr, 42.
Bouvier, acide tartrique, rue de Gerland, 22.
Chanal et Billand, l'arvine, huile végétale à graisser pour grosses et petites machines, transmission, broches, etc., rue de Bonnel. 43.
Chauvet et Solignat, quai Castelane, 29.
Chevalier, pour teinture, cité Napoléon.
Coignet père et fils et Cie, gélatines et colles fortes de tous genres pour apprêts, rue Rabelais, 3; Paris, rue Bleue, 7.
Comte frères, rue Malesherbes, 37.
Couturier frères et Cie, rue Mercière, 90.
Delaval, au Moulin-à-Vent, appart. place du Pont, 11.
Drogniet, rue Saint-Amour, 11.
Franc (Théophile), pour impressions, rue Neuve, 7.
Fuchsine (Société la), direct. Biver (P.-E.), à Rochecardon.
Girard (Ant,) et Cie, rue d'Algérie, 7.
Gros (C.), fabricant d'acide nitrique, mordants, rouille et couperose, rue du Sacré-Cœur, 35.

Guimet, fabricant de bleu, place de la Miséricorde, 1.
Guinon jeune et Picard, carmin d'indigo, quai Joinville, 39.
Guinon fils et Cie, quai de l'Hôpital, 11.
Guinon, Marnas et Bonnet, pourpre française, r. Bugeaud, 6.
Henry et Cie, fabricant de bleu, place des Cordeliers, 6.
Hominal-Gouttines, crist. de soude, cours d'Herbouville, 48.
Jalabert et Cie, rue de Marseille, 31.
Laroche, Ruegg et Cie, orseille. cud-beard, carmin d'indigo,
    cochenille ammoniacale, cours d'Herbouville, 80.
Manin jeune et Cie, rue de l'Arbre-Sec, 40.
Martin (J.), Hegmann et Henriet. fabrique d'orseille, cud-
    beard, carmin et indigo, rue du Bourbonnais, 22.
Monier père et fils, carmin, indigo et rouille, c. Vitton, 53.
Mulaton (C.) et Cie, rue Neuve, 12.
Napolier jeune, fabricant de bleu, r. de la Vierge-Blanche, 1.
Parel et Mochel, extraits de bois, rue de Chartres, 88.
Perret et ses fils, quai Saint-Antoine, 35.
Perret, rue Cuvier, 94.
Philippe (A.), Docks lyonnais, rue Tronchet, 42.
Pin (C.), rue de la Villardière, 34.
Pirard et Cie, successeurs de la seule ancienne maison Aufran
    oncle; rouille pour noir et bleu, sulfate de fer: hippocloryte
    de soude. eau de javelle, cristaux de soude, usine au pont
    de Vassieux (Caluire), bureaux et dépôt, rue Luizerne, 1.
Poget et Benoît, bois de teinture, quai de Serin, 53.
Pontal (P.), spéc. de colle et amidon, quai Saint-Vincent, 46.
Prunier, spécialité pour teinture, rue Vauban, 122.
Rambaud (D.), composition d'indigo, Gr.-Rue-Charpennes.
Ribollet et Cie, pour teinture, rue Sainte-Anne, 5, à Baraban.
Renaud et Jay, indigo, cochenille, rue Lanterne, 20.
Rubsamen et Remp, carmin et indigo, quai Castellane, 6.
Trux, Mistral et Cie, eau de Javelle, rue Luizerne, 3.
Venet (P.), carmin et sulfate d'indigo, rue Vendôme, 94.
Violet, carmin et indigo, rue Monsieur, 15.
Voisin (M.), violet d'aniline, cours Lafayette, 9.

Raseurs de velours.

Basset (C.), rasage et pliage de velours unis et façonnés, rasage,
    grillage et polissage d'étoffes de soie, P.-R.-des-Feuillants, 5.
Boulot-Cuzin et Guélat, petite rue des Feuillants, 5.
Campiche, rue du Griffon, 10.
Convert (Mlle), place Tholozan, 20.
Lamotte et François, rasage de velours à la mécanique et dé-
    coupage de rubans brevetés d'invention s. g. d. g. pour une
    machine propre à découper les rubans de velours, rue
    des Tables-Claudiennes, 20.

Porcher, impasse Saint-Polycarpe, 8.
Marcoz-Gurset, raseur de velours en tous genres, Petite-Rue-des-Feuillants, 5, et rue de Thou, 4.
Rabilloud et Bruiset, rue de Thou, 3.
Rey, place Tholozan, 21.
Vignaud, place Tholozan, 19.

Remisses. (Fab. de).

Baril, rue Rozier, 3 et rue des Capucins, 19, et P. Forest, au 1er, soies, fils et cotons pour remisses, fils divers pour maillons. Lisses mobiles à double cristelle, retrait 25 %, breveté et déposé s. g. d. g. Remisses en magasin tous confectionnés dans tous les comptes, mailles indépantes et à petites dimensions. Les vieux remisses seront mis au nouveau système.

Bellin-Barbié, successeur de Jacquetant, breveté s. g. d. g., soie, fil et coton pour remisses, spécialité de fils aprêtés pour maillons, rue Vieille-Monnaie, 43.

Bergeret (Vve), rue du Mail, 6.
Boiron (F.), montée du Gourguillon, 25.
Camet (G.), rue Tête-d'Or, 46.
Caroline (Mlle), rue Pouteau, 24.
Couturier, rue du Mail, 14.
Demard et Cie, fab. de remisses en tous genres, gros et détail, ustensiles de fabrique et échange, montage de métiers, expédition, exportation, rue du Mail, 23.

Desmard (P.), ustensiles pour la fabrication des étoffes de soie unies et façonnées, montage de métiers, gros et détail, exportation, rue d'Austerlitz, 21.

Dugnat (Mlle), fab. de remisses en tous genres, soie, fil et coton, réparations de maillons, sablages et piquages de rouleaux et tampias, articles de passementeries et et rubaneries en tous genres, rue du Pavillon, à l'angle de la rue Dumenge.

Durand (P.), rue Vieille-Monnaie, 15.
Gavillet, rue de Flesselles, 20.
Jochs (Mlle), rue Imbert-Colomès, 5, angle de la Grand'Côte, fabrique de remisses assortis, soie et coton, spécialité de coton pour velours et unis.

Jochs (Mme), Grand'Côte, 65.
Mathieu (P.), assortiment, rue Vieille-Monnaie, 23.
Moretton (Vve) aîné, fabrique de remisses en tous genres, gros et détail, expédition, ustensiles de fabrique, rue du Chariot-d'Or, 18, et rue Saint-Vincent-de-Paul.

Moussy, rue Saint-Polycarpe, 12, assortiment de remisses en tous genres, gros et détail, lamettes et lisserons.

Plassard (J.), Grand'Côte, 2.

Roux (Vve) et Berthier, fabrique de soie, fil et coton pour remisses, rue Terme, 14.

Sagnon fils, gros et détail, montée Saint-Sébastien, 18.

Seigle-Goujon, fabrique de remisses en tous genres, fournitures spéciales pour le tissage mécanique, et généralement toutes sortes d'ustensiles, soie, fil, laine et coton pour remisses. Dépôt de cordes et ficelles, courroie cuir et caoutchouc, gros et détail, rue du Griffon, 7.

Thevenet (Mme), rue des Chartreux, 21.

Tournier (A), breveté s. g. d. g., rue du Commerce. 50.

Tréboux, Grand'Côte, 57.

Vammoë, successeur de l'ancienne maison Brossier, rue Vieille-Monnaie, 11.

Verchera, boul. de l'Empereur, maison de la Terrasse, 1.

Renseignements commerciaux (Comptoir d.)

Durand (J.-B.), directeur de l'Union du Rhône, 9e année, prix des renseignements rendus franco sur Lyon, 1 fr.; pour la France, 2 fr. Bureaux rue Impériale, 33.

Rouennerie en gros.

Bernard (J.) et Cie, rue de la Fromagerie, 9.

Bouyer (Ch.) et Cie, mouchoirs et lainages, rue Centrale, 5.

Charles jeune et Cie, rue Dubois, 5.

Chartron (C.) et Cie, gros et détail, rue Grenette, 5.

Cuvillier et Cie, rue de l'Impératrice, 49.

Desguers (E.) et Cie, gros et détail, rue de l'Impératrice, 25.

Décrand et Cie, rue de la Fromagerie, 5.

Dumond aîné et Cie, lainages, rue Centrale, 21.

Faure Justin, Rochas et Cie. rue Dubois, 6.

Fillon aîné et Cie, rue Centrale, 12.

Mathevon Auguste et Cie, lainage, rue Grenette, 2.

Mollard jeune et Cie, rue Grenette, 4, et rue Mercière, 35.

Michel et Cie, lainage, rue Grenette, 23.

Moreau et Roubeau, rue Mercière, 63.

Plasson et Viallet, rue de l'Impératrice, 55.

Revel, Blache et Cot, lainage, rue Dubois, 23.

Vuarin, Argoud et Cie, rue de l'Impératrice, 39.

Rubans (Marchands de)

Allard père, rue Gentil, 11.
Balley (Dlle), rue Mercière, 80.
Bernard et Cie, rne Centrale, 15.
Bernard (Vve), rue Lanterne, 1.
Bernard, rue Sainte-Catherine, 2.
Billiand (Vve), rue Romarin, 21.
Bonniot-Vignat, r. Impériale, 9, Mure et Chalaye, successeurs.
Bonnin (V.), et galons, rue de l'Impératrice, 91.
Cazot (B), rubans au poids, rue Impériale, 63.
Celle (A.), rue Centrale, 28.
Chatillon (Mlle), rue Saint-Côme, 1.
Chapel et Cie, rue de l'Impératrice, 38.
Chapard, rubans unis et nouveautés en tous genres, en pièce et au poids, spécialité de velours noir et couleur, rue de l'Impératrice, 33, près de l'église Saint-Nizier.
Claude-Chaninel, rue de l'Impératrice, 35.
Daboneau et Barrard, rue Impériale, 31 (*à la Ville-de-Lyon*).
Ducret et Cie (Dlles), rue du Plâtre, 8.
Dommartin, rue Sainte-Marie-des-Terreaux, 1.
Dufieux (Dlle), place du Change, 3.
Duplâtre, fabricant de rubans et galons, rue Poulaillerie, 15.
Egraz, coupons, rue de l'Impératrice, 103.
Favre jeune et Lioux, et lacets, rue Grenette, 4.
Favre fils aîné, rue Saint-Pierre, 26.
Ferry (J.-B.), rue de l'Impératrice, 32.
Ferlay et Giraud, rue Impériale, 6.
Fond, avenue de Saxe, 70.
Fontvieille-Collin, rue Quatre-Chapeaux, 5.
Gachet-Lepind (Mmes) et Cie, rubans et fleurs, rue Impériale, 20.
Gaismann (H.), rue Lafont, 10, maison à Saint-Étienne.
Girard (F.), cours de Brosses, 6.
Gleyre (Samuel), rue Impériale, 10.
Gouilloux (J.), rue de Sèze, 5.
Grand-Rodier et Poizat, rue Impériale, 42.
Grataloup-Lafont, rue de l'Impératrice, 56.
Gros (Mme), place du Pont, 7 (Guillotière).
Guyonnet, rue Terme, 24.
Lotiron, rubans, velours, rue du Platre, 8.
Mairesse (E.), rue Impériale, 26.
Mazenot, rue Saint-Jean, 37.
Manot (R.), rue Impériale, 50.
Michaud, achat et vente en solde, soieries, velours, rubans, chenilles, franges et galons, rue Terme, 21.

Moreau-Paufin, ceintures, place du Gouvernement, 3
Muller, fabricant, rue Bât-d'Argent, 6.
Pavallier, rue de l'Impératrice, 61.
Portier-Sauge, rue Impériale, 37.
Poyet (J.-B.), rue Impériale, 39.
Prévost (A.) et Cie, en gros, rue de l'Impératrice, 45.
Ressier, rue du Plat, 2.
Reybaud (M.-P) et Boucharlat, rue de l'Impératrice, 3.
Rochard-Corcelette, et lacets, rue Poulaillerie, 6.
Rome (Mme), place du Pont, 7.
Sage, rue Centrale, 41.
Salomon, rue Bourbon, 24.
Valla-Tessier (Mme), rue Centrale, 23.
Venot (Dlle), rue Saint-Pierre, 11.

Soie (Essayeurs de)

Angelby, (Mme), rue Mulet, 4.
Bertrand, rue du Griffon, 12.
Bouvet (A.) Dupoyet et Cie, rue Désirée, 6.
Cornet (J.), rue Désirée, 6.
Cornet (Jean), place de la Comédie, 25.
Duvivier (L.), rue du Griffon, 14.
Hattemberger (G.), rue Pizay, 12.
Humblot (L), Petite-Rue-des-Feuillants, 3.
Joly (Mme), rue Désirée, 5.
Melon, rue Terraille, 13.
Mélon-Carrez, rue Désirée, 21.
Monti et Caffi, rue du Griffon, 13.
Nicolas (G.), rue Saint-Claude, 4.
Ollier (A.), Mercier et Cie (Mmes), rue Lafont, 20.
Passebois (F.), rue Terraille, 14.
Passebois (T.), rue du Griffon, 11.
Perret, rue du Griffon, 1.
Ravet, rue du Garet, 3.
Roussel (L.) et Jandeau, rue Désirée, 8.
Sachet (J.), rue Désirée, 19.
Sautel (Mme), rue Terraille, 18.
Tisserand (J.), rue Puits-Gaillot, 23.
Valentin (E.), rue Terraille, 4.
Vincent, rue Désirée, 11.
Voisin (L.), rue du Griffon, 5.

Soie (Bourres et déchets de).

Arlès-Dufour (C.), ✳, place Tholozan, 19.
Barbier (J.), achats et ventes de peignes de soie, pour passe-
    menteries et enjolivures, place des Capucins, 1.
Beaurepaire (E.), quai Saint-Clair, 4.
Beauser, rue de la Poulaillerie, 2.
Boissière (A.) et Cie, rue Pizay, 3.
Bollon et Cie, frisons, rue Puits-Gaillot, 19.
Boucharlat, déchets de fabrique, soie, fantaisie, coton, peignes
    et bourres, rue Boileau, 54.
Bouniard et Volle, rue Désirée, 9.
Brante fils, cotons filés, bourre de soie et fantaisie, place des
    Capucins, 2.
Carrier (H.), déchets de soie divers, r. Ste-Catherine, 13.
Chaverot (F.), frisons, cocons et déchets, q. de Retz, 15.
Clunet, bourres diverses, soldes de fabriques, peignes, tous
    déchets de soie, rue Monsieur, 9.
Coini (Ch.), commissionnaire en soie et déchets, rue Saint-
    Polycarpe, 10.
Comte et Vignard, quai Saint-Clair, 13.
Depey-Brunet, rue Sainte-Catherine, 13.
Despit (L.), soies et fantaisies, rue Désirée, 4.
Dequaire, impasse Saint-Polycarpe, 2.
Disdier, spécialité de peignes soies pour la passementerie,
    bourres et déchets, à la Demi-Lune, par Vaise.
Domergue (A.), commissionnaire en soie et déchets, rue Pi-
    zay, 5.
Dubost (J.), rue Désirée, 19.
Fillot père et fils, rue des Capucins, 3.
Forrer et Vergnier, rue Bât-d'Argent, 17.
Françon, bourre de soie, frisons, fantaisie en rames et filés,
    peignes de soie, vieux remisses en soie pour passementerie,
    rue Vieille-Monnaie, 15.
Franc (A.), père et Martelin, rue Neuve, 7.
Gamot et Delahaye, rue Vieille-Monnaie, 33.
Giraud (J.), rue de la Paix, 1.
Igonnet (H.) et Cie, cotons filés, bourres de soie et fantaisie,
    quai Saint-Clair, 16.
Lardon (P.), bourre de soie, rue Désirée, 19.
Laresse (Ch.) et Cie fleuret pour passementerie, fleuret Pié-
    mont, Zurich, fantaisie, chappe et galette pour dorure,
    fleuret à tricoter, bourre de soie cardée ou non, articles de
    Villefranche, en tous genres, rue Saint-Jean, 68.
Levet (E.) et Moyroud, rue Saint-Claude, 4.

Lyon (Albert), place des Terreaux, 1.
Mallier (P.), rue Pisay, 22.
Moro (M.) et Cie, rue Pisay, 22.
Moretton et Cie, soies grèges et ouvrées, bourre de soie et déchets de soie, rue Désirée, 5.
Olph-Gaillard (L.) et Cie, soie filée, place des Capucins, 3.
Paradis et Cie, fantaisie filée, rue Vielle-Monnaie, 33.
Pasquet, Knœri et Cie, laines et cotons filés, r. V-Monnaie, 33.
Patard, revendeur, rue Célu, 9.
Perrin et Vialletton, marchands de soie, rue de l'Arbre-Sec, 9.
Raffard et Chassignol, fantaisie, rue des Capucins, 25.
Rambaud-Thoral et Sestier, frisons, quai de Retz, 7.
Riondel (E.), rue Puits-Gaillot, 15.
Sabatier, Rue Coustou, 5.
Schulthess (M.) et Cie, rue des Capucins, 13.
Scotti et Chavannes, quai de Retz, 10.
Soviche (L.) et (G.), Karcher, Petite-Rue-des-Feuillants, 2.
Tavernier et Thevenin, ex-directeurs de la Société Lyonnaise des déchets, rue Sainte-Catherine, 7.
Turin frères, déchets de soie, bourrettes, r. des Capucins, 13.
Vernier (Francis), cocons, frisons, bourres de soie, r. Mulet, 18.
Vial (A.), montée Saint-Sébastien, 14.
Warnery et Morlot, filature à Tenay, quai Saint-Clair, 14.

Soie à coudre (Fabricants de).

Ayné frères, quai de Retz, 4.
Boffard (B.) et Cie, quai de Retz, 12.
Costal, pour machines, rue Grenette, 23.
Curbillon (P.) et Cie, rue des Forces, 2.
Daillon Henry et Chevassu, rue Centrale, 48.
Degabriel père, fils, Bourrin et Cie, rue Bât d'Argent, 6.
Durieux et Charbon, soies à coudre et spécialité de soies pour machines, rue Impériale, 24.
Fayard et J. Blanc, rue Impériale, 68.
Germain frères et Cie, soies à coudre et à franges, teintes et écues, grèges et ouvrées, rue Sainte-Catherine, 3, usine à la Seauve (Haute-Loire).
Guyet (J.), fab. de soies à coudre et à broder, rue Duviard, 2.
Jaricot (Vve) et fils, rue Puits-Gaillot, 21, maison à Paris.
Monnet et Bazin, fabrique de soies à coudre et à broder, etc., par système breveté s. g. d. g., mention honorable à l'exposition universelle de 1867, usine à Vaux (Ain), rue Centrale, 4.
Pascalis, pour machines, passage de l'Hôtel-Dieu, 36.

Pelletier et Cie, teintes et écrus, rue Impériale, 26.
Pichon jeune, rue Saint-Pierre, 27.
Picollet (J.) fils et Cie, fabrique de soie pour dorures, Grande-Rue-Longue, 20 et 22, rue Fromagerie, 5 *bis*, à l'entresol.
Séon (Léon), succes. de Séon-Maron, rue et palais de la Bourse.

Soie, fil et coton pour remisses.

Barbié, successeur de Jacquetant. breveté s. g. d. g. soie, fil et coton pour remisses, spécialité de fil apprêté pour maillons, rue Vieille-Monnaie, 43.
Baril, rue Rozier, 3.
Chardon (J.-P.), fabricant d'arcades. colets-cordes pour les métiers à la Jacquard et les tissages, articles toile en tous genres, commission pour tout ce qui concerne la fabrique à des prix modérés, rues Magneval, 3, et Saint-Vincent-de-Paule, 10.
Mathieu (P.), rue Vieille-Monnaie, 23.
Martel, côte Saint-Sébastien, 20.
Moussy, assortiment de soies, coton, fils pour lisses et maillons; gros et détail, rue Saint-Polycarpe, 12.
Perret jeune et fils, mercerie, rue des Forces, 4.
Rambaud, Thoral et Sestier, quai de Retz, 7.
Sagnon fils, gros et détail, montée Saint-Sébastien, 18.
Seigle-Goujon, soies, fils et cotons pour remisses, ustensiles de toutes sortes pour le tissage, gros et détail, commission et exportation, rue du Griffon, 7.
Tournier, breveté s. g. d. g., rue du Commerce, 50.
Vammoë, successeur de l'ancienne maison Brossier et Vammoë, rue Vieille-Monnaie, 11.

Soieries (Marchands de).

Benjamin et Constant, lainages, châles, rue Centrale, 20.
Blum (M.), rue de l'Impératrice, 56.
Bonniot-Vignat, Mure et Chalaye successeurs, r. Impériale, 9.
Bouillod, Seurre et Granjon, et châles, rue Bât-d'Argent, 1.
Brunswick (Samuel), spécialité de solde, rue du Plâtre, 6.
Cazot, coupons, rue Impériale, 63.
Chambeyron aîné, quai de Retz, 26.
Chaninel (Mme), prix de fabrique, rue Impériale, 6.
Chapeau (E.), achats à la commission, spécialité de soieries, corbeille de mariage, rue Impériale, 48.
Charrin et Cie, Garcin et Cie successeurs, draperies en gros et soieries, rue Centrale, 11.
Claudé-Chaninel, pour modes, rue de l'Impératrice, 35.

Clunet (Mme), soieries en tous genres, fournitures pour tail-
leuses et modistes, rue de l'Impératrice, 67.
Favre (Gabriel), rue Saint-Pierre, 26.
Ferlay et Giraud, pour modes, rue Impériale, 6.
Félix et Veil, rue Constantine, 9.
Ferry (J.-B.), pour modes, rue de l'Impératrice, 32.
Furnion (E.), successeur de Lacroix et Cie, velours anglais
soie, velours coton français et anglais, lainages de couleurs
fantaisies unis, place Saint-Nizier, 5.
Garnier (S.), place Sathonay, 5.
Guy (A.), rue Neuve, 9.
Hayem (A.), rue Grenette, 43.
Imbert et Cie, rue de l'Impératrice, 52.
Imbert, foulards, rue de l'Impératrice, 104.
Juttet, et lainages, rue Mercière, 30.
Klein (Isidore), châles, foulards, rue Dubois, 44.
Laederich (J.) et Cie, rue Victor-Arnaud, 21.
Laforest (G.), rue Grenette, 26.
Lambert (L.), en tous genres, rue Grenette, 10.
Loëb (M.), place Saint-Nizier, 5.
Margaron (J.) et Cie, rue Saint-Pierre, 41.
Michaud, achat et vente en solde, soieries, velours, rubans,
chenilles, franges et galons, rne Terme, 21.
Mortier-Mazet, rue de l'Impératrice, 42.
Musy, articles de solde, rue Moncey, 18.
Pailler-Bataille (J.), et coupons, rue de l'Impératrice, 9.
Pegon (Mme), solde de coupons, rue Saint-Joseph, 3.
Prevost (A.) et Cie, rubans en gros, rue de l'Impératrice, 45.
Reybaud et Boucharlat, rue de l'Impératrice, 36.
Rieu (A.) et Acary, soieries et nouveautés pour modes, rue
Centrale, 20.
Rossi (L.), coupons de soieries en solde, q. de l'Hôpital, 10.
Roux (Ernest), articles deuil, rue Saint-Pierre, 33.
Silve et Gellon, pour gilets, doublures, rue Grenette, 2.
Simonin et Josseaume, place des Célestins, 10.
Trévoux frères, nouveautés, rue de l'Impératrice, 34.
Vincent, place des Cordeliers, 8.

Tailleurs (Marchands).

Aimard, rue Centrale, 38. — Allegret, place des Terreaux, 1. — Abricy, montée des Carmélites, 9. — Ambroise,
rue Quatre-Chapeaux, 19. — Arnet, rue Mercière, 18. —
Association générale des Ouvriers tailleurs de Lyon. Société
à responsabilité limitée, capital : 8.400 fr. Borgne, directeur,
Grande-Rue-Longue, 27, au 2me (passage Tholozan), 1er escalier à gauche. — Atanous, rue d'Algérie, 9.

Bady, pour civil et clergé, rue de la Reine, 32, — Balança, rue Saint-Côme, 6. — Baraille, rue Grenette, 2. — Barret, rue de Trion, 20. — Barret, rue Saint-Dominique, 5. — Basset, rue Neuve, 30. — Baudry, rue Suchet, 14. — Baudry, rue Mercière, 12. — Baumstarck, rue Flesselles, 8. — Bayard-Métral, rue Saint-Côme, 8. — Beaume, rue Constantine, 6. — Bel, rue de l'Impératrice, 21. — Bellon, rue Gentil, 17. — Beluze, cours Lafayette, 6. — Berland, rue Neuve, 5. — Berlioz, rue Constantine, 12. — Berlioz et Jubié, rue Childebert, 2. — Berne, rue Hippolyte-Flandrin, 4. — Bérody et Meuley, place des Terreaux, 7. — Berthelon, impasse Saint-Polycarpe, 2. — Berthelon, rue Pizay, 12. — Berthet, rue de la Préfecture, 1. — Berton, rue Saint-Pierre, 20. — Best, rue Lanterne, 6. — Betz, rue Impériale, 37. — Bidembach, rue des Marronniers, 8. — Biébioau (J.-B.), rue Centrale, 35. — Biessy, Grande-Rue-de-la-Guillotière, 137. — Bignat, rue du Chariot-d'Or, 6. — Billoud, rue Sainte-Hélène, 39. — Blanc, cours de Brosses, 17. — Blanchard, place des Tapis, 3. — Blanchon, rue du Plâtre, 4. — Blazy, rue de l'Arbre-Sec, 9. — Bois et Cie, cours Morand, 26. — Boisson, rue Constantine, 6. — Bombail, rue Constantine, 6. — Bonnet, rue Pizay, 17. — Bonnet, place du Change, 4. — Bordin, rue Saint-Jean, 64. — Born, rue Neuve, 9. — Bosinger, rue de la Platière, 22. — Bossand, rue Romarin, 29. — Bost, rue de la Bourse, 19. — Bouchard, rue de la Bourse, 6. — Bouchet, rue Bourbon, 30. — Bouchy, rue Saint-Georges, 78. — Boué, Grande-Rue-Croix-Rousse, 30. — Boulu, rue Saint-Côme, 8. — Boulu, rue Saint-Jean, 8. — Bourg, rue Sainte-Catherine, 7. — Bourrat, rue Monsieur, 41. — Bouverot, rue des Capucins, 11. — Bouvier, rue Terme, 1. — Bouvier, rue Pizay, 16. — Boyer, rue Centrale, 52. — Braud, rue d'Algérie, 48. — Brégand, rue de l'Arbre-Sec, 8. — Bregland, rue Bât-d'Argent, 3. — Brisseaux, rue Pizay, 12. — Bressieux, cours Morand, 58. — Bone, rue Saint-Marcel, 40. — Bronn, rue Neuve, 29. — Bruchig, rue Lainerie, 20. — Brugidon, rue Bourbon, 6. — Brunet, rue Neyret, 19. — Brun, rue Moncey, 96. — Buisson, rue de la Pyramide, 57. — Burdeaux, rue Vendôme, 102. — Burdin, rue Ferrachat, 8. — Burtet, rue d'Algérie, 2. — Burtin, rue Passet, 10. — Buttin, avenue de Saxe, 71. — Butin, rue Quatre-Chapeaux, 16.

Cabrinot, rue Saint-Marcel, 38. — Cadrot, rue de l'Impératrice, 52. — Caillat, place des Terreaux, 1. — Caillet, rue Romarin, 16. — Campilo, rue Lanterne, 24. — Canaguier, rue Romarin, 31. — Cantié, rue Romarin, 20. —

Carré, rue de la Préfecture, 8. — Carron, rue du Garet. 3. — Cartier, rue de l'Annonciade, 22. — Cathenod, rue Lanterne, 17. — Catignan, rue Dubois, 18. — Chabot, rue de la Platière, 10. — Chaboud, rue Sainte-Elisabeth, 59. — Chaboud, cours Vitton, 2. — Chalebos, cours d'Herbouville, 18. — Chanal, rue Neuve, 32. — Chanu, cours de Brosses, 2. — Chapellon, Grande-Rue-Croix-Rousse, 98. — Charles, rue Mulet, 3. — Charreyre, rue Bourbon, 62. Chastelière, passage de l'Hôtel-Dien, 30. — Chaumel, rue Saint-Marcel, 25. — Chaumer, cours des Tapis, 7. — Chavrier, Grand'Côte, 184. — Chemin, rue Constantine, 10. — Cheval, rue Saint-Marcel, 34. — Chevrette, rue Puits-Gaillot, 15. — Cholat, rue Imbert-Colomès, 24. — Clayette, rue Terme, 19. — Clément, Graude-Rue-de-Vaise, 32. — Clerc, rue Impériale, 79. — Clerc, rue Impériale, 36. — Clerc (D.), rue de l'Impératrice, 70. — Clerc, rue de l'Impératrice, 93. — Colin-Roland, rue d'Algérie, 10. — Colomb, rue d'Austerlitz, 11. — Condamine et Gleize, rue Impériale, 4. — Confavreux, rue de l'Impératrice, 56. — Contamint, rue Tholozan, 14. — Côte, cours de Brosses, 19. — Courtois, Grande-Rue-de-la-Guillotière. — Convert, Viollet et Cie, rue de l'Impératrice, 61. — Cottin, rue Jean-de-Tournes, 8. — Cuaz, rue Bourbon, 9. — Cuer, rue Grôlée, 32.

Dautroix, r, de l'Impératrice, 85. — Dellière, r. Masséna, 37, — Deninger, montée Saint-Sébastien, 16. — Deschamps, place de la Trinité, 16. — Devèze, ruc Constantine, 9. — Dollet, rue d'Oran, 2. — Dondainas, rue de l'Arbre-Sec, 3, — Dubois, r. Romarin, 7. — Ducros, r, St-Joseph, 55. — Duléon, Grand'-Côte, 1. — Dumas, rue du Plâtre, 9. — Dumas, r, de l'Arbre-Sec, 12. — Dumas, rue de la Pyramide, 73. — Dupard et Ramel, rue de l'Impératrice, 88. — Durand, r Saint-Vincent-de-Paule, 23-25.

Eplet, rue Constantine, 6. — Escande, rue Neuve, 12. — Esprit, rue de la Bourse, 55. — Esbrayat, rue Saint-Côme, 2.

Faroud fils, Grande-Rue-de-la-Guillotière, 73. — Fayolle, rue Claudia, 23. — Ferra, rue de la Bourse, 35. — Ferrière, rue Mercière, 6. — Ferrier, rue des Forces, 2. — Fischer, place Colbert, 4. — Fix, rue Impériale, 83. — Fleurs, rue Lanterne, 15. — Flory, place des Terreaux, 3. — Fournier, rue Ferrandière, 40. — Fray et Monaron, rue Constantine, 6. — Fréhse, r. de l'Arbre-Sec, 19. — Froger, r. Chilbebert, 21. — Fuchez, passage de l'Hôtel-Dieu, 15. — Furrer, rue du Chariot-d'Or. 18.

Gabriel, rue Terraille, 2. — Garnier, rue Constantine, 6. — Gauchère, rue Saint-Côme, 5. — Gaudry, rue Saint-Vincent-de-Paule, 8. — Gauthier, rue Sainte-Catherine, 18. — Geandey, rue Neuve, 17. — Georges, rue Saint-Hélène, 39. — Gerlier, rue de l'Arbre-Sec, 40. — Germain, Grande-Rue-de-la-Guillotière, 61. — Gervasy, cours Morand, 25. — Goynet, rue Sainte-Catherine, 6. — Ginhoux, rue Moncey, 173 (uniformes pour civils et militaires). — Girard, r. Impériale, 48. — Girard, rue Saint-Côme, 3. — Girardet, rue Neuve, 29. — Giré, rue Bourbon, 59. — Girod-Richer, rue Dubois, 14. — Gobard, rue Puits-Gaillot, 7. — Godard, rue Centrale, 25. — Gognet, rue de la Platière, 14. — Gondard, quai de l'Archevêché, 18. — Gorse, galerie de l'Argue, 50. — Gourby, rue Terme, 11. — Gourmond, rue Imbert-Colomès, 4. — Gragnon, r. St-Pierre, 14. — Gros-Duval, r. du Commerce, 40. — Gueret, Grande-Rue-de-la-Croix-Rousse, 5. — Guilloud, rue Thomassin, 7. — Guldman, place des Capucins, 1. — Guy, Petite-Rue-de-Cuire, 10. — Guyot et Cie, rue d'Algérie, 22.

Hauber, rue de l'Arbre-Sec, 16. — Hellinger, rue Quatre-Chapeaux, 7. — Henry, rue Luizerne, 5. — Henry, rue Gentil, 5. — — Hermann, rue d'Algérie, 2. — Hervier, Grande-Rue-de-la-Croix-Rousse, 83. — Hurstel, cours Morand, 3.

Isidore père, Grand'Côte, 27, et boulevard de l'Empereur, 1.

Jacquemin fils, cours de Brosses, 35. — Jacquet, rue Constantine, 8. — Jægli, rue de l'Impératrice, 17. — Jeoffray, rue Romarin, 7. — Jolivet, rue Saint-Joseph, 34. — Jotterond, rue Mercière, 90. — Joubert, avenue de Noailles, 54. — Jouffrand, rue de la Bourse, 6. — Jouve, rue Hippolyte-Flandrin, 11.

Kagi, rue du Plat, 8.

Labrosse, rue Saint-Dominique, 12. — Labully, rue Impériale, 45. — Lacour, rue Bourbon, 5. — Landry, rue Quatre-Chapeaux, 10. — Lantie, r. Ferrandière, 42. — Lasnier, Grand'-Côte, 66. — Loubet, rue Sainte-Monique, 1.

Marcerole, Réné et Rey, rue Constantine, 12. — Martin, rue Ferrandière, 27. — Martin, rue Ferrandière, 38. — Martin, rue Puits-Gaillot, 3. — Marty, rue Constantine, 10. — Masset, rue Centrale, 39. — Mathieu, cours Lafayette, 8. — Mazière, rue de l'Impératrice, 72. — Meilheuret, rue Désirée, 13. — Méjean, cours Lafayette, 47. — Melliès, rue Puits-Gaillot, 27. — Merle, rue Saint-Pierre, 8. — Métral, rue Vendôme, 131. — Meuley, rue de l'Impératrice, 7. — Meynard (P.), rue de la Pyramide, 32. — Michel, Grande-Rue-de-la-Croix-Rousse, 25.

— Michel, rue Mercière, 19. — Milliat, rue Terme, 12. — Moncorgé, rue Bât-d'Argent, 8. — Montamat, Grande-Rue-de-Croix-Rousse, 3. — Montillet, rue Mercière, 13. — Morin, place la-Louis-le-Grand, 17.

Navvel (Ph.), rue Impériale, 15. — Nay, rue des Farges, 16. — Neyret Raymond et Cie, r. d'Algérie, 20, au 1er. — Neyron, rue Lanterne, 24. — Nicollet, rue Neuve, 27. — Nier, rue de Marseille, 16.

Pacalet, rue d'Algérie, 27. — Pacalet, rue du Jardin-des-Plantes, 11. — Paquier fils, rue Neuve, 7. — Patissier, rue Saint-Côme, 7. — Pautard, rue du Garet, 9. — Pellet, rue Saint-Vincent-de-Paule, 14. — Pelletier, r. Saint-Georges, 2 — Pelouse, cours Morand, 49. — Perraud, rue de l'Arbre-Sec, 3. — Perraud, rue du Griffon, 11. — Perret, place Saint-Vincent, 7. — Pernon, rue Bourbon, 49. — Perrier, rue Belle-cordière, 16. — Perrin, rue de l'Arbre-Sec, 34. — Perrin, rue Terraille, 2. — Peyrouze et Buy, rue Impériale, 26. — Petillier, rue Constantine, 11. — Petit (J.), rue de l'Impératrice, 35. — Pibouleu, rue de Sèze, 22. — Piloz, Grande-Rue-de-la-Guillotière, 94. — Pirod, rue de l'Impératrice, 48. — Piron, rue Romarin, 10. — Pitet, rue Sainte-Marie-des-Terreaux, 2. — Poncé (Vve) et L. Duprat, rue de l'Impératrice, 19. — Poyet, avenue de Noailles, 46. — Premillieux frères, r. Lanterne, 1. — Puech, rue d'Austerlitz, 25.

Quillon, rue de Créqui, 114.

Rabilloud (E.), rue Saint-Côme, 9. — Raoux, rue de l'Impératrice, 99. — Regaudiat, rue Cuvier, 5. — Regipas, passage de l'Argue, 64. — Repelin, rue Palais-Grillet, 8. — Restantaffel, rue du Commerce, 30. — Reynaud, rue Romarin, 29. — Ricardi, rue Masséna, 45. — Richard, rue de l'Arbre-Sec, 14. — Richard, cours Morand, 1. — Riehl, cours Morand, 18. — Rigallet, Grande-Rue-Croix-Rousse, 50. — Rigaud, rue Palais-Grillet, 6. — Roletto (C.), Grand'-Côte, 86. — Roullet, quai de Retz, 17. — Roze, rue de l'Impératrice, 54. — Ruel, cours Morand, 20.

Sabatier, rue de la Platière, 14. — Sablairolles, rue du Commerce, 37. — Sackmann, rue de l'Impératrice, 29. — Sand, rue de l'Arbre-Sec, 26. — Saunier, rue Ferrandière, 33. — Sckaefer, rue Sainte-Monique, 44. — Schalle, rue Sala, 34. — Schneider, rue Jean-de-Tournes, 10. — Schneider, rue du Mail, 2. — Servonnat, cours Morand, 5. — Sougnez, place des Terreaux, 9. — Spoel, rue Constantine, 8. — Struning, rue Dubois, 32. — Surel, rue de Chabrol, 14.

Tardieu, rue du Commerce, 2. — Tardieu, boulevard de l'Empereur, 1. — Tardy, rue Neuve, 29. — Tavernier, rue Romarin, 31. — Teste, rue Juiverie, 4. — Theru jeune, rue Saint-Marcel, 23. — Theru, rue Lanterne, 9. — Thivollier, cours Lafayette, 5. — Thollon fils, rue Monsieur, 16. — Tholon, rue des Augustins, 3. — Thomas, rue Grôlée, 36. — Thomas, rue du Bon-Pasteur, 28. — Thoma, rue Sainte-Marie-des-Terreaux, 1. — Tiradon, rue Terme, 4. — Toulouse, Petite-Rue-de-Cuire, 8. — Tramblay, Grande-Rue-Longue, 6. — Trambly, rue de l'Impératrice, 99. — Trolliet et Egraz, rue de l'Impératrice, 45. — Trouillier, rue Saint-Georges, 66.

Varnier, rue de l'Impératrice, 5. — Velay, rue Lanterne, 2. —Vernay, rue Saint-Jean, 48.—Vernet, rue Saint-Marcel, 18. — Veuillet, rue Saint-Pierre, 6. — Veyret, rue Impériale, 7. — Viallet, rue Childebert, 9. — Vidal, rue Duguesclin, 149. — Villétant, rue Bodin, 11. — Voland et Cie, rue de la Platière, 9.

Wargnier et Frehse, rue de l'Impératrice, 5. — Wulliam, rue Lanterne, 9.

Tailleurs (Fournitures pour).

Braunschvig, frères jeunes, rue de l'Impératrice, 78.
Cassagne-Ducret, rue Impériale, 42.
Combrichon (A.), en tous genres, rue du Plâtre, 4.
Comte-Ninet, rue Centrale, 45.
Gamonet et Dellevaux, en tous genres, rue Dubois, 6.
Gautier-Bouillod, en tous genres, rue de l'Impératrice, 45.
Gudin jeune, rue du Plâtre, 10.
Guy (A.), rue Neuve, 9.
Meyré, fournitures pour tailleurs et mercerie, rue du Plâtre, 3.
Mignot-Drevet, place Impériale, 40.
Münch et Cie, rue de l'Arbre-Sec, 16 ; Paris, r. Richelieu, 52.
Mussillon (F.), magasin des *Quatre Saisons*, r. de la Reine, 31.
Roche (J.), ancien employé de la maison Münch et Cie, fournitures en tous genres, rue Longue, 27, angle du passage Tholozan.
Schalle, rue Centrale, 48.
Séchaud, rue Neuve, 18.
Silve et Gellon, spécialité pour doublures soie ou laine, rue Grenette, 2.
Sylvestre frères, boutons de Paris et d'Allemagne, boucles et passementeries pour dames, rue de l'Impératrice, 67.
Trollion (Joanny), rue Constantine, 11.
Vallet aîné et Magnin, rue Saint-Nizier, 10.

Tapis (Fabricants et marchands de).

Bernard-Chavanne, rue de l'Impératrice, 63.
Blanc (Gabriel), étoffes pour meubles, rue de l'Impératrice, 84.
Blanc (Jean), quai Saint-Antoine, 23.
Brémond (H.), rue Childebert, 17.
Chambard (C.) et Cie, maison spéciale ; tapis et ameublements, dépôt d'articles d'Aubusson, rue Impériale, 49.
Capoulade (René), *Aux Gobelins*, rue Impériale, 6.
Coudour frères, spárterie, rue Delandine, 30.
Dumas (P.), spárterie, montée des Carmes-Déchaussés, 12.
Empaire (Vve) et fils, rue Impériale, 22.
Geoffray, fabricant de tapis en sparterie de tous genres, plumeaux d'aloës, sacs pour charbons, rue de la Vigilance, 4 (Guillotière.)
Lafond, Gonnard et Cie, fabricants de tapis en sparterie, aloës, coco et autres végétaux, à Fontaines-sur-Saône, près Lyon.
Laugier, Farnaud et Cie, fabricants de tapis rayés et façonnés, en sparterie, aloës et autres végétaux, paillassons de tous genres, magasins r. Impériale, 19 ; ateliers chemin du Sacré-Cœur 84, (Guillotière.)
Mignot (Paul), place du Gouvernement, 4.
Marthouret fils et Cie, sparterie, à la Mulatière.
Quenin, rue Centrale, 38.
Raffin, tapis et paillassons en sparterie en tous genres, toiles cirées, gardes-nappes, sacs à charbons et à coke, place Léviste, 4.
Raffin (Mme), sparterie, rue de la Loge, 2.
Testanier aîné, tapis en sparterie, rue Bourbon, 14.

Tapissiers (Fournitures pour.)

Chassaignon, rue d'Amboise, 2.
Crozet (G.), fab. d'élastiques pour siéges, q. de l'Hôpital, 6.
Dupuis frères, étoffes d'ameublement en tous genres et fabrique de ressorts pour siéges et sommiers, rue de Jussieu, 3, près la place Impériale.
Eude (L.) Vieugué et Cie, fabricants de soieries, pour ameublement de velours d'Utrecht, et de toutes étoffes pour meubles, représentés par Ch. Duplanty, rue Grenette, 4.
Gallonnaire, fab. de clous pour fauteuils, rue Villeroi, 21.
Giroud-Thivel, fabrique de rideaux, rue Gasparin, 12.
Greppo, fournitures générales, rue des Célestins, 6.
Morin (J.), fabrique spéciale de bourrelets et articles de tapissiers, rue Gasparin, 14.

Quenin, dépôt de velours d'Utrecht, rue Centrale, 38.
Roche (Petrus). rue Centrale, 35.
Royané (S.), lits, stores et vitrages en guipures; dépôt de rideaux mousselines brodées de Hérisau (Suisse), rue de l'Impératrice, 7.

Tapissiers

Albrand fils, quai de l'Hôpital, 47.
Baudin, passage de l'Hôtel-Dieu, 7.
Bastet fils jeune, rue Bourbon, 18.
Baumann aîné, marchand de meubles neufs et d'occasion, tapisseries, tentures, glaces, pendules et porcelaines, laines, plumes et crins, rue du Palais-Grillet, 12.
Baumann jeune, marchand de meubles et objets d'art, laines, plumes, crins et fauteuils, sommiers, glaces, pendules et porcelaines, rue Saint-Marcel, 25.
Bergairol, place des Célestins, 7.
Bourgeois. quai Saint-Antoine, 38.
Boyet, rue Bourbon, 41.
Brunier, cours Morand, 35.
Brunel, avenue de Noailles, 60.
Burnoud, rue d'Egypte, 1.
Carle, rue du Plat, 7.
Cettier, rue Impériale, 71.
Chêne, tapissier délégué à l'exposition universelle de Londres 1862, siéges et tentures, rue Duguesclin, 97.
Combe (J.), rue Saint-Pierre, 16.
Cochet (F.), meubles, siéges et tentures, place Louis XVI, 19.
Courtois, rue de l'Impératrice, 70.
Danguin, rue des Archers, 1.
Devereau (Vve), quai des Célestins, 10.
Emard (Ad.), entreprise de déménagements pour tous pays, réparations de meubles, pose de tentures, tapisserie et ébénisterie, rue du Peyrat, 5.
Étiévant, quai de l'Hôpital, 12.
Fontaine (F.), ameublements et décorations en tentures, exportation, rue Louis-le-Grand, 2, et rue du Plat, 4.
Gannelle, rue Saint-Nizier, 8.
Giroud, tapissier, fabricant de sommiers élastiques garantis, piquage de couvertures, tentes pour magasin, rue Bourbon, 8.
Goetz et Delagarde, pose de tapis, rue Cuvier, 37.
Grange, rue d'Algérie, 2.
Guetton, rue Sala, 56.
Guidy, rue Saint-Joseph, 3.

Guinand, place Louis-le-Grand, 18.
Guiraud, rue Saint-Pierre, 41.
Hoffstetter, place Bellecour, 24.
Krieg, quai des Célestins, 12.
Landrée, rue du Plat, 16.
Lange, place de la Miséricorde, 1.
Large, rue Saint-Marcel, 28.
Laudat, rue Bourbon, 23.
Ligonnet, rue de l'Impératrice, 51.
Menu et Hoefer, place des Terreaux, 9.
Migeat, quai des Célestins, 2.
Minjard, rue Saint-Joseph, 13.
Moiroux, tapisseries, siéges courant et de fantaisie, location de banquettes pour soirées, sommiers élastiques à bourrelets suspendus, rue Impériale, 48, à l'entresol.
Morin, rue Saint-Dominique, 11.
Masse (Ed.), place Saint-Jean, 8.
Nillius, rue de Jarente, 4.
Perchet, rue Impériale, 58.
Peronin, location et décors, place Bellecour, 1.
Ploquin, rue du Plat, 9.
Procnard (L.), rue Grôlée, 6.
Pujot fils, place Louis XVI, 18.
Ract-Tournier, quai Saint-Clair, 9.
Raffin, rue Vendôme, 84.
Redor (Vve), quai Saint-Antoine, 26.
Rey (C.), rue Saint-Dominique, 16.
Riaux, rue Impériale, 77.
Richard, rue du Bœuf, 1.
Ringuet, rue Bourbon, 28.
Rodet, rue du Bœuf, 26.
Rollat (Ch.), rue Lafont, 8.
Rouget, rue Impériale, 49.
Ruet-Richard, quai de l'Archevêché, 19.
Sarrazin fils, rue Impériale, 26.
Sicard, place Louis-le-Grand, 25.
Simon, rue Saint-Dominique, 12.
Sornay et Cie, rue Saint-Pierre, 10.
Strahl (Georges), rue du Bœuf, 22.
Thomas (A.), rue Bourbon, 10.
Tignat père et fils, quai des Célestins, 8.
Tito-Toni, passage des Terreaux.
Vallaro, place des Pénitents-de-la-Croix, 3.
Veuillet (L.-J.), rue d'Egypte, 3.
Votro, place de la Baleine, 6.

Teinturiers en soie, laine et coton.

Bajard (E.), en laine, Grande-Rue-Saint-Clair, 42; boîte, rue de l'Impératrice, 1.
Basset, chineur sur laine, rue Impériale, 28.
Baugé (F.) et fils, en soie noire et velours, c. d'Herbouville, 67.
Baugé (F.), en coton, quai Saint-Vincent, 12.
Bernard (Vve), en chapeaux de feutre, rue de Créqui, 40.
Berthet (L.) et Gerbaud, en crêpes, quai Castellane, 9.
Bruyas, Grataloup et Gonnet, en soie, place de la Butte.
Burine et Lambert, en soie noire, rue des Prêtres, 22.
Carrier, chineur en laine, place des Pénitents-de-la-Croix, 10.
Chapuis et Haug, en soies à coudre, rue Tavernier, 4.
Charrier, en laine, rue du Consulat, 10.
Charret, en coton, cours d'Herbouville, 75.
Charvet (J.), chineur, aux Charpennes.
Chavagnon, teinturier, chineur, rue de Chartres, 106.
Collomb, en soie noire, quai Saint-Vincent, 21.
Corron (J.) et Toussaint, en soie, rue Godefroy, 27.
Decome, chineur, rue de Jussieu, 13.
Oethomme (J.), sur crêpes, rue de l'Arbre-Sec, 36.
Drevon aîné, en noir, cours d'Herbouville, 58.
Dufour (L.), en soie, quai Castellane, 8.
Durand, et apprêteur en chapeaux, rue de Condé, 44.
Duret et Adam, soie, laine, coton, rue Tavernier, 8.
Filliat et Cie, en soie, cours d'Herbouville, 70.
Four (Vve) et Coste, en soie, tulles, laines, etc., cours d'Herbouville, 8.
Gallien (A.), chineur, rue Bugeaud, 80.
Galvin neveu et Roche, en soie, quai Pierre-Scize, 43.
Gay (A.), en laine, avenue de Noailles, 9.
Gillet et fils, en soie, quai de Serin, 8.
Giraud (C.) et Cie, nouvelles couleurs, quai de Serin, 58.
Giraud, crêpes, quai de Retz, 9.
Grobon et Cie, rue Royale, 27.
Guillermet (André), en laine, rue Vauban, 6.
Guillon, Robin et Cie, soie couleurs, rue de Sèze, 31.
Guinon ✳ Marnas et Bonnet, en soie, rue Bugeaud, 6.
Henry (F.), en soie, quai Saint-Vincent, 9.
Imbert (J.), en couleurs, cours d'Herbouville, 55-56.
Jandin (C.), pour impressions, Grande-Rue-Saint-Clair, 90.
Janin fils, en soie, quai Saint-Vincent, 56.
Jourdan, chineur, rue de la Martinière, 9.
Jullien (A.), en laine, rue Tavernier, 12.
Larpin (G.) et fils, en soie, rue Saint-Marcel, 11.

L'*Industrie Stéphanoise*, dépôt rue des Capucins, 12 ; atelier de
    teinture à Saint-Etienne-Valbenoîte (Loire.)
Martinand et Fayolle, en soie, cours d'Herbouville, 60.
Méray (J.-C.), en soie, rue Tavernier, 3.
Monfray, chineur, rue Madame, 51.
Morin, Collomb et Corday, tulle, rue Lafayette, 34.
Mourier (P.), système unique pour teindre en pièce les ve-
    lours, taffetas satin, sans briser les étoffes, rue Vieille-
    Monnaie, 17.
Paccaly frères, en tulle, rue Bossuet, 29.
Perrin (J.) et Cie, atelier spécial de teinture des laines, pour
    popelines, châles, broderies, tricots, gants, et couvertures,
    r. Lafayette, 36 (Boucle) ; boîte et entrepôt, p. Tholozan, 21.
Petré (E.), en soie toutes nuances, rue Monsieur, 12.
Piaton, Bredin et Cie, soie noire, rue de la Quarantaine, 3.
Picot (F.) et Fayard, en foulards, rue Montbernard, 14.
Pierron, Bennier et Gras, soie, place de la Boucle, 3.
Pilaz frères, Grande-Rue-Saint-Clair, 1.
Pinet aîné et Cie, soie, laine et coton, rue de Créqui, 20.
Pitrat et Cornu, en couleurs, cours d'Herbouville, 63 et 64.
Pons (L.), en laine, rue Tavernier, 3.
Ramel frères et Couturier, en soie, rue de la Vieille, 13.
Renard et Villet, en soie, quai Pierre-Scize, 53.
Reynaud, chineur, quai de l'Hôpital, 13.
Salignat frères, en soie, quai Saint-Vincent, 58.
Savigny et Bunand, en soie, r. Monsieur, 29, r. Bugeaud, 15.
Seux et Tardy, soie et coton, rue Cuvier, 11.
Société des ouvriers teinturiers, rue Lafayette, 37.
Thivolet (A.), teinturier en parapluies, rue de Barême, 10,
    Brotteaux ; boîte, rue des Capucins, 27.
Thomassin (A.), chineur et raseur d'étoffes, rue Madame, 10.
Tranchant et Cie, soie noire, cours d'Herbouville, 46.
Triquet (L.), rue Thomassin, 47.
Verrier (B.), en coton noir, quai de Vaise, 39.
Veuillod jeune et Cie, teinturiers en foulards et apprêt de sa-
    tin pour chapellerie, gaze pour fleurs, rue du Nord, 2.
Vial, en laine, rue Dubois, 12.
Vindry (F.), neveu et Cie, en soie, quai Saint-Vincent, 8.
Dagaud, fab. de bâtons pour teinturiers, rue Vendôme, 1.
Julliard (G.), trituration des bois, avenue de Saxe, 157.
Page père et fils, trituration, quai Saint-Vincent, 20.

Tireurs d'or (Marchands fabricants).

Bergier (G.), tirage d'or, rue du Jardin-des-Plantes, 9.
Bocuze fils et Cie, rue de la Préfecture, 10.
Blancard frères, rue du Griffon, 5.

Buchet-Revol, rue Monsieur, 52.
Desala, fin et mi-fin, rue du Garet, 13.
Duchavany et Cie, q. de Retz, 18 ; fabrique à Pont-de-Chérui.
Durret (P.), traits or et argent fins et mi-fins, cannetilles, lames et bouillons, articles nouveautés en dorures pour la fabrique ; exportation, rue Childebert, 21.
Dutel et Cie, rue Puits-Gaillot, 7.
Fichet frères, Muraour et Cie, fabrique spéciale de filés or et argent, traits, lames, cannetilles, paillettes, découpures et étoffes brochées, rue Puits-Gaillot, 3.
Frinzine et Duviard-Dime, rue Saint-Marcel, 23.
Gauthier (Ate), ancienne maison Dumortier frères, rue Constantine, 12.
Guibout (J.) et Cie, rue des Capucins, 16.
Gérard père et fils, à Sainte-Foy-lès-Lyon.
Jaillard père et fils, rue Impériale, 12.
Millou, rue Bugeaud, 50.
Peyrot aîné, fin et mi-fin, rue Impériale, 47.
Roche (H.), quai Saint-Vincent, 51.
Rodes (F.), place de la Miséricorde, 3.
Siméan (C.) et Cie, place Sathonay, 4.
Tarpin père et fils, rue de l'Impératrice, 37.

Tireurs d'or (A façon).

Armand, rue des Augustins, 3.
Barmont (L.) et fils, rue du Garet, 9.
Barmont (T.), rue Neyret, 14.
Béroujon (C.), place du Perron, 2.
Berthet, impasse Vieille-Monnaie, 7.
Bourgeois, rue du Commerce, 38.
Buer, rue Imbert-Colomès, 16.
Buy (F.), fabricant de chaines à la Vaucanson, Grand'Côte, 59.
Cellard, rue Impériale, 63.
Charret, rue de l'Arbre-Sec, 36.
Chataignier (Vve), rue Grôlée, 41.
Chaud (P.), rue Tourette, 5.
Delafond, rue du Commerce, 46.
Longin, rue Godefroy, 14.
Neyrard, cours des Carmélites, 15.
Nugoz (Vve), rue Saint-Polycarpe, 16.
Nugoz (A.), rue Grôlée, 14.
Olivier, (J.), impasse Saint-Polycarpe.
Pelosson, rue Saint-Polycarpe, 14.
Planche (J.), rue Romarin, 8.

Portier (Mme), rue Désirée, 7.
Rozet, Grand'Côte, 88.
Valansot (F.), rue Imbert-Colomès, 29.

Tireurs de Soies.

Barrioze, rue des Tables-Claudiennes, 16.
Berthollet, rue Vieille-Monnaie, 35.
Calmette, cours d'Herbouville, 22.
Métailler, rue Pouteau, 23.
Perrier, rue Tavernier, 3.
Vercherin, place Colbert, 9.

Toiles (Gros et détail).

Arnoult et Cie, rue Saint-Pierre, 2.
Alix (A.-J.), toiles peintes, rue Bât-d'Argent, 18.
Aubert, Bassot et Dousselin, rue de l'Impératrice, 27.
Barbezieux-Bouvier, Grand'-Rue-Longue, 25.
Berchoux et Cie, maison de gros, rue Centrale, 15.
Blanc, détail, Grand Rue, 51 (Guillotière).
Blanc (J.), détail, rue Vieille-Monnaie, 1.
Béranger et Gonnet, maison de gros, place Saint-Nizier, 5.
Berthon, rue Centrale, 9.
Bonnassieux père et fils, rue de l'Impératrice, 23, fabrique de
    linge de table en tous genres ; magasin ouverts les jeudis,
    vendredis et samedis.
Bordesol, détail, rue de Chartres, 4.
Chaffange, détail, quai Saint-Antoine, 29.
Chardeyron (J.), en gros, Grande-Rue-Longue, 21.
Chartron (C.) et Cie, en gros, rue Centrale, 26.
Chevelu (A.), rue Terme, 10.
Chevrolat-Bonardel, rue Saint-Pierre, 5.
Coquard frères, rue Saint-Pierre, 37.
Coulon (X.) fils, en gros, Grande-Rue-Longue, 22.
Daboneau et Barrard, rue Impériale, 31 (*A la Ville-de-Lyon*).
David, Champesteve et Berlie, gros, rue Impératrice, 35.
Defond, Grande-Rue-Longue, 14.
Delonoé, détail, Grand Côte, 99.
Desguers (E) et Cie, rue de l'Impératrice, 25.
D'Hauteville et Cie, rue de l'Impératrice, 19.
Donnet (C.), détail, rue de l'Impératrice, 57.
Dumoulin (J -B.), toilerie en tous genres, linge de table, gros
    et détail ; manufacture de chemises et flanelles sur mesure.
    Un coupeur de Paris est attaché à la maison ; rue Impériale,
    15, angle de la rue Neuve.

Empaire (Vve) et fils, étoffes, ameublements, r. Impériale, 22.
Faidy frères, en gros, place Saint-Nizier, 2.
Faure, détail, rue de la Pyramide, 70.
Finette cousins, rue de l'Impératrice, 33.
Gaillard et Courtieu, en gros, rue Dubois, 38.
Garcin cadet et fils, Grande-Rue-Longne, 25.
Gauthier aîné et Cie, rue de l'Impératrice, 42.
Genet (L.), Grand'Rue, 32 (Guillotière).
Guyot, rue Bât-d'Argent, 4, représentant pour les coutils de
    la maison Dubois de Laval, (Mayenne).
Grouès-Brottet, rue du Plâtre, 9.
Harty (J.), toiles d'emballage, rue de l'Impératrice, 61.
Hébert-Pâque, détail, rue Romarin, 12.
Hellion-Bulliod, rue des Capucins, 19.
Hue Chesnel, articles de Flers, rue Bât d'Argent, 1.
Jouve, Lefebvre et Cie, rue Bât-d'Argent, 8.
Loire (J.) fils, fab. de linge de table en tous genres, fils de
    chanvre en gros, serviettes, nappes et cordats, fabrique à
    Panissières (Loire), magasin à Lyon, Grande-Rue-Longue, 16,
    ouvert les jeudi, vendredi et samedi.
Marpot-Pittion, rue Saint-Pierre, 39.
Martin père et fils, Grande-Rue-Longue, 22, ouvert les jeudi et
    vendredi, fabrique à Panissières (Loire).
Meffre, commissionnaire, cours Morand, 3.
Meillard (A.-R.), fab. de papier toile. rue Moncey, 149.
Mollin frères, rue Centrale, 27.
Melquioud, Couthon et Thévenas, rue Gentil, 4.
Meyran (A), rue de l'Impératrice, 39.
Mollard jeune, Rebou et Cie, r. Grenette, 4 et r. Mercière, 35.
Münch et Cie, fournitures pour tailleurs, r. de l'Arbre-Sec, 16.
Neyret (J.) et Cie, rue Grenette, 18, maison de gros.
Offant, Boisson et Décombe, rue de l'Impératrice, 40.
Paris jeune, et Cie, rue Centrale, 23.
Passot et Bertrand, fab. de bâches, sacs, prélards et toiles;
    location, dépôt de toiles d'emballage de la maison Dutocq et
    Flament, toiles imperméables, expédit., export., Grande-
    Rue-Longue, 1, et quai d'Orléans, 12.
Pelet et Cie, toiles d'emb. en tous genres, r. Ste-Catherine, 13.
Perrot fils aîné, Grande-Rue-Longue, 23.
Perrot et Cie, toilier en tous genres, rue Saint-Pierre, 35.
Pion (Léon), toilerie et linge de table, calicots, articles de
    Tarare et Saint-Quentin, batiste, dépôt de mouchoirs de
    Cholet, fab. de mouchoirs de Valence, rue Impériale, 30.
Plattard, sacs de toile, quai Saint-Antoine, 29.
Roche (P.), rue Centrale, 35.
Rolland et Guicherd, rue de l'Impératrice, 42.

Roux (Vve), Benoît et Cie, détail, rue Dubois, 33.
Saint frères, emballage et bâche, rue Sainte-Marie, 2.
Sudre (J.) et Cie, rue Saint-Pierre, 31.
Valette et Cie, en gros, rue Bât-d'Argent, 11.
Vaucheret et Cie, *Au Bât-d'Argent*, rue Impériale, 9.
Vidal (Alexis) et Cie, maison de gros, rue de l'Impératrice, 38.

Toilette (Marchands à la).

Baussard (Vve), rue Sala, 44.
Bourde (Vve), quai de l'Archevêché, 15.
Gay (Mme Vve), articles en solde, robes et soieries en coupons,
dentelles et guipures. achats et ventes d'objets d'occasion,
gros et détail, quai Joinville, en face le pont de l'Hôtel-Dieu.
Maroc (Mme), quai de l'Archevêché, 22.
Michaud, articles d'occasion et solde d'étoffes en tous genres,
rue Paradis, 4.
Payot, achète et vend toutes sortes d'objets et se rend à domi-
cile, robes et nouveautés, achats de solde et vente de meubles
neufs et d'occasion, rue Sainte-Catherine, 3.
Rousset, rue de l'Annonciade, 17.

Toiles cirées.

Bernard-Chavanne, rue de l'Impératrice, 63.
Boistard, ancienne maison de Fornel, rue Grenette, 16.
Courjon et Cie, rue de l'Impératrice, 100.
Genthon (J.), en gros, rue Centrale, 39.
Guétard, rue Confort, 13.
Harti, toiles d'emballage, rue de l'Impératrice, 61.
Meillard (A.-L.), seul fabricant du papier-toile pour embal-
lage, breveté en France et à l'Étranger, médaille de la
Société d'encouragement de Paris, 1862; expédition, expor-
tation, rue Moncey, 149; dépôt à Paris, rue des Jeûneurs,
46, et rue Saint-Martin, 325.
Mottet (H.) et Cie, rue Centrale, 31.
Plattard (Vve), quai Saint-Antoine, 29.
Viallon frère et sœur, rue Saint-Pierre, 20.
Yvose-Laurent et Cie, route de Bourgogne (à Vaise).

Toiles imperméables pour les transports.

Ducarre et Cie, quai d'Orléans, 11, bâches de voitures, chemins de fer et bateaux.

Tourneurs pour la Fabrique.

André (F.), en tous genres, rue Villeroi, 62.
Bernin, pour tireurs d'or, rue Grôlée, 32.
Barral, rue Monsieur, 81.
Bracmard (L.), tourneur en tous genres, spécialité de roquets
   et bobines, rouleaux et tous objets concernant la fabrique,
   achat, vente et échange d'ustensiles de fabrique et d'occa-
   sion, rue du Commerce, 13.
Briet, place du Perron, 5.
Canonge (A.), rue de Trion, 78.
Chapelle fils aîné, rue Vieille-Monnaie, 26.
Chapotton (P.), tourneur en tous genres, fournitures pour
   mécaniques longues, rondes et moulinage, guindres et
   portes, broches de cantre à pivot de tous genres pour ourdi-
   sage, rue du Commerce, 36.
Chevalier, tourneur mécanicien pour la dorure, rue du Com-
   merce, 22.
Claret aîné, tourneur mécanicien, ustensiles pour la fabrique,
   place Saint-Laurent, 2.
Collet, rue du Commerce, 25.
Commoy, rue des Maronniers, 7.
Coulet (J.), rue Dumenge, 4.
Crétinon, cours Vitton, 19.
Degravel, rue du Mail, 39.
Deloy, rouleaux pour la fabrique, pieds de table et torse, mou-
   lures pour la menuiserie, coins ronds, courbes détachées,
   avenue de Saxe, 86.
Demotat, tourneur, spécialité de rouets à cannettes, roquets
   échantillées et toutes sortes d'objets de fabrique, côte des
   Carmélites, 24.
Déprez (C.), pour chapellerie, rue Sala, 60.
Dornier (C.), gros et détail, rue des Capucins, 8.
Favier, rue Tramassac, 40.
Fracque, rue Boileau, 28.
Futin (L.), tourneur sur bois et métaux, tournage pour la
   fabrique et machines industrielles, rouleaux et apprêts de
   toutes dimensions, rue Tables-Claudiennes, 13.
Galland, rue Lafayette, 15.
Gailleton, rue de la Pyramide, 57.
Garçon (B.), Grand'Rue-de-la-Croix-Rousse, 2.
Girard (F.-Cl.), maison fondée en 1734; rouets pour enjoli-
   vures et autres, mécaniques pour tirage d'or et autres en
   tous genres, rue Palais-Grillet, 14.
Glaser, rue Neyret, 37.

Hudriot, fabrique de roquets en tous genres pour la soierie, par brevet de perfectionnement, s. g. d. g., rue Sainte-Élisabeth, 32.

Jaboulay. rue de Trion, 77.

Julliard (J.), montée du Gourguillon, 1.

Krause (H.), spécialité pour la fabrique, tournage en tous genres, mètres pour banque, métiers pour broderies, dévidoirs, rouets, etc.; fabrication et réparation de pipes d'écume de mer et autres, rue des Capucins, 17.

Lacroix (J.), rue Vieille-Monnaie, 14.

Laurent (Étienne), ancienne maison Millet; rouleaux pour la fabrique, cylindres pour apprêts, chevilles et chevillons pour teinturiers, fourn. pour formiers, r. Duguesclin, 32.

L'Héritier (A.), rue Imbert-Colomès, 24.

Macon, rue Cuvier, 40.

Mermet, rue Imbert-Colomès, 24.

Métral (C.), rue Cuvier, 120.

Michal, rue St-Paul, 24.

Mornay (J.-A.), rue Pouteau, 10.

Nicod (A.), rue Bodin, 2.

Numa-Lacharrière, dépôt général, rue Désirée, 4.

Pachod, rue St-Vincent-de-Paul, 10.

Perrin, rue des Capucins, 19.

Perrin (Vve), rue Tables-Claudiennes, 29.

Peron fils, tourneur pour la fabrique, spécialité de rouets à cannettes en fer, place Morel, 2.

Perron (L.), rue d'Austerlitz, 11.

Pichon (H.), rue Vieille-Monnaie, 29.

Piquet (S.), tourneur mécanicien, fabrique de brocheurs, tours et ajustage, rue St-Vincent-de-Paul, 25.

Poncet, cours des Tapis, 26.

Quinson, rue d'Ivry, 12.

Quinson, tourneur en tous genres, (spécialité pour orthopédiste, jambes de bois, béquilles, vente et location), ébénisterie, fabricant de tuyaux et roquets en tous genres, ornements, magasin de quincaillerie, objets de ménage et jouets d'enfant, etc., rue du Mail, 15, angle de la rue d'Ivry (Croix-Rousse). Exportation.

Robichon, rue Masson, 8.

Strien (E.), tourneur sur bois en tous genres, rue Charlemagne, 18. (*Au Singe vert*).

Thivel, rue Vauban, 39.

Trambouze, tourneur sur bois et métaux, fabricant de tous genres de pièces mécaniques, rue Tables-Claudiennes, 18.

Truche, tourneur, tabletier, breveté s. g. d. g., fabricant de billard, retournage et teinture, dépôts de draps de billard;

abonnement aux billes, tablettes et porte-journaux, assortiment de queues pour billards, procédés et blanc, damiers, dominos, fiches et jetons, fabricant d'objets d'ivoire sur commande, fabricant de miroirs d'alouette pour la chasse, ci-devant rue Bât-d'Argent, actuellement rue Ferrandière, 48.

Tuyaux pour la Fabrique (Fabr. de).

Beligard, fils. fabrique de tuyaux de carton fin, vernis et blanc, quai Pierre-Scize, 87.
Carrichon aîné, fabricant de tuyaux en roseaux égalisés, nouveaux système perfectionné, rue d'Ivry, 24 (Croix-Rousse).
Clasis (Auguste-N.) fabricant de tuyaux en roseaux au perçage cylindrique, tuyau nouveau en papier imperméable sans corps gras déposé, rue Célu, 1 et 3.
Clasis (J.) aîné, fabricant de tuyaux en roseaux égalisés pour la fabrique, rue du Mail, 15 et 17, dans la cour (Croix-Rousse).
Clasis (H.), rue du Mail, 1.
Debrabant, fabricant de tuyaux imperméables en papier fin verni intérieurement pour le tissage de soieries, rue Imbert-Colomès, 37.
Doussain, rue Childebert, 7.
Rey, rue du Bon-Pasteur, 23.

Ustensiles pour la Fabrique et marchands de Métiers.

Berger, marchand d'ustensiles de fabrique, Grande-rue-de-Cuire, 14.
Bois, revendeur en vieux ustensiles, rue Saint-Vincent-de-Paule, 39.
Bonnet, marchand de métiers, rue Bodin, 2.
Bosson, revendeur en vieux ustensiles, rue Saint-Vincent-de-Paule, 15.
Bouillon (J.-C.), revendeur en vieux ustensiles, Petite-Rue de Cuire, 7.
Branche aîné, fabricant de métiers, rue de Bœuf, 7.
Brossier, revendeur en vieux, rue d'Austerlitz, 14.
Bully, marchand d'ustensiles de fabrique, rue de la Tour-du-Pin, 3.
Caire, marchand de métiers Grand'Côte, 1.
Camet, marchand de métiers. rue Tête-d'Or, 46.
Catherin, revendeur en vieux, rue Neyret, 25.

Chalon, marchand de métiers, rue Moncey, 15.
Chiese, revendeur en vieux, Grand'Côte, 31.
Chupin, (J.), outils perfectionnés, spécialité de rabots, pinces, forces à raser et taille-pinces pour veloutiers, rue des Tables-Claudiennes, 18.
Colombant, marchand de métiers, rue Sainte-Rose, 5.
Courmaire, marchand de métiers, cours Vitton, 67.
Demard et Cie, ustensiles en tous genres, rue du Mail, 23.
Depierrefeu, marchand d'ust., rue St-Vincent-de-Paule, 6.
Desmard (P.), ustensiles pour la fabrication des étoffes de soie unies et façonnées, montage de métiers, gros et détail, exportation, rue d'Austerlitz, 21.
Dugnat (Mlle), marchande d'ustensiles, rue du Pavillon, 9.
Dumortier (B.), fabricant de métiers, rue du Doyenné, 31.
Estellon, (R.), articles de moulinage, rue Monsieur, 25.
Gayvallet, marchand de métiers, rue de la Charité, 19.
Genet-Coué, marchand d'ustensiles, p. de la Croix-Rousse, 11.
Gindre, marchand d'ustensiles, place des Bernardines, 5.
Gourdiat, revendeur d'ustensiles, rue du Pavillon, 9.
Guigon, fab. de purgeoirs, spécialité d'articles pour moulinage et verroterie en tous genres, quai Castellane, 1 (Brotteaux).
Guinet, nouveau système de conducteur dit papillon, sans caoutchouc, brev. s. g. d. g., régularisant la tension des trames pour défiler et dérouler, pointizelles en tous genres. Gros et détail. Rue Jean-Baptiste-Say, 5, près de la gare du chemin de fer de la Croix-Rousse.
Haine, marchand de métiers, rue du Mail, 1.
Hermitte frères, marchands d'ustensiles pour la fabrique, et monteurs de métiers en tous genres; remises en soie, fil et coton, maillons, cordes, fil et arcades, place des Bernardines, 1.
Leprêtre, revendeur, Grand'Côte, 17.
Martin, articles pour moulinage, avenue de Saxe, 124.
Mazière, revendeur d'ustensiles, rue du Mail, 36.
Mazoyer, revendeur d'ustensiles, rue Jacquard, 14.
Mercier, revendeur d'ustensiles, Grand'Côte, 11.
Micouloud, marchand d'ustensiles, rue Duviard, 5.
Morel, grand assortiment d'ustensiles de fabrique en tous genres, et montage de métiers pour ateliers et fabriques étrangères, place de la Visitation, 4.
Moretton (Vve) aîné, fabr. de remises en tous genres, gros et détail, ustensiles de fabrique et échange, soie, fil, coton et réparations de maillons, rue du Chariot-d'Or, 18, et rue St-Vincent-de-Paule.

Oysel, menuisier en ustensiles de fabrique, rue des Tables-
Claudiennes, 2.
Paviot, marchand de métiers, rue Masséna, 29.
Péron, spécialité de rouets à cannettes en fer, place Morel, 2.
Pérony, marchand de métiers, Grande-Côte, 7.
Poizat, fournitures pour filatures et moulinages, escalier du
Change, 2.
Plassard fils, revendeur d'ustensiles, Grande-Côte, 38.
Salomon, marchand de métiers, rue des Machabées, 29.
Tissot, marchand de métiers, rue St-Georges, 10.
Truchon, revendeur d'ustensiles, Grande-Côte, 13.
Vammoë, marchand de métiers (ancienne maison Brossier et
Vammoë), rue Vieille-Monnaie, 11.
Vidaud, marchand d'ustensiles, rue Sève, 8.

Verroterie pour les fabriques.

Guigon, quai Castellane, 1.
Couturier (A.), fabr. d'articles de verrerie pour filatures et
moulinages, rue Vieille-Monnaie, 26, au 2me.
Lallier (Vve), rue d'Ivry, 17,
Lièvre (P.), rue Vendôme, 140.
Poizat, escalier du Change, 2, verroterie pour l'ouvraison des
soies, filature et moulinage, carcagnolles moulées et couvert
zinc, grenouilles pour griffes et tavelles, purgeoirs et cape-
lettes en tous genres, baguettes et tubes de toutes dimensions.
Revel, fabr. de verres pour la soierie, filature, moulinage,
passementerie et guimperie, barbins, carcagnolles, crochets,
grenouilles, baguettes, etc., annelets, maillons, poulies en
verre, articles de chimie, rue de Sèze, 15.
Vial aîné, fabr. de maillons, crochets en verre pour filature
et moulinage en tous genres, verres pour cannetières et dévidage, rue Magneval, 16.
Vial jeune, fabrique de verres en tous genres pour la fabrique,
moulinages, filatures et thermomètres, rue Neyret, 2.
Vial, rue Vieille-Monnaie, 27.
Villetant, fabricant de maillons en tous genres, ainsi que tous
les objets en verre concernant la fabrique, rue Bodin, 11.

DÉPARTEMENT DU RHONE

LYON, chef-lieu du département.

(Voir Ire, IIe et IIIe parties, au commencement du volume.)

Amplepuis.

Conseil des Prud'hommes (tissus de coton.) — Beroud (A.-B.), président ; Jal (C.-G.), vice-président ; Mocozet, secrétaire.

Blanchisseurs de tissus. — Appercel frères et Choitel, Dury fils.

Chapeliers. — Fougère fils, Perondon, Recorbet.

Cotonnade (fab. de). — Dumonceau (Joannès), Gontard, Lagoutte Mitton et fils, Moulin jeune, Raffin frères.

Draperie et rouennerie. — Dumas (M.), Goutte (Mlle), Goujat (Vve), Lachaize jeune, Léty (J.), Thellemon, Vignon-Charras, Vignon Noël (Vve), Vignon sœurs.

Foulards et lainages (fab. de). — Breyton ; Villy (A.), comptoir à Lyon.

Mercerie. — Fougère, Mûrier-Fouillat, Mûrier-Niogret, Papillon (Mlle).

Modes. — Mmes Antonia, Beroud, Chassin. Dubuis sœurs, Lacour.

Mousseline (fab. de). — Bedin (A.), Billet (F.), Demonceau (J.), Dessales fils, Giraud (Vve) fils, Goutard aîné, Goutard (C.), Lagoutte (J.) jeune, Lagoutte-Mitton et fils, Massard (Et.), tissage mécanique de coton, cotonne et fantaisie ; Raffin (Vve C.-M.) et fils, maison à Tarare ; Raffin neveu, Vignon (M.) fils.

Navettes (fab. de). — Chassin aîné, fabricant de navettes et battants en tous genres ; Lafay, Subtil.

Parapluies. — Rey-Buffat.

Anse.

Chanvre. — Bertrand.

Chapelier. — Dionnet.

Chiffons en gros. — Lagat, Montels.

Draps (mds de). — Collet. Dalbepierre, Mollard.

Mercerie. — Dionnet (Vve), Mathieu, Trévoux.

Arbresle.

Chapeliers. — Achard, Allagrola, Faizan.
Cordier. — David.
Draps (mds de). — Copin, Cotte, Jomard, Valois.
Ganterie et parfumerie. — Durieux (Mlle G.).
Mécaniciens. — Minvieille, Rivière, serrurier-mécanicien pour la fabrique et autres.
Modes. — Mmes Chanel, Garin, Grillet.
Nouveautés. — Chanel, Dury, Longin, Merle, Nicolas, Picard.
Parapluies. — Laurent, Verdier (Vve).
Peignes (fab. de). — Berjon neveu.
Soieries (fab. de). — Maisons à Lyon, Brisson et Cie, Chanay, Giraud frères, Jaubert Lions Audras et Cie, Pascal et Tabard, Pollard et Viennois, Reyre Louvier Verset et Cie.
Soieries (fab. de). — Contre-maîtres : Barret, Chatron, Faye et Patoud, Terrasse-Damiron, Terrasse aîné, Terrasse jeune.
Velours (fab. de). — Bernard et Gonin, maison à Lyon; Gonin aîné, manufacturier.

Beaujeu.

Chanvre. — Burdin, Cartelier, Laissu.
Chapeliers. — Devilaine, Michaud, Moyet.
Draps. — Bidon fils, Chervin, Longin, Loup (Et.).
Modes. — Mmes et Mlles Berthillier, Chassagne, Combrichon, Trichard, Vacheron.
Nouveautés. — Chervin, Longin, Loup.
Parapluies. — Belicard, Cannet.

Belleville-sur-Saône.

Chapeliers. — Boris, Gouillon.
Mercerie. — Descroix (Vve), Pernin.
Modes. — Mlles Dubost, Pinaud, Jourdioux sœurs.
Nouveautés. — Anglade, Duchaine, Maisiat.
Parapluies. — Cinquin (Mme).

Bessenay.

Chapeliers. — Attendu, Besson, Bourg, Drivon.
Soieries (fab. de). — Contre-maîtres : Dumas, Garlon, Guinamard (J.-C.), Mazard.

Bois-d'Oingt (le).

Chapelier. — Planus.
Mercerie et rouennerie. — Fage (Mme), Pompadour.
Modes. — Berugeon (Mlle).
Toilier. — Faure cadet.

Brignais.

Chapeliers. — Duret (C.), Buisson (C.), Rivoire.
Mercerie. — Buisson, Fonrobert, Massard, Maurin.
Modes. — Ballet, Raginel, Tisserand.
Tailleurs. — Maurin, Paurard, Riquet.

Caluire-et-Cuire.

Imprimer. sur foulards. — Jandin.
Mécaniciens. — Niel et Cie, fabrique de bois pour gravures, caisse pour planche plate, Grande-Rue-St-Clair, 100.
Mercerie. — Verrand (Mlle), à Caluire.
Modes. — Muogret (Mlle), rue St-Clair.
Produits chimiques (Fab.). — Gonnet, quai de Caluire; Hominal-Gouttines, c. d'Herbouville, 48; Laroche, Ruegg et Cie, c. d'Herbouville, 80; Pirad et Cie, à Vassieux.
Tailleurs. — Bertrand, rue St-Clair; Torchonet Lusy à Caluire.
Teinturiers. — Bajard, Grande-Rue-St-Clair, 42; Charret, cours d'Herbouville, 75; Baugé, cours d'Herbouville, 67; Drevon, cours d'Herbouville, 58; Filliat, cours d'Herbouville, 49; Fayolle et Martinant, cours d'Herbouville, 61; Imbert, cours d'Herbouville, 56; Pitrat et Cornu, cours d'Herbouville, 64; Tranchant, cours d'Herbouville, 45.

Chasselay.

Chapelier. — Cotton.
Mercerie et modes. — Delabre.
Tailleur. — Damiron.
Veloutiers. — Beroujoud, Chavet.

Châtillon-d'Azergues.

Mercerie. — Gillet, Thivon.
Modes. — Cotisson (Mme).

Chaponost.

Passementerie. — Chaudier.
Rouennerie. — Berthelot, Sciller.

Tailleurs. — Jamet, Dublos.

Toiles imperméables (Fabr. de). — Ducarre et Cie; maison à Lyon, quai d'Orléans.

Chazay-d'Azergues.

Chapelier. — Caire.
Mercerie. — Cornu (Mme).
Modes. — Gambet (Mme).
Tailleurs. — Gambet, Raffin.

Chessy-les-Mines.

Chapelier. — Carmier.
Soieries (fabr. de). — Montessint, contre-maître; Rivoire, contre-maître.

Condrieu.

Broderies (fabr. de). — Dognin ✳ et Cie; maison à Paris, et à Lyon.
Chapeaux (fabr. de). — Besson, Charles, Goutarel.
Draps. — Bertholat, Peillon, Villard.
Gants tissus (fabr. de). — Montaland; maison à Lyon.
Mercerie et rouennerie. — Favier, Four, Guy (Mlles), Levet, Pouzet, Frécon, Juillet, Morel.
Modes. — Chapellan.
Parapluies. — Champallier, Croizet.
Tailleurs. — Chambriat, Chapas, Meiller, Morel, Mouton.
Teinturiers en soie. — Font, Morel, Charmy.

Cours.

Bonneterie. — Cortay.
Chapelier. — Bonnet.
Couvertures de coton, bourre de soie, mi-laine, etc. (fab. de). — Bosland (J.-P.), Burnichon (Antoine), Cherpin (André), manufacture de couvertures et molletons, hydraulique et à vapeur; Chapon (J.), Chassignol-Duperret, Dyant-Bonnefond, Fusy (C.-M.), Guérin-Joly, Michalot jeune, Perrin-Marchand fils, Poizat frères, Poizat Jules et Cie, Quiet-Michard, médaille de bronze, Paris, 1867; Ville (J.-C.) fils.
Draperie et nouveautés. — Banelle, Copier-Fleury, Marchand, Napollier, Poizat frère et sœur, Trouiller-Lacour.
Filateurs. — Chapon-Cortay frères, et fabricants de cotonnes, Chapon (J.), Renon (J.-C.).
Mercerie. — Boirot-Labrosse, Clairet (Vve), Ducrot-Humbert, Duvernay, Mercier-Jolivet.

Modes. — Brossard-Thivin (Mme), Himbert (Vve S.), Trouil-
ler-Lacour.
Parapluies. — Labrosse-Chambost.
Teinturiers. — Cicle, Guillaume.

Cublize.

Bourres de soie et laines. — Glotard (Ch.).
Cardes (fab.). — Clément.
Coton (carderie de). — Béroud, Dupuis (P.), Laroche aîné,
Forêt, Trambouze.
Coton (filat.). — Pierrefeu frères.
Coton (déchets). — Fouillet, Girin, Lafont, Perras (E.),
Laroche, Longère (Claude), Ollier.
Cotonnades. — Bonnetain, Fournaux.
Draps, toilerie (march.). — Lachal-Denis, Dulac, Fourneaux,
Place.
Mécaniciens. — Botton, Sapin.
Molletons (fab.). — Favre, Fillion cadet, Sanlaville,
Thoviste,

Demi-Lune (la), Commune d'Ecully.

Chapeliers. — Driot (J.), fabricant gros et détail. —
Patisson.
Mercerie. — Demule, Riton, Viallon.
Tailleurs. — Pavallier, Poyet, Ricardy, Estran.
Bourre de soie et déchets. — Disdier, spécialité de peignes
soie pour la passementerie.

Fleurieux-sur-Saône.

Bleu d'outre-mer (fab. de). — Guimet.

Fontaines.

Chapeaux de paille (march. de). — Condeminale.
Mercerie. — Gay, Grange.
Produits chimiques. — Longuemard, Sourdois.
Tailleurs. — Laurent, Ponsard.
Tapis en sparterie (fab. de). — Lafond, Gonnard et Cie, tapis
en tous genres, aloës, coco et autres végétaux, sacs à charbon
et coke.
Teinturier en soie. — Cochard.
Tirage d'or. — Dumur, maison à Lyon.

Givors.

Chanvre (commerce de). — Combe-Pochet (André), chanvres
d'Italie pour cordages et peignes. — Falque (Joannès), représentant.

Chapeliers (fab.). — Argoud. Colombier, Imbert, Perret et Guy, Pieroux fils. — Détail. Buisson, Champin, Miray.

Draperies et nouveautés. — Barrier (Mme), Boiron, Durand (Mme), Joly (Mme), Laprade, Moussy aîné, Moussy jeune, Renaud.

Mercerie. — Lerme (Mmes), Pitrat-Delorme, Toucheboeuf.

Modes. — Carré (Mme Vve), Chassin (Mme), Dumas (Mme).

Parapluies. — Rousset.

Tailleurs. — Rivoire, Royet, Tabard.

Tapissiers. — Gaymard aîné, Gaymard cadet.

Teinturier en soie. — Pochet-Bertholon, en blanc solide.

Grandris.

Chapelier. — Mellet.

Cotonnades, doublures et filature de coton.—Bouhet (Jules).

Draperies. — Gaydon, Gravier, Mellet.

Toiles, cotons et fils bleues et japés (fabr. de).—Bonnetain, Breton, Chanfray, Chavanis, Chiguier, Condemine, Cottinet, Desbas, Delac, Ducros fils, Dumont, Forest père et fils, Gaydon, Gobet, Lagoutte, Mellet aîné, Mellet cadet, Mougoin, Néanne, Perrier, Relbut, Sanquin, Troncy-Duret.

Grigny.

Chapeaux (fabr.)—Guy et Messy, Rivoire neveu, Trémolet et Gay, Tissot.

Joux.

Blanchissage à la vapeur des mousselines de Tarare. — Chamfroy (A.), Rolet et Varenne.

Mousselines (fab.) — Duthel.

Lamure.

Mercerie. — Lacroix (Mlle).

Soieries (fab. de). — Guillard, représentant la maison Milloz et Picollet, de Lyon.

Tailleur. — Sangouôrd.

Mornant.

Chapeaux de feutre (fab. de). — Flachy aîné, Berthet.

Chapeliers (marchands).—Flachy jeune, Moureton, Trouillé.

Mercerie. — Blain, Condamin, Condamin sœurs.

Modes. — (Mmes) Guillot, Condamin, Fayolle.

Parapluies. — Noyer.

Rouennerie, draperie et nouveauté. — Barrel (Mlle), Charles, Pizay sœurs, Paradis (Mlle), Rivolet.

Tailleurs. — Favre, Trouillet, Peysselon, Logerotte.

Neuville-sur-Saône.

Chapeliers. — Marcel, Montdidier.
Etoffes gazes et argent (fab.) — Salomon, maison à Lyon, rue Pizay, 5.
Impressions sur étoffes — Roux, Samuel frères, Wissel et Cie.
Laine (filature de). — Ciceron aîné.
Mécanicien. — Moser (David).
Mercerie. — Lechner, Combet.
Modes. — Lauriat, Maréchal, Meffre, Rossat.
Tailleurs. — Delaigue, Gros, Rousset, Vernay.
Rouennerie. — Béal, Comte, Dévignes.

Oullins

Impressions sur étoffes. — Giraud, Vernhès.
Mercerie.—Coindre, Fomrobert, Michel, Rapp, Vimpeigne.
Modes. — Comtassau, Volet (Mmes).
Tailleurs.—Barthelle, Bonhomme, Jacolin aîné, Fomrobert, Vimpeigne.

Ronno.

Mousseline (fab. de). — Brun frères, fils et Denoyel.

St-Bonnet-le-Troncy.

Filatures de coton. — Magnin, Montibert (Jean), Plasse.

St-Clément-sous-Valsonne.

Foulards (fab. de). — Claude Pradel, maison à Lyon.
Impression de foulards.—Pradel (Georges), Bon (Clément).

St-Genis-l'Argentière.

Rubans (fab. de). — Ballay.

Ste-Foy-lès-Lyon.

Mercerie. — Boiron, Jusseau (Vve), Phily.
Modes. — Michalloux, Poncet.
Tailleurs. — Bareille, Chambry.
Tireur d'or. — Gérard.

Ste-Colombe.

Draps (fab. de). — Veyrat fils.
Mercerie. — Chaumartin (Vve).
Modes. — Dumas, Brun.
Tailleur. — Jacquet.

St-Genis-Laval.

Impression sur étoffes. — Giraud.
Chapeaux de paille (fab. de). — Chapuis, Rémond, Simon.
Chapelier. — Domino.
Mercerie. — Gauthier, Gibert, Rivière, Robelet.
Modes. — Gibert, Rémond.
Tailleurs. — Bonnet, Bourgeois, Collon.

St-Georges-de-Reneins.

Chanvre (marchand de). — Norgelet-Geoffray
Chapeliers. — Duret, Thomasset.
Nouveautés et rouenneries. — Boisson (Mlle), Vermorel.

St-Igny-de-Vers.

Coton (filature de). — Mercier fils.

St-Jean-la-Bussière.

Coton (filature et tissage mécanique). — Martin frères.
Tissus et mousselines (fab.). — Bonnetain, Chorenne (J.-M.)
cadet, Guillermin, Magnin, Martin-Cortey.

St-Just-d'Avray.

Modes. — Bataille (Mlles), Bessy, Duperay Trouillet (Mme).
Nouveautés. — Girin, Longère.
Soieries (fab. de). — Dumontet (J.-C.), Dumontet (Julien),
Despérry (Vve), Despéray (C.), Micolon.

St-Laurent-de-Chamousset.

Chapeliers. — Piégay, Sève.
Mercerie. — Delorme (Vve), Faure.
Parapluies. — Bayard.
Soie (fab. d'étoffes de). — Bazin, Bourget contre-maître,
Garrelon.

Saint-Martin-en-Haut.

Chapeliers. — Dupuis, Pitaval.
Rouennerie et draperie.— Garbit, Bouchut, Flachard, Venet
(veuve), Vincent fils.
Soieries (fabricants de). — Contre-maîtres : Clavel, Ga-
gnare, Guyot.

Saint-Symphorien-le-Château.

Chapeaux (fabricants de). — Bazin, Escot, Pinet frères.
Draps. — Achard, Moulin, Vericel, Vernay.
Mercerie. — Durieux, Pinet,
Modes. — Blanc, Couturier (Mlles), Garel (Mlle), Merlat (Mlle).
Parapluies. — Blanchard, Durieux (Mlle).
Soieries (fabricant de). — Laurent, contre-maître.
Tailleurs. — Comarmont, Dussu, Richard.

Saint-Vincent-de-Rheins.

Filatures de coton. — Montibert (J.), Montibert fils, Montibert-Truquier, Lacroix (F.), Perras (A.), Perras (Victor), Perras et Cie.

Savigny.

Soieries (fabricant de). — Martin fils, contre-maître.

Tarare.

Chambre de commerce.

Ruffier (F.) ❋, président.
Devillaine-Madier, secrétaire trésorier.

Membres.

Thivel-Duvillard. — Sonnery (Georges). — Avril-Perrin ❋. — Caraban-Montagrin. — Pepin (Eugène). — Massard (Delphin). — Godde (Camille).

Conseil des prud'hommes.

Président, Avril (J.) ❋. — Vice-président Brisson (G.).

Section des mousselines unies et soieries.

Girin, fabricant. — M...... — Filon (F.), ouvrier. — Demaugé-Bost, ouvrier.

Sections des mousselines façonnées et brodées.

Perrin (A), fabricant. — Dufour (B.), fabricant. — Londiche (A.), ouvrier. — Variga (C.), ouvrier.

Section du blanchissage, grillage et apprêt.

Gourdiat (J.), négociant. — Malleval (A.), négociant. — Chaverot (C.), ouvrier. — Marcelin-Chambost, ouvrier.

Apprêteurs en tissus.

Mac Culloch et Gourdiat.—Delharpe, teinturier, apprêteur, déraillage mécanique; brevet d'invention s. g. d. g., médaille d'argent Paris 1867. — Dumas (J.) fils. — Margand aîné, — Mazerand et Cie.

Articles de blanc (Marchands).

Caire. — Dusserre (veuve). — Favel-Chardon. — Michelard-Bidon. — Putigner.

Banque et recouvrements.

Chrétien fils. — Ferrière. — Noilly et Riboulet, cotons filés.

Blanchissage.

Bonnebouche. — Chanfray (A.). — Champier (F.). — Charenton. — Dumas (J.). — Garrachon (veuve). — Perret jeune. — Rollet et Varennes.— Zher fils aîné.

Bonneterie, ganterie, articles au crochet en gros.

Martin (Martial).

Calicots, crétonne et doublures.

Chavannon-Gourdiat,

Ceintures laine (Fabricant de).

Chatelus aîné (veuve), ceintures laine algériennes et pour l'armée.

Chapeliers.

Monneron. — Perrier (Philippe). — Remondin. — Roche (Mlle). — Trévoux.

Chefs ou ornements pour mousseline (Fab.).

Chanfray (Aug.) et Baudy-Cœur. — Mauret. — Noailly. — Vincent (Alexis).

Commissionnaires en marchandises et articles de Tarare.

Adolphe Malleval et Aubry. — Bernicat-Badet. — Bedin (A.).— Bellon, Cazaban et Gallet. — Boffard, Boyet et Cie. — Buthaud (M.-T.) et Cie. — Coquard (A.). — Coquet jeune. —Duperray (T.). — Emorine (J.) fils. —Estoul père et fils. — Favel-Chardon. — Ferrière (P.-M.), et fabr. — Gellin (J.) et Beschenstein (V.).— Godde fils aîné — Martel (T.). — Schweiss (A.), Sonnory (Georges), commission pour tous les articles de Tarare, Panissière et Thizy — Staps et Goutard. — Vitout (L.).

Corsets.

Gallicien. — Madinier-Faye (Mme).

Cotons filés et cotons retors pour broderie (Fabr. de).

Chrétien. — Ferrière, Noilly et Riboulet. — Gouttenoire (Paul). — Lacroix (Louis) et Berger. — Massard et Garcin. — Putinier. — Rochet-Ferrière et V. Schweiss-Bataille, dépositaires. — Thoral et Gignoux.

Draperie, rouennerie et nouveautés.

Dumas et Mollon. — Faury (Vve). — Giroudon. — Goutard sœurs. — Jacquemot. — Passemard père. — Passemard fils. — Plassard (Mlle). — Recorbet fils. — Rabut. — Raquin. — Sève.

Droguerie.

Cherblanc frères. — Montroussier.

Grilleurs de mousseline.

Bonnebouche. — Dumas (J.). — Girardet fils. — Joban et Fourny. — Zher fils aîné.

Liseur et monteur de métiers.

Reynard-Mistilbord.

Mercerie et bonneterie (Détail).

Chermette-Cœur. — Gallicien, mercerie en gros. — Gervais. — Gravillon. — Magat (Mlle). — Muguet. — Raffin. — Sicre. — Sullice (J.-M.) — Simon.

Modes et lingerie.

Bourbon (Mme). — Comte (Mme). — Dubuis sœurs. — Perret-Ruby (Mme). — Vignon (Mlle).

Mousseline, articles de Tarare (Fab. de).

Augagnieur et Barriquand. — Avril-Perrin. Badier et Rozier. — Balmon-Ferrière. — Bernical-Badet. — Bedin (A.), fabr. à Amplepuis et à St-Just. — Bellon, Cazaban et Gallet, fabr. à Tarare et à St-Gall (Suisse). — Berchoux et Alcippe Estragnat. — Besson-Chenevat. — Binder-Varennes (G.), fabr. à St-Just (Loire). — Bœuf fils. — Boffard, Bovet et Cie. — Brossette et Chanel, unies. — Brun frères fils et Denoyel ; maison à Paris. Charles Givres. — Chatelard père et fils. — Chizalet père et fils. — Collangette et Chatard. — Coquard et Chatélus. — Coquet-Duclos, fab. à Neulize (Loire). — Coquet jeune, fabrication et commissionnaire en mousselines unies et tarlatanes, broderies et façonnés. — Cote-Rey. — Cotton-Cotton, nouveautés.

David et Trouillier. — Decloître-Auclair. — Demonceaux-Giroud. — Denave-Ronat frères; maison à Paris. — Devillaine-Madinier et Louis Bréguet. — Dubessy fils. — Dubois (Victor), Bertaux et Massard; maison à Paris et à St-Quentin. — Dubost frères. — Dubost-Dubost. — Dufour fils. — Dumas et Guillermet, broderies en tous genres, plumetis, spécialités de bandes mécaniques, système de fabrication breveté s. g. d. g. — Duvierre frères, fab. à St-Cyr-de-Valorge (Loire).

Emorine (J.) fils. — Estoul père et fils, fabrique de rideaux brodés et mousselines unies. — Estragnat fils aîné; maison à Paris. — Estragnat (Eugène).

Farjat frères. — Favel-Godde. — Faye. — Ferouelle fils, Saphore et Grillet; maison à Paris. — Ferrière (P.-M.). — Foras sœurs. — Forest cadet. — Forest jeune. — Forest-Treppoz et Janin. — Forest-Lamure. — Fougerat-Verriére.

Gellin et Victor Beschenstein, brodés, mousselines unies et façonnées, commission, exportation. — Giraud (Vve) fils. — Godde fils aîné, mousselines unies et tarlatanes. — Grisaud-Chambos (Vve). — Gros (Jenny). — Guyot (A.) fils aîné.

Hamelin (S.) et Ochs; maison à Paris. — Hartman, Jamais et Cie.

Janisson fils.

Lacotte sœurs. — Lacroix (Louis) et Berger. — Lepelletier fils. —Lièvre-Maurin.

Madignier et Matray. — Malleval (Adolphe) et Aubry. — Margand aîné, Mazerand et Cie. — Marguerite Lucy; maison à Paris. — Massard (E.), tissage mécanique à Amplepuis, tissus écrus, cotonne et fantaisie. — Matagrin ✽ (Etienne). — Matagrin-Brunel. — Meunier et Cie, fabrique de rideaux brodés, médaille Bordeaux, Porto, Toulouse, Paris 1867. — Michon (Vve). — Mignard fils et Girin; fab. à Machesal (Loire). — Mitton (Pierre). — Monnier et Guillard. — Mosselli-Chavany. — Mottin frères.

Pariel (Marie). — Pepin (Eug.). — Perronnet et Martin. — Perrin (Alexandre). — Perrot (P.-A.) fils.

Raffin (Vve C. M.) et fils. — Rauch (Théodore), spécialité de tarlatanes, fabrique à Sainte-Agathe (Loire). — Rey (Henri), fabrique de mousselines et rideaux brodés. — Ribes (A.), broderies. — Roure-Dubost. — Ruffier-Leutner ✽.

Salmon-Roure et Nottret. — Société industrielle des tisseurs de Tarare. Directeur : Madinier. — Sonnery (Georges), successeur de Jules Fion, commissionnaire pour tous les articles de Tarare, Panissières et Thizy. — Sonnery cousins. — Staps et Goutard, commissionnaires. — Taunich et Verrière. — Thevenard (Vve). — Thivel-Michon, fab. de tarlatane.

Valentin jeune. — Varinay (Hte) ✻. — Vitout (L.).

Négociants-commissionnaires en coton filés.

Ferrière, Noilly et Riboulet, cotons filés en gros et banque. — Massard et Garcin. — Rochet-Ferrière Schweiss. — Thoral et Gignoux.

Peignes d'aciers (Fab. de)

Berjon (Jean-Marie), fabrique de peignes à tisser en tous genres, Grande-Rue, 67. — Moyne fils. — Sonnery-Lacroix.

Peluches de soie et velours (Fab. de).

Brisson (E. D. et G.), maisons à Lyon et à Paris. — Martin (J. B.) ✻ et (P.) ✻, manufact. considérable de peluches pour la chapellerie et velours noir et couleurs, teinturerie de soie et coton à Roanne (Loire); deux méd. d'honn. Paris 1867, maison à Paris, boulevard Saint-Denis, 16, et à Lyon, quai de Retz, 3.

Rouennerie en gros.

Chavanon-Gourdia.

Tailleurs et confectionneurs.

Bouillé (Georges). — Giroudon (Montmain). — Rabut (Sève).

Tapissiers.

Rollet, Thollin père et fils.

Teinturiers.

Delharpe fils aîné, teinturier apprêteur, déraillage mécanique, brevet d'invention, s. g. d. g., méd. d'arg. Paris 1867. — Dumas (J.). — Dessalles frères. — Mac-Culloch et Gourdiat. — Malleval-Thivel. — Ville et Semanovisk.

Thizy

Conseil des prud'hommes — Président : Pierrefeu (Et.).

Banquiers. — Perier-Roure (Louis), Suchel-Damas et fils.

Chapeliers. — Christophe-Planchet, Combe, Lacroix.

Commissionnaires en art. du Beaujolais. — Brunel, Champalle père et fils, Chalumet, Chazelle père et fils et Badolle, Couturier frères et Glatard, Fayot fils.

Cotons filés et doublures. — Foray et Cie, maison à Rouen, Lyon et Mulhouse; Fournier fils et Burdin, Girard-Vignon, Ovize fils et Tamin, Planchet (J.), Pierrefeu frères, Vérrière-Billerd.

Corsets sans couture, crinolines. — Trambouze (A.), Suchel-Damas et fils, maison à Paris.

Cotons filés de Normandie, d'Alsace, etc. — Ballaguy fils, Beluze, Burnichon (A.), Débaye, Foray et Cie, Marchand-Gonin, Périer-Roure, Varinay et Cie, Vermorel (A.).

Cotonnades (Fab. de), articles du Beaujolais. — Bonnetin, Champalle père et fils, Coquard, Chazelle père et fils et Badolle, Chervin-Jacqueton, Couturier frères et Glatard, Dessaut, Foray et Cie, manufacturiers, dépôt à Lyon, rue Grenette, 24, Grillet-Girerd, Mazille-Besacier, Millaud, Muguet fils, Perret, Perrin-Comby, Perrin-Valossières, Perrin-Mugnet, Pierrefeu frères, Poizat-Coquard, Robin (E.), Suchel et Verrières, Trambouze jeune.

Déchets de soie et coton. — Auquier frères, filateurs; Foray et Cie, filateurs à Cublize.

Déchets fils de coton, dits de montagne. — Brunel (A.), Blondel, Comby, Debade, Dupuis, Dobler, Rodolphe et Cie, Durand, Fouillet, Fournier fils, Girerd-Chalumet, Girin, Grillet cadet, Magnin et Sanlaville, Montibert (J.), Natton-Demonceau, Philippe-Marchand.

Droguerie. — Cherpin (J.).

Modes. — Mmes Chanal sœurs, Clément, Christophe, Dutel sœurs, Lafay.

Peignes (Fab. de). — Moyne (J.), peignes et lisses en tous genres.

Tailleurs. — Arnaud, Bernardini, Comby, Villers.

Teinture et apprêt. — Chevenard, Christophe-Giraud, Girerd-Chalumet, Mayennat (L.), Perrad, Thévenet et Herbin.

Toiles et mercerie. — Chollet (Vve), Denis (Mlle), Desfournel, Depay (B.), Dessalles (Mme), Dumoulin-Lafay Jouglerd, Perrin-Christophe, Renard.

Thurins

Chapeliers. — Bruyère, Guillon.

Modes. — Bessenay, Grataloup.

Rouennerie. — Rostan, Toy-Saunier.

Tailleurs. — Thoinet, Flachard.

Valsonne.

Tissus au plumetis (Fab. de). — Tannich de Tarare, Valentin.

Vaugneray.

Chapelier. — Dumortier.
Mercerie. — Grataloup (Mme), Prothière (Mme).

Venissieux.

Banquier. — Moulin (J.-M.).
Colle forte (Fab. de). — Chartoire, Neuville et Cie à Saint-Fons; Gidodot et Laprévote à Saint-Fons.
Filateur de soie. — Berlier au Moulin-à-Vent.
Filateur de laine. — Pascal.
Mercerie et toilerie. — Cagère, Sublet.
Modes. — Mmes Jay, Métra, Rolando.
Parapluies. — Nicoud.
Produits chimiques (Fab. de). — Guinon jeune et Picard à Saint-Fons, Perret et ses fils à Saint-Fons, Rendu et Clot à Saint-Fons.
Tailleurs. — Descotes, Fromentin, Lacombe.

Vernaison.

Tissage pour la soierie (Atelier de). — Vignaud.

Villefranche.

Tribunal de commerce. — Président : Bernaud (J.-B.). — Juges : Favre (Francisque), Savigny, Colombat. — Juges suppl. Durand (J.), Fayre (F.). — Greffier : Picard.
Arbitre de commerce. — Guichard, Guyot.
Banquiers. — Bourgeot et Poulet, Franville et Cie.
Blanchisserie, apprêt et teinture. — Desaigne, Grégoire et Guédon.
Chapeliers. — Fornier, Gros, Marxe, Merlin, Sanlaville, Venet, Verrier.
Coton filés (Nég. et filateurs). — Charmetton aîné, Clerc (Claudius), Couturier et Savigny, Giraud et Cie, Mulsant et Caillat.
Cordiers. — Demenget, Fontenaille, Lardet, Simard.
Couverture de coton (Fab.). — Deveaux aîné.
Mercerie. — Bertrand, Bresson, Chabert, Cinquin, Cessot, Chanrion, Dubost, Dupoisat, Laurent-Hortis, Legendre, Mlle Melet, Paccalet, Pain, Patet (Vve), Pelletier, Reybaud, Roussel, Sapin, Thorin.

Modes. — Mmes et Mlles Bichonnier, Campiche, Clément, Collier, Decrand, De Lachaud, Duchamp, Dupont, Henri (Vve), Perrin, Ruet, Fontaine, Micoud.

Nouveautés. — Chemarin, Janin fils, Damiron, Wald, Valther.

Ouate (fab. de). — Auray.

Parapluies. — Batisse, Chaillot, Chemarin, Damiron, Janin.

Tailleurs et confection. — Bécle, Bruchet, Chapoton, Debiesse, Fayard, Henry, Coch, Noirot, Perrachon, Quillon, Revin, Rivet-Damiron, Thomas.

Tapissiers. — Crétin, Huller, Laloge, Morel, Roche.

Teinturiers en coton. — Bernard (J.), Berthier-Constantin, Berthier frères, Berthier-Descroix, Dessaigne (G.), Guédon, Lerat, Lorain cousins et Mandy.

Toilerie et articles de blanc.— Baizet-Gutty, Cortay. Dupuy (Mme), Janique, Mazoyer, Monsieux (E.), Revel frères et Cie, Robert neveu et Besson.

Toiles de coton pour doublures (Commerce de).— Aubert et Chagny, négociants, Balloffet et Cie, Biollay et Dutang, Boisson et Cie, Colombat frères, Couprie (E.), Depagneux et Cie, Desplaces et A. Léal, Ducharne père, fils et Bordet, Durand frères et Royer, Dupont, Duroy et Dussuc, Forgeot (Louis) et Lebrun, Guillot frères, Jasseau (F.), Faussemagne, Journet (P.) et Cie, Laposse et Grillet, Louvrier, Mazoyer, Mathieu et Croizet, Millet-Morel fils et Germain, Moncel, Pagat et Cie, Morel, Collonge et Jacquet frères, Niogret et Cie, maison à Lyon, Repos (Tony) et Montet, Proton frères, Payàn frères, Revel frères et Cie, Robert neveu et Besson, Roques, Ravier et Cotarel, Suchet frères, Tête (L.) et V. Devige.

Tissus-coton pour pantalons, robes (Fab.). — Chévenas et Cie, Delvaux, Fray, Guillemet neveu, Payant, Trambouze aîne, Vially Décole et Cie (Association des ouvriers tisseurs pour tissus laine et coton).

Villeurbanne.

Amidon, (Fab.).— Descours (Jules) à Monplaisir.

Chapeaux de paille (Manufacture de). — Drevet (L.) à la cité Napoléon.

Chapeaux de paille (marchand). — Bouvier.

Chapeliers. — Farinolle, Marin.

Coton (Marchands de). — Duparquet (A.), mèches tressées pour bougies, coton filés en tous genres, mèches coupées pour chandelles et cotons blanchis pour cierges, rue St-Antoine, 23 (Cité Napoléon).

Filateur de soie. — Quantin.

Fournitures pour chapellerie. — Pitiot fils et Bugey (Chemin de Baraban, maison à Lyon.

Impressions sur châles. — Jurien fils et Domenjon) maison à Lyon.

Mécaniciens pour la fabrique. — Rey pour tulistes aux Charpennes ; Buffaud frères, Ch. de Bararban.

Mercerie. — Berthier, Bouchon, Boulu, Burel, Girier.

Modes. — Borel, Prost-Remilleux, Thorin.

Mouliniers) — Boffard, comptoir à Lyon ; Bonnamour aîné, fab. de passementerie et lacets, comptoir à Lyon; Couraton, aux Charpennes, Fagot à la Villette.

Parapluies (Fab. de). — Poncet fils jeuné et Cie, maison à Lyon.

Produits chimiques (Fab. de). — Buis, Crozier et Cornu à la Cité ; Chevalier, à la Cité Napoléon ; Gros (C.), ch. du Sacré-Cœur ; Manin jeune et Cie, à Lyon ; Monier père et fils et Cie, comptoir à Lyon; Mulaton (C.) et Cie, comptoir à Lyon, Rambaud (Étienne) et Cie, au Grand-Camp ; Rambaud frères et Gauthier (les héritiers de D. Rambaud), aux Charpennes ; D.-J. Sopp, chimiste ; Ribollet et Cie, rue Sainte-Anne, quartier Baraban ; Rubsamen et Remp, comptoir à Lyon.

Savons (Fab. de). — Collin-S. et Aubert, aux Charpennes, rue Neuve, 19, fabrique de savons pour blanchissage et teinture ; Montalant (Charles) et Cie; Rambaud frères et Gauthier.

Tailleurs. — Bertrand, Chazit, Schuller, Vallin.

Tapissier. — Gaget.

Vourles

Soies à coudre (Fab.). — Jaricot (veuve) et fils, maison à Lyon.

CHANGEMENTS

Survenus pendant l'impression, notamment dans le commerce de la Soierie de Lyon, du 1er janvier 1869.

Arbey (P.), commissionnaire en soierie, place des Terreaux, 1, *au lieu de* Arbey et Maillet.

Boyriven frères et Cie, fabricants de soierie, place Croix-Paquet, 5.

Coint-Bavarot aîné et Cie, fabricants de peignes à tisser, médaille d'argent, le Havre 1868, rue Coustou, 5, *au lieu de* Coint aîné et Cie.

Despit (L.), marchand de soies, rue Désirée, 4, *au lieu de* Chapuis et Granjon.

Domergue (A.), commissionnaire marchand de soies, rue Pizay, 5.

Jallade frères, fabricants de tulles, rue Impériale, 1, *au lieu de* Gaillard.

Jarrosson (M.), et Cie, fabricants de tulles, rue de l'Impératrice, 1, *au lieu de* Vignon et Jarrosson.

Maillet (C.), commissionnaire en soieries, rue des Capucins, 19, *au lieu de* Arbey et Maillet.

Marion, fabricant de soieries, rue de l'Arbre-Sec, 18, *au lieu de* rue Puits-Gaillot.

Moyet et Pradelle, fabricants de soieries, rue Puits-Gaillot, 33, *au lieu de* Moyet et Chaboud, rue des Capucins.

Perrin et Viallelton, marchands de soies, rue de l'Arbre-Sec, 9.

Poncot (C.) fils et Cie, unis et nouveautés, rue Royale, 21.

Rendu (L.) et Moïse, fabrique de grenadines et gazes, châles et crêpes de Chine, rue Royale, 33.

Rosset (A.), fabricant de soieries, rue du Griffon, 9, *au lieu de* Rosset et Rendu.

Saunier et Dunoyer, mercerie en gros, rue Centrale, 23, *au lieu de* Benoît et Lacroix.

Sichel (Ad.) et Cie, commissionnaires en soieries, quai Saint-Clair, 17; maisons à Paris, passage Saulnier, 9, Londres et New-York.

Troubat cousins, fabricants de velours unis, rue Lafont, 16.

Chambre syndicale de la Fabrique lyonnaise.

Administration. — Président, Pariset; vice-président, Algoud; secrétaire, Sevene; trésorier, Schulz ✳; secrétaire-archiviste, Mas (René); Membres : Arlin, de Boissieu, Brosset-Heckel, Brunet-Lecomte ✳, Desmarquest, Falsan (J.), Lamy (A.), Landru (E.), Montessuy ✳, Pin (A.), Ravier, Servier, Thevenet, Trapadoux.

RENSEIGNEMENTS

parvenus après l'impression pour les fabriques de soieries,
lesquels annulent
ceux imprimés précédemment à Charlieu (Loire).

Soieries (Fabrique de).

Argoud (G.), contre-maître.
Auboyer et Braut, contres-maîtres.
Barras, contre-maître.
Baty (A.), contre-maître.
Bannet, contre-maître.
Bréband (Salomon) et Cie, maison à Lyon, représ. par Descotes.
Brosselard, contre-maître.
Bruny, Fillon et Blanc, maison à Lyon, représentée par Benoît.
Chanay, maison à Lyon, représentée par Colombier.
Change, contre-maître.
Chervié (J.), contre-maître.
Chizelle (Paul), contre-maître.
Chizelle père, contre-maître.
Cottin et Piot, maison à Lyon, représentée par Riboulet.
Cucherat (H.), contre-maître.
Deguersé, contre-maître.
Dessertine (B.), contre-maître.
Détroyat et Josserand, maison à Lyon représentée par Nigeat.
Dinet (J.), contre-maître à Jarnosse.
Finat (Louis), contre-maître.
Framinet père et Cie, maison à Lyon représentée par Piraud.
Giraud (Alexandre), maison à Lyon représentée par Desgrange.
Giraud et Richard, maison à Lyon, représentée par Moncorgé.
Gonon, Valorge et Cie, maison à Lyon, représ. par Valorge.
Janvier (C.-M.), contre-maître.
Jaubert, Lions, Audras et Cie, maison à Lyon, représentée
    par Raymond.
Lempereur et Despiney, m. à Lyon, représentée par Amour.
Larue, contre-maître.
Lessieux (Léon), contre-maître.
Macors et Capony, maison à Lyon, Massoyer, contre-maître.
Moncorgé (Arthur), contre-maître.
Rave aîné, maison à Lyon, représentée par Longin.
Regnier et fils, maison à Lyon, représentée par Mathieu.
Renard, contre-maître. — Ressort, contre-maître. — Robe-
    lin, contre-maire. — Serolle, contre-maître, — Solleillant,
    contre-maître.
Tachet, contre-maître. — Thibaut et Monnet, maison à Lyon,
    représentée par Beynat.— Thomas, contre-maître. — Ximé-
    nès, contre-maître.

ANNONCES DIVERSES

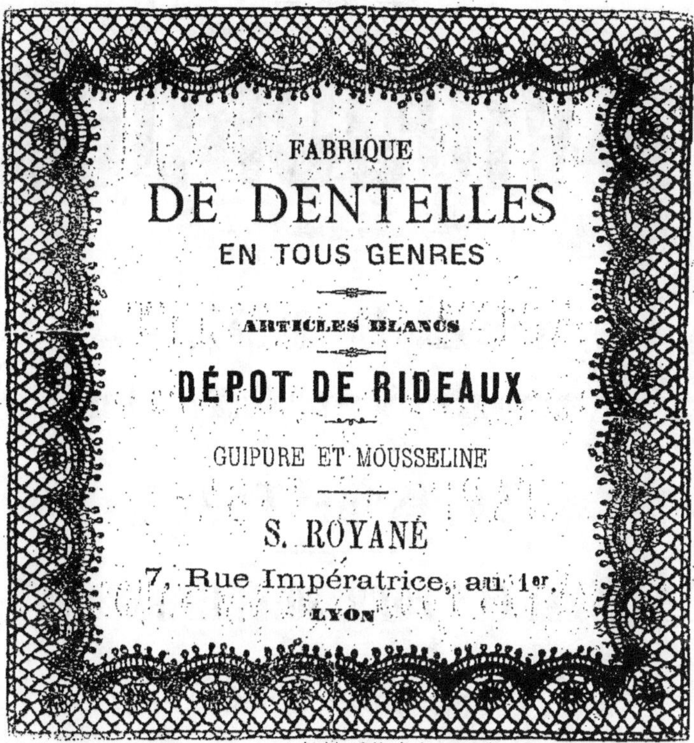

FOURGON-POSTE BORDET et BOSSON Lyon.— Rue Pizay, 8.— Lyon. Messageries générales pour tous pays, agence générale des messageries Mainot, fourgon-poste entre Lyon, Rive-de-Gier, Saint-Chamond et Saint-Etienne.

LIBRAIRE RICHARME (Auguste), Librairie ancienne, livres anciens dans tous les genres, publication de catalogues. — Quai de l'Hôpital, 49.

BELLE
JARDINIÈRE

 DE

PARIS

SUCCURSALE

A LYON | Rue Saint-Pierre, 25.
Rue du Platre, 2.

Près les Terreaux.

La succursale de LYON reçoit tous les jours de l'établissement central de PARIS les assortiments les plus complets et les plus variés en

HABILLEMENTS

de toutes formes pour hommes et enfants

CHEMISES, CRAVATES, FLANELLES, BLOUSES, ETC.

PRIX FIXE INVARIABLE

PHOTOGRAPHIE

VICTOIRE

Rue Saint-Pierre, 22, au 1er.

LYON

INDICATEUR

DES

DÉPARTEMENTS

De l'Ain, de l'Isère, de la Loire, du Rhône et de Saône-et-Loire

CONTENANT

LES ADRESSES DU COMMERCE DES TISSUS EN GÉNÉRAL

ET DES INDUSTRIES QUI S'Y RATTACHENT

Classées par ordre alphabétique de départements de villes et de professions.

DÉPARTEMENT DE L'AIN

BOURG, chef-lieu du département.

Banquiers. — Legrand (L.), Petetin (J.-A.).
Bonneterie en gros. — Chambard frères, Milliat.
Chapeliers. — Froment, Gachot, Guesnon, Perret, Picard.
Mercerie en gros. — Chambard frères, Milliat, Orjollet et Paquet.
Mercerie et bonneterie en détail. — Bachelet, Chossat-Rozier, Courtois, Laurent, Paquet Josserand, Pauly, Perrin, Poucheux, Rozier, Schmitt, Valet-Tourette
Modes. — Mmes et Mlles Amard, Chapalbert, Darley, Favier, Favre, Fuynel, Girondot, Geoffray, Lacroix, Luzy, Macon, Manissier, Morel, Rousset, Taillardan.
Nouveauté, draperie, toile et rouennerie. — Gillet Baconnier et Bernier, maison de gros; Brun-Luirard, Brund-Gaillard, Brun-Tatton, Cherel, Daude-Bonnet, Duport-Brun, Garnier (Vve), Girodet, Léautier, Petetin (J.-A.), Pochon, Portier, Thomé neveu.
Parapluies (mds de). — Benet, Favier neveu, Teil, Vallet.
Sparterie (fab. de). — Chossat-Boisson.
Tailleurs (mds). — Badoux, Bordesol, Brunard, Guignardat, Perrenin, Quillon, Vacher, Veyret.
Tapissiers. — Clerc, Vve Ducret, Ecochard-Paurin, Kopp, Mme Luizet.

Ambérieu.

Chapeliers. — Delay, Desmarres.
Couvertures (fab. de). — Revol et Ville (Maison à Lyon).
Mercerie. — Gaillard, Varnier.
Modes. — Mmes Beuret, Poupon.
Parapluies. — Cau, à Saint-Denis.
Tailleur. — Perrin.
Soieries (fab. de). — Brebant et Salomon, maison à Lyon.

Arbent.

Tourneurs pour la fabr. de soierie et de passementerie. — Bellod (B.), Chanal frères, Collet (Elie), Collet (F.), Collettaz (Em.), Fleury (Gilbert), à Marchon ; Humbert (J.), Humbert (F.), Lacour (P.), Marmillon, à Marchon.

Argis.

Soie et laine (filat. de). — Warnery et Morlot, maison à Lyon, quai Saint-Clair, 14.

Belley.

Chapeliers. — Bouvet aîné, Bouvet cadet, Décrose (Vve).
Chiffons en gros. — Longin, Pallas, Paquier.
Draps nouveautés. — Cochet, Dulliand, Giraud, Guillet aîné, Guillet cadet, Monnet, Tranchand, Vincent.
Mercerie. — Mmes et Mlles Bernard (Vve), Bernachot, Herler, Janin-Duplâtre, Mouillard, Perrier.
Modes. — Mmes et Mlles Sivan, Sognoz, Vial.
Parapluies. — Delerce, Grillet.
Tailleurs. — Clapot, Gallet, Herler, Vincent.

Bellignat.

Soieries unies et nouv. (fab. de). — Framinet frères (A.), maison à Lyon ; Pansut, représentant.

Ceyzerieux.

Soie (filat. de). — Bonnet et Cie (les petits-fils de C.-J., de Lyon).

Châtillon-les-Dombes.

Chapeliers. — Bienvenu, Poncet.
Mercerie et rouennerie. — Mlle Bourdon, Humbert, Gouttenoire, Lissandre, Pertuiset, Pétilier.
Modes. — Mlles Bonnetain, Crochard, Dionot, Metot.
Tailleurs. — Colomb, Cordier.

Coligny.

Draps (mds de). — Chochod, Gaillot, Guignarda à Salavre, veuve Tournier à Salavre.
Mercerie et rouennerie. — Journet, Prost, Vuillermoz.
Modes. — Journet, Prompt.
Parapluies. — Dévolué.

Collonges.

Chapelier. — Odet.
Mercerie. — Darmet, Fertoret, Grandsire, Gueynioud, Vuillermed.

Modes. — Mme Crozet.
Tailleurs. — Brun, Brunet, Marchand.

Culoz.

Drapiers. — Bresse, Brunet, Ruchier, Vallod.
Modes. — Mme Veton.
Tailleurs. — Boisset, Richard, Thiabaud.

Dortan.

Chapelier. — Premier.
Draperie. — Fracque. Thiébaud.
Tourneurs pour la fabrique. — Darmet, Favre fils, Guillon, Meynier (A.), Perrot, Secrétant.
Soieries (fab. de). — Gauthier (G.), représentant la maison C. Ponson, de Lyon.

Gex.

Chapelier. — Sibut-Bourde.
Draps. — Dore, Jacob, Mandrillon, Richard, Vautier (Mme).
Laine en gros (md de). — Harent ✳, propriétaire de troupeaux de mérinos.
Modes. — Mmes Brunier, Grosrey.

Groissiat.

Soieries (fab. de). — Picquet (A.), représentant la maison C. Ponson fils, de Lyon.

Izernore.

Soieries (fab. de). — Berthuin jeune, contre-maître.

Jujurieux.

Draps (md). — Bertrand.
Parapluie. — Bonod.
Soieries unies (fab. de). — Les Petits-Fils de C.-J. Bonnet et Cie, de Lyon.

Lagnieu.

Banquier. — Goyet.
Chapeliers. — Forest, Sourd, Taconnet.
Mercerie. — Mercier, Orcel.
Modes. — Thozet (Mlle), Vincent.
Tailleurs. — Bichu, Clerc.

Lhuis.

Chapelier. — Billoud.
Draps. — Truffet.

Martignat.

Soieries (fab. de). — contre-maîtres, Buridon, Patez, Wuillermoz, représentant de la maison Mauvernay et Cie, de Lyon.

Meximieux.

Chiffons en gros. — Décotte.
Drapiers. — Page, Lager, Ravet.

Miribel.

Chapelier. — Edouard.
Mercerie. — Colomb, Favrot, Mulsan, Roberjon.
Modes. — Mmes Durand, Juffet, Lauras, Meynand.
Parapluies. — Mulsan, Roberjon.
Rouennerie. — Ego.
Tailleurs. — Edouard, Perroux, Villard.
Teinturier en soierie et impression sur étoffes. — Grobon (Henri), dépôt rue Royale, à Lyon.

Montluel.

Chapelier. — Fauché.
Couvertures et tapis (fab. de). — Veuve Accary et fils, maison à Lyon.
Draps (manufact. de). — Aynard et fils, maison à Lyon.
Impressions de châles en laine (fab. d'). — Hammert.
Mercerie. — Fournier, Lager (Mlle), Quéting.
Tailleur. — Edouard.

Montmerle.

Chanvre. — Cusset.
Chapeliers. — Burthier, Décrose, Guillard.

Nantua.

Chapeliers. — Boulanger aîné, Boulanger cadet, Jacquet, Martin, Rigolet.
Coton (mds). — Laurent, Maissiat.
Drap (fab. de). — Million (André) et Cie.
Laine (filat. de). — Million (André) et Cie, fab. de draperie nouveautés.
Mercerie en gros. — Pierraz (F.).
Modes. — Mlles Bernard, Compas, Mmes Durafour, Lamotte, Musy.
Soieries (fab. de). — Allumbert à Montréal, représentant la maison Bardon et Ritton, de Lyon ; Rachelu et Ribollet, maison à Lyon ; Clavel, contre-maître à Lacluse ; Curtet, représentant la maison Mauvernay et Cie, de Lyon ; Damoy et Du-

bief, représentant la maison Fay et Thevenin, de Lyon ; Damus, contre-maître à Nantua ; Landru, à Lacluse, contre-maître à façon en unies et nouveautés, pour la maison Menet jeune, de Lyon ; Martinet à Lacluse, représentant la maison C.-M. Teillard et Cie de Lyon ; Perrin, contre-maître à Montréal, représentant la maison Poncet, Lenoir et Cie, de Lyon.

Tourneur pour la fabrique. — Pachoux-Caillat.

Tissus en bourre de soie (fab. de). — Grillet (C.).

Oyonnax.

Chapelier. — Piquet.

Draps et nouveautés. — Mlle Collet, Goiffon.

Modes. — Mme Clerc, Collet sœurs, Piquet sœurs.

Tourneurs pour la fabrique. — Andreveton, à Veysiat ; Convers, Charpillon à Vecle.

Poncin.

Chapelier. — Dauvergne.

Soieries (fab. de). — Bréban Salomon et Cie, de Lyon.

Pont-d'Ain.

Chapeliers. — Gardel fils, Leomaligou.

Draps et nouveautés. — Coullon-Pillot, Rebours cadet.

Modes. — Mme André, Mlles Bourgeois, Coulon, Mme Rebours, Mlle Rochard.

Pont-de-Vaux.

Chanvre en gros. — Baudet, Baigner.

Chapelier. — Brun.

Draperie et nouveautés. — Benoît frères, Dumaine, Faure aîné, Mme Guillerminet, Guillot-Fontaine, Martinet.

Modes. — Mme Daujat, Mlle Janin.

Parapluies. — Rochebaux, Roche père, Roche fils.

Toile et Sparterie (fab. de). — Bayle, Chaimond, Chatelet-Bonnaud, Lorbet (C.).

Tailleurs. — Dumaine, Morel, Doucit.

Saint-Benoît.

Filateur-moulinier. — Fournel.

Saint-Jean-le-Vieux.

Tourneur pour la fabrique. — Quinson.

Saint-Rambert.

Filature de laine et soie. — Franc père, fils et Marthelin, maison à Lyon.

Moulinage. — Krutly et Brésac.
Produits chimiques pour teinture. — Frédière.
Soieries (fab. de).—De Boissieu et Cochaud à Conand, maison à Lyon.

Serrières-de-Briord.

Impressions su étoffes. — Revillod (F.) et fils.

Tenay.

Soie et laine (filat. de). — Banse et Quinson; Warnery et Morlot, maison à Lyon.

Thoissey.

Chapeaux (fab. de). — Brunel, Lacroix.
Draps (mds de). — Farfouillon fils, Laurent, Ollagnier, Oviste, Pourchet.
Mercerie. — Derayaud, Fauverge, Perrin.
Modes. — Carrel sœurs, Mme Durand.
Parapluies. — Poncet.
Vers à soie. — Chapuis, Ollagnier.
Toiles. — Farfouillon, Hyver.

Trévoux.

Bleu d'outre-mer (fab. de). — Bidauld père et fils à Genay.
Chapeliers. — Balloz, Beroud, Chatelain, Dionnet.
Chiffons en gros.— Chassagne, Sauvageon.
Draps (mds de). — Collet, Euplat, Las, Soubisan.
Moulinier. — Merle.
Mercerie et nouveautés. — Cottin, Defretière, Dufour, Genton, Hombry, Neyrod, Poncet.
Parapluies. — Delaigne, Dupont.
Tirage et battage d'or et d'argent. — Buchet, Charbonnet, Millau, (E.-A.), usine à vapeur.
Outilleurs pour tireurs d'or. — Plagne, Renard.
Toiles (mds de). — Bouchard, Marcellin, Riche.

Vaux.

Soies à coudre (fab. de). — Monet et Bazin, maison à Lyon.

DÉPARTEMENT DE L'ISÈRE.

GRENOBLE, chef-lieu du département.

Chambre de commerce.

Charrière ❋, président ; Penet, vice-président ; Vendre ❋, secrét.-trésorier ; Denantes, Rouillon, Duhamel ❋, Kleber ❋, Breton (P.) ❋, Buisson.

Conseil général des manufactures.

Breton, membre délégué.

Tribunal de commerce.

Jouvin (B.), président ; Nicolet (C.), Bigourdat (V.), Penet (Louis), Allier (E.), juges ; Rouillon (F.), Carrière (G.), Rey (E.), Clozel (J.) juges suppléants ; Silvy (Gabriel, greffier.

Arbitres de commmerce et syndics de faillites.

Dantart, Giroud (Victor), Lombard père, Lombard fils, Michon, Platel (Emile), Riondet (Emile), Dantart fils.

Conseil des prud'hommes.

Francoz, président ; Michoud (E.), vice-président ; Commandeur, secrétaire.

Commerce, Industrie.

Agent consulaire d'Italie : Pilot.

Banque de France (succursale).— Dorlhiac, directeur ; Barnier, caissier.

Caisse d'escompte de Grenoble, capital social, 2,000,000 de francs.—B. Jouvin et Cie, rue Barnave, 1.

Union du crédit de Grenoble, créé en 1866. — Société de crédit mutuel à capital variable, sous la raison sociale Brajon et Cie, rue Barnave, 11.

Banquiers. — Bigourdat (Victor et Aug.). Charpenay (B.) et Cie; Gaillard père, fils et Cie, maison à Paris, rue Provence, 65, sous la raison Émile Gaillard ✳; Michal père, fils et Cie, Réveillon (veuve) et Cie.

Albumine (fab. d'). — Aude, Goujon (J.).

Bas (fab. de). — Dondey L.), Fanton (E.), Garnier.

Bonneterie (fab. de). — Cottavoz (Alphonse)

Boutons et fermoirs pour gants.— Raymond, Allègre et Gutin, Train et Cie.

Cabas (fabr. de). — Brajon fils, Gonard père.

Chapeaux de paille (fabr. de).—Bec (veuve) et fils, Berthoin (veuve), Boujard, Brajon fils, manufacture de chapeaux de paille et de cabas en paille et palmier, articles de Florence et d'Allemagne, rue Barnave, 11; Gonard père, fabricant de chapeaux de paille et cabas, fantaisie et nouveautés, Italie et Brésiliens, quai Xavier Jouvin, 48; Leborgne (F.) et Cie.

Chapeaux de paille (mds de). — Durand, Mlle Julliard, Louvat et Mathieu.

Chapellerie (fabrique de). — Fouque (Ed.), fabr. en tous genres avec conformateurs, castor souple, rat gondin, rat musqué, vigogne, fournitures pour la chapellerie, fantaisie d'enfants et casquettes, Grand'-Rue, 2.

Chanvre (mds).— Bergery, Blaive, Favol, Meunier, Raffin, Rajon, Gros, Combe.

Chapellerie (fourn. de). — Sismonde.

Chapeliers.—Allard, Baboulin, Barbassat, Barnoud, Barbeyer, Boillon, Boujard, Carus, Ceillac, Dianoux, Dalband, Davin, équipement militaire; Drevet, Fanjat, Fouque, Fournier, Martin, Passoud, Sigaud et Cie, Tournon, Turc (V.)

Chemiserie et sarraux (fab.). — Barbiez et Archer, Col et Cie, Bossan (E.), spécialité de chemises sur mesure, de soirées et mariages, rue Barnave, 9, ancienne rue Pérollerie; Cottavoz et Clot.

Chiffons en gros. — Carre et Turet, Gimel, Martinet.

Commissionnaires en ganterie. — Duchemin et Donat, Cordingley (T.), Créton et Cie, maison à Lyon; Dent Allcroft et Cie, représenté par Godridge; Delisle, Moat (Francis) et Astier, Naudin (J.), Neville (F.) et Primat fils, Ott, Asser et Cie, représentés par Henri Gonnet; Leaf Sons et Cie, Ruty. The Fore Street Warehouse Company; Limited, représentée par Eugène Terray, place de la Valette, 6; Vidil (E.).

Confections pour dames. — Charbonnier, Pailler et Poullat.

Corsets (fab. de). — Mlle Bonin, Radisse.

Dentelles, tulles et articles de blanc. — Falcoz et Cie, Girin et Cie, Gravier frères, et rubans en gros; Peronnard-Perrot, Perron et Richard.

Draperie. — Barret (Alexis), Bigourdat (Victor et Auguste), Brellie et Berey, Eymin Bernard et Cie, Jouguet-Duhamel et Recoura, Lancelon (Tony), Mège et Bouchet, Rey père et fils, Richard (F.).

Drogueries et produits chimiques. — Dechenaux et Bouvier, Durand et Giraud, veuve Girard, Palais et Thevenet, Varnet frères.

Fils de chanvre et de lin. — Couthon (V.).

Fleurs artificielles (fab.). — Eynard (A.), Mlle Guerby, Hugot, Milliat.

Fleurs artificielles (marchands de). — Gay, Jarrin, Marcadanti.

Gantiers (fabricants).

Achard (Régis).	Charbonnel.
Aude (Joseph).	Charlon.
Auvergne.	Charpenat frères.
Avenier.	Chevalet (Etienne).
Avril (Félix).	Chevalet (Joseph).
Baffert.	Chevalier.
Balbot et Colin.	Chevillard (Aug.).
Barbassat (Et.).	Chion frères.
Barbier (J.).	Combe.
Bard.	Couturier (Am.).
Bérard.	Croix.
Bergeri (J.).	Cugny.
Bernard (Eugène).	Dalban.
Berthier jeune.	Dalicoud (Eug.).
Bertier frères.	Douron.
Berthoin (Ernest.	Drevet.
Beylle (Eug.).	Drevon (Adolphe).
Boutonnet.	Duchemin.
Boyer (Marc).	Dumoulin.
Boyer (Henri).	Esprit (Gustave).
Boyer (Nestor).	Esprit (Jules).
Bozonnat.	Faure. Eug.).
Brochier père et fils.	Filoz.
Brotel (P.).	Francoz (E.).
Brun (Hyp) et Cie.	Francoz (Alph.).
Buissard.	Gaillard (F.-E.), fab.
Burdin.	Gaillard.
Brun (Joseph).	Gamard.
Calvat (François et Cie.	Génard.
Calvat (Ernest et H. Navizet.	Gérard.
Caman (Eug.).	Guerin (P.).
Cayère.	Guerre.
Chapeland et Tournier.	Guers.

Guignié Paul.
Guignié Pierre.
Guillermain.
Héraut (Alexandre).
Héraud (Lucien).
Hospice-Allemand (veuve).
Jallifier et Clément.
Jacquier.
Jouvin (veuve Xavier) et Cie.
   maison à Paris.
Jouvin-Doyon et Cie, mai-
   son à Paris.
Jouvin sœurs.
Maillet.
Martin (Jules).
Mathieu (Adolphe).
Mathieu (Joseph).
Mathieu (Auguste).
Matton (J.).
Menéroud (Ant.).
Mérand.
Monjot père et fils.
Moriquand.
Mure (Ant.).
Nicollet.
Ollivier frères.
Paradis (Fréd.).
Perrin frères.
Perrin (Hipp.).
Pinet (A.) aîné.

Pivot.
Policand et Caman.
Quinson (A.).
Ravat (J.).
Reboul et Cie.
Rey (Elie).
Reynaud (J.-B.).
Reynier (S.).
Rivoire.
Rochat (Henri).
Rouillon (F.) et Cie.
Rousset (P.).
Samuel (Eug.).
Second (B.-M.).
Sibille (Joseph.
Sorel.
Souton (Hugues).
Talin (François).
Terray (Victor).
Tivolle (Joseph).
Torrent père.
Torrent fils.
Valin.
Vallet (François).
Vallier.
Verchère.
Vial (Martin).
Ville.
Vizios.

Gants (mds de). — Chaboud, Gaday (Félix), Jouvin sœurs, Laud (Eugénie), Rambeaud, Rolland, Tournon.

Ganterie (fourn. pour la). — Raymond, Allègre et Gutin, Train et Cie, fabricants d'agrafes et fermoirs brevetés, articles pour ganterie, rue du Quai, 4; Werneth.

Laines filées. — Bérard, Brissaud, Giraud (J.), Mlle Paris.

Lingerie et nouveautés. — Mlle Blanc-Gonet, Bossan (E.), Mlle Caillat, Couthon (V.), Mlle Dufour, Genon, Gilibert, Mmes Martin et Cie, Michallet, Mlle Nublat, Mmes Perrin, Pujat, Ravix, Revol, Roy, Vachet sœurs.

Graines de vers à soie. — Nicollet.

Machines à coudre. — Strock (J.).

Mercerie, bonneterie et chaussure en gros. — Berger (Aug.), Couthon (Victor), Jalifier, Massarel et Cie, Massarel fils, Pélat (J.), Pocat (L.), Rolland et Paradis.

Mercerie et Bonneterie en détail. — Allègre , Alléron , Auvergne sœurs, Bec (A.), Blanchet, Mlle Buissard, Finet (H.), Bérard, Blanc, Gadet (F.), Gilibert et Cie, Giraud, Goitre fils, Gros (L.), Jacquin, Joubert, Merand, Merle , Mioux-Deschenaux, Mathon, Mlle Parisot, Picard.

Modes. — Mmes Bouquet, Bouyard, Colavy, Esprit, Faure, Mlle Genevay, Guetat, Mmes Henri, Millet, Penin, Mmes Reverdy, Riquetty, Richier, Mlle Rossi, Mme Riébaud, Roullet sœurs.

Nouveautés (mds). — Bouchard, Charbonnier, Pailler et Poulat Gruyer (Adre), Martin (E.) et J. Viossat, Morel, Milton et Canaple, Richard père et fils, Roudon jeune, Thevenet (G.), Turc (Eug.).

Ornements d'église. — Jarrin (Mlles), Legorju-Gerbelot , Marsallat frère et sœurs.

Parapluies. — Vve Brugerole, Condamy, Jaime , Marlon, Pujat, Vignes, Vintalon.

Peaux pour ganterie (négociants et commissionnaires). — Artru, Berthoin, Bonnet-Aymard, Charmant fils, Charréard (Auguste), Clozel (Jules, Naudin (J.), Valette, Vidil (E.).

Passementerie. — Davin, en dorure ; Goitre (J.), mercerie et fournitures pour tailleurs, franges et galons, enjolivures et nouveautés, rue Lafayette, 4.

Rouennerie, draperie, etc. — Bouchard, Charbonnier, Ferchat Barrault et Laforêt, Pailler et Poulat, Col et Cie, Eymin Bernard et Cie, Jouguet Duhamel, et Recoura, Lancelon (Tony), Morel, Miton et Canaple, Murgier et Bellety, Perrin et Ricoud, Pollin aîné, Pollin cadet, Rey père et fils, Richard père et fils Richard, Viallet et Pontet, Roudon jeune, Thevenet (G.).

Rubans et soieries. — Falcoz et Cie, Gravier frères, Peronnard-Perrot, Perron et Richard, gros ; Richard-Bard Gomette et Charpenay.

Soies à coudre et à broder. — Baud (Sophie), Gillet; (A.) Jouvin sœurs, dépositaires ; Capitan (C.), dépositaire, Werneth.

Tailleurs-confectionneurs.— Bellon, Blanc fils aîné, Dreyfus, à la Belle-Jardinière, spécialé d'étoffes imperméables, place Grenette, 11 (voir aux annonces); Chalon, Fugier, Gaillard, Garry et Cie, au Rère de famille ; Pinal (A.), aux Trois Mousquetaires ; Ploussu. Riondel, Rochas, Simon, aux 100,000 paletots, Villard.

Tailleurs. — Société coopérative des Tailleurs de Grenoble, Amodru, Arribert, Barral, Bellier, Bérard, Blanchon, Chaboux, Chaboux cadet, Chalve, Combe père et fils, Constant, Cottin, Donnet, Dreyfus, Foucherand, Fayolle, Gabare, Genon, Gey, Jourdan, Marion, Millier, Perroud, Pinal, Rival, Revol, Romanet.

Tapissiers. — Barbassat (L.), Bonnard, Borderias, Cambray, Guillot, Maillet et Beaumont, Monin, Perrier, Perret, Simiand, Veuge.

Teinturiers en peau ou coloristes. — Bajoud, à Saissiney; Bayoud père et fils, Cassard, Combe et Cie, Desante, Durgeat, Guimet.

Toilerie. — Barbiez et Archer, Bouléry, Charbonnier, Paillet et Poulat, Chatin jeune et Cie, en gros; Chatin frères, maison fondée en 1790, rue des Clercs, 8 et 10, fabricants de toiles en tous genres, coton, blanches et écrues, toiles de Grenoble dites de Voiron, linge de table et mouchoirs, mousselines pour rideaux et tous articles de literie; Col, B et Cie, Vve Mounier-Bertrand, Micoud et Picard, Poulet-Jalifier, Rondet, Tallard, Frette, Payre et Cie, Tirloir et Baffert.

Bureaux d'Agence générale d'affaires.

L'*Indicateur Dauphinois* dirigé par MM. Rostaing et Cie, rue du Lycée, 17 (voir, pour plus de détail, aux annonces, à la fin du département de l'Isère).

M. Mermet, rue Derrière-Saint-André, 13, se charge de la distribution de tous genres d'imprimés et accompagne les étrangers pour visiter la localité.

Abrets (Les).

Manufacture de tissage pour la soierie. — Fortoul père et fils, Giraud, Jamet.

Anjou.

Soie (filat.). — Dupuis, Allemand.

Aoste.

Tissage de soie. — Jourdan, Michaud.

Auberive-en-Royans.

Moulinier en soie. — Combier.

Barraux.

Produits chimiques. — Rivière.
Soie (filat.). — Bernard, Chovin et Vaché.

Beaufort.

Chiffons en gros — Maudier.

Beaurepaire.

Chapeliers. — Barral, Jannin.
Draperie et nouveautés. — Bourgary, Frier, Médalin, Thomasson.
Gants (fabr. de). — Girard, Sauzet.
Graines de vers à soie. — Échinard.
Mercerie en gros. — Barbe, Mlle Raynaud, détail.
Modes. — Mme Mayousse.
Soie (moulinier). — Barral, Suffot.

Bevenais.

Soieries (tissage et moulinage). — Couturier frères.

Bourgoin.

Calicots (tissage de). — Perregaux fils (L.).
Chanvre. — Bonnaire, Morel, Richard fils.
Chiffons en gros. — Cagnol.
Coton (filat. de). — Debar (S.) ✳, à la Grive, Roux à Jalieux.
Draperie et nouveautés. — Badin, Bouvard, Durant, Fabre, Morestin.
Impressions sur chaîne. — Henri Brunet-Lecomte, Troester et Cie.
Mercerie. — Claret, Clerc frères, Pérrichon fils.
Modes. — Mme Perruchon, Poyard.
Soie (moulinage et filat. de). — Auger (Victor) et Cie, à Bounieu; Garnier, filature à Rufieu.
Tailleurs. — Durand, Fabre, Lalacher, Navizet (Paul), Rivoire.
Toiles. — Bidaud, Desportes, Dufour.

Champier.

Soieries (fab. de). — Guillot, contre-maître, Garnier, contre-maître.

Chatte.

Moulinage des soies (fab. pour le). — Allyre-Boubon, Cuchet, Giraudet (Charles), Mazade et Marion.

Château-Villain.

Tissage et moulinage de soieries. — Giraud et Cie, maison à Lyon.

Charvieux.

Foulards (fab. de). — Jandin et Duval, maison à Lyon.

Châtonnay.

Tissage de soie à la mécanique. — Vve Allegret, Bachelud et Ribollet de Lyon, Garnier.

Chimilin.

Tissage en soie. — Andréan, Monnet et Guichon.

Combe-de-Lancey.

Teillage mécanique du chanvre. — Vittkin (Georges).

Corbelin.

Filature et tissage de soie. — Michel frères, de Lyon ; Rabatel et Vachon, de Lyon ; Jourdan, contre-maître, Adam et Cie, de Lyon.

Corps.

Velours (fab de).— Gontard.

Côte-Saint-André (La).

Chapeaux de paille. — Bastien.
Chapelier. — Marmonnier.
Draps. — Vve Autreaux, Duval, Giraudin, Forel, Jardinet, Michel, Prudhomme fils, Robert et Cie.
Mercerie.—Armanet dit Henri, Bélier (Julie), Bléty-Romain, Bourde, Esprit, Girard, Guichard, Liatard, Vve Martin, Mourret, Paulin, Quatucote père, Quatucote fils.
Modes.— Mmes et Mlles Gallet, Garel, Lapra, Savignon.
Tailleurs.— Chaffard et Luçon.

Coublevie.

Soieries (fab. de).— Brun.
Tréfilerie d'or et d'argent. — Guinet (Jean) et Cie, usine hydraulique.

Crémieu.

Chapeliers. — Gaget, Villemagne.
Draps. — Bertrand , Bertrand-Falque , Bulliat , Sambet , Vernas-Bérard.
Modes. — Cornelier, Maistre, Merle.
Parapluies. — Dumas.
Tailleurs. — Bugeret, Fevret, Meilhet, Stéphan, Subit.
Toiles (fab. de). — Lareille.

Crolles.

Soie organsin (filat.). — Mme Thévenet.

Dolomieu.

Tissus de soie (fab.). —Jourdan.

Domène.

Soie (moulinage et filature dc). — Dumollard , maison à Lyon, rue de l'Arbre-Sec, 20.

Entraygues.

Draps (fab.). — Hustache (Auguste).

Eparres (Les).

Cart. de Lyon (fab.). — Pascal frères, siége de la maison à Lyon, quai Saint-Clair, 11; dépôt à Paris, cour des Miracles, 8 et 9.

Filature, moulinage et tissage de soieries mécaniques. — Giraud (Alex.). Loriol ; Vve Riboud, moulinage.

Estrablin.

Papiers (fab.). — Bonnefoux, à Gemens, Cartallier (J.) et Cie, papiers pour pliage et éducation des vers à soie.

Folatière (La).

Moulinage de soie. — Bellemin.

Fures.

Chanvre (comm. de). — Curtat (Joseph) fils, chanvres peignés et écrus.
Draperies et nouveautés. — Bouzon.
Effilochage de laine.— Barbier neveu, Bernard, Chamarier, Vitet et Meyer, Giroud, Solandt et Schenin.
Rubans de soie (fab.). — Barlet (E.) et Cie, magasins à Saint-Etienne (Loire).
Soie (moulinier en). — Crepet.
Soieries à façon en foulards. — Baratin aîné.

Gières-d'Uriages.

Chanvre (commerce de). — Bois (Philippe), Flamant (Pierre), Godard (L.), Godard (Pierre), Maillet (Auguste), Maillet (F.) et Godard.

Grand-Lemps (LE).

Chapeaux de paille (fab. de). — Maurain-Frandaz.
Chapeliers. — Crénon, Durand.
Chiffons en gros. — Vial.
Draps, et nouveautés. — Cistac, Dyen, Miograt, Lorel, Proby, Vial.
Modes. — Mmes et Mlles Gaillard, Meimet, Haradis, Roussillou, Terry.
Tailleurs. — Charvet, Moiroud.

Izeaux.

Chiffons en gros. — Gillin jeune.
Draperie. — Brup (A.), Genon père, Michel.
Soieries, velours et taffetas par métiers à bras. — Gillin, Grollier, Guiller, contre-maîtres.

Jallieu.

Carton (fab.). — Voisin frères et Cie, manufacture de carton fin pour apprêts de draps et de soieries, emballages et cartonnages fins, maison à Lyon, cours Bourbon, 27.
Imprimerie sur étoffes de soie. — Brunet-Lecomte (Henri), Troester (B.) et Cie.
Tissage mécanique de coton. — Perregaux (L.-E.).

La Bâtie-Mont-Gascon.

Soieries (fabr. de). — Boirivant aîné, maison à Lyon.

Lagrive.

Filature et tissage de coton. — Debar (Samuel) (les héritiers de).

Mens.

Draperie et rouennerie. — Brellier, Carron, Francon, Gauthier, Saint-Raymond.
Laine. — Bard, Bé-Bard, Baup, Chagnard, Sennebier.

Meyzieu.

Chapellerie (fab. de). — Berthet, Jouffreaux.
Mercerie. — Chollet, Chottier, Guivier.
Modes. — Mlles Guillet, Taruel.
Parapluies. — Bosinoz.

Moirans.

Chapeaux de paille (fab. de). — Giroud et Cie.
Draps et nouveautés. — David , Moral , Mlle Martelon, Poncet.
Effilochage de laine. — Lacombe (Ch.).
Modes. — Mlle Barrioz, Frappaz.
Papier pour soieries (fab.). Barjon.
Soieries (fab. de). — Berthaud, foulards à façon ; Bouvard, foulards à façon ; Genin, crêpes et foulards.
Tailleurs. — Faugel, Poncet, Tournu.

Montallieu.

Soieries (fab. de). — Adam et Cie, de Lyon.

Morestel.

Chapelier. — Varille (J.-B.).
Gants. — Mlle Patricot.
Soieries (fab. de). — Jourdan, Rivet, contre-maîtres.

Mure (LA).

Filatures et cordes à laine. — Viallet.
Toiles (fab. de). — Bethoux, Perret fils.

Nivolas.

Tissage de soie. — Brochay.

Péage-de-Roussillon.

Chapeliers. — Baron, Fabre, Guigne.
Draperie et nouveautés.—Vve Jullien, Vacher, Verrier-Bonnier.
Modes. — Perrin, Mlle Gay.
Soie (fab. d'étoffes de). — Hekel.

Pont-de-Beauvoisin (LE).

Chanvre. — Gaudet, Trafit.
Chapelier. — Garin.
Drapiers.— Dussèrre, Landre, Pontet, Rajon , Vve Reybet.
Fils de chanvre (comm. de). — Buquin aîné.
Modes. — Degat, Mme Reynier.
Tailleurs. — Guillet, Pichat.
Tissage de soie. — Clavel, Dalian, Jamet.

Pont-de-Cheruï.

Chapeliers. — Besson, Morel.
Chiffons. — Fonlupt.
Mécanicien en tous genres. — Chemin (J.-B.).
Mercerie et nouveautés. — Crozat, Fournier, Jeffroy.
Paillettes. — Gramond , Louis Thumereau , dépôt chez M. Amy, rue de la Martinière, 8, à Lyon.
Soieries (fab. de). — Jandin et Duval, maison à Lyon.
Tailleurs. — Lavigne, Pocand.
Tréfilerie or et argent (fab.). — Boucher, Duchavany et Cie, maison à Lyon, quai de Retz.

Pont-en-Royans.

Draps pour troupes (fab. en gros). — Chassandre, Guinard (P.), Mathieu (Placide), Odier (L.), Odier (J.), Rochas frères.
Laine (filat. de). — Odier (Louis), Sibilat.

Réaumont.

Couvertures (fab.). — Boirivant (G.) et Bruyas, couvertures façonnées, maison à Lyon, rue Bât-d'Argent, 3.

Renage.

Draps et nouveautés. — Robert, Souget, Tournier.
Crêpes et foulards (fab.). — Montessuy (A.) et A. Chomer, maison à Lyon.
Etoffes de soie riches (fab). — Girodon (A.), maison à Lyon, quai de Retz, 3; Vulpillat, maison à Lyon, rue Mulet, 12.
Modes. — Combe, Curtal, Rabilloud.

Rives.

Chapeliers. — Billon, Therillon.
Draperie et nouveautés. — Blachot, Colomb, Michalet.
Mercerie. — Douillet, Repiton, Trouilloud.
Modes. — Mmes et Mlles Bolliand, Moisau, Quiquandon.
Tailleurs. — Blanc, Moulin, Renaud.

Roches (LES).

Soies grèges. — Marchand aîné.

Roussillon.

Chapellerie (fab. de). Bonnard et Forcheron.
Soie (moulinage de). — Rimond.

Saint-Alban-du-Rhône.

Foulons à draps. — Ardin et Serve.

Saint-Antoine.

Moulinage et tissage de soie. — Borel , Trouilland (Jules), Vignal (J.).

Saint-Barthélemy.

Moulinier (filat.). — Suffet.

Saint-Blaise-de-Buis.

Soieries (fab. de). — Gories et Bourdis, foulards à façon.

Sainte-Blandine.

Soie (moulinier). — Savoyat et Cie.

Saint-Bueil.

Cordonnets en soie (fab. de). — Veyre cadet.

Saint-Chef.

Filatures. — Jeunhomme (F.), Julien (Joseph).
Magnaneries modèles. — Rojon (J,-A.). Tabardel (Claude).
Moulinage. — Viallon (V.).

Saint-Etienne-de-Saint-Geoirs.

Chapelier. — Paria (J.).
Chanvre. — Charamel (L.).
Chiffons en gros. — Galloy (H.).

Saint-Geoire.

Cordonnets en soie (fab.). — Vve Veyre aîné.
Soie (tissage hydraulique de la). — Ladichère (Michal).

Saint-Geoirs.

Soies (moulinage de). — Hector-Joly.

Saint-Georges-l'Espéranche.

Chapeliers. — Bournet aîné. Bournet (F.), Durand, Vachon.
Chapeaux de paille et cabas (fab. de). — Latreille, Vve Velin.
Chaussons (fab. de). — Brousselaud, Nicolas.

Mercerie. — Bournet, Chabroud, Durand, Vachon, Vireton.
Tailleurs. — Fournier, Sauzet.

Saint-Jean-de-Bournay.

Chapeliers. — Nety (A.), Nety (J.)
Draperies et nouveautés.— Vve Badin, Bonvallet, Mlle Brunet, Buisson, Mlles Buisson, Chemin (J.-B.), Chemin frères et sœurs, Prat, Romanet, Vincent.
Rubans de soie (fab.). — Malescourt (L.), magasin à Saint-Etienne (Loire).
Soieries (fab.). — Desgrand, Dufêtre, Malescourt, Seigle-Neyret.
Teinturier. — Mollard.

Saint-Jean-de-Moirans.

Tréfilerie de cuivre doré et argenté. — Guinet.

Saint-Jean-en-Royans.

Filature de soie. — Jame et Perret de Lyon.

Saint-Just-de-Claix.

Moulinier en soie. — Valentin frères.

Saint-Laurent-du-Pont.

Draperie et nouveautés.— Besseat, Claret, Guillet, Lacombe, Maréat, Tiraed sœurs.

Saint-Marcelin.

Chapeliers. — Boissieux, Charvin, Cotte, Fayolle, Rodet.
Chiffons en gros. — Batisse frères, Lambert, Periollat.
Draperie, rouennerie.—Arnold, Barbé, Berruyer-Tanchon, Charavil, Duc, Vve Durozier, Mauger, Ménéraux, Pélerin (G.).
Mercerie. — Bonnet, Charvet, Ferrieux, Rosset.
Modes. — Mmes et Mlles Bernard, Bossant, Bouvat, Multier, Odelet, Sanctus, Vallier.
Parapluies. — Loubet, Thomasset.
Toiles. — Charavil, Pélerin, Pillion, Rebut.
Tailleurs. — Achard, Ageron. Borel, Venier.

Saint-Nazaire.

Filature de soies. — Jame (H.), et Perret de Lyon.

Saint-Nicolas-de-Macherein

Tissage mécanique de soie. — De Chanay.

Saint-Quentin.

Effilochage de laines. — Yvrier fils, maison de gros, expéditions.

Saint-Romans-en-Royans.

Soie (fil.). — Hector.

Saint-Siméon-de-Bressieux.

Soie (moulinage de). — Durand.

Saint-Symphorien-d'Ozon

Chapeliers. — Dalgos, Didier, Perret, Pegot.
Couvertures (fab. de). — Coste (J.).
Filature de laine. — Gentet-Richarme.
Impressions sur étoffes. — Meyer.
Mercerie. — Loubet, Nain, Rivoiron.
Modes. — Mmes Almas et Guiénas.
Mouliniers en soie. — Bouiller et Cie, Chazallet.
Parapluies. — Jeantet.
Tailleurs. — Blanc, Loubet.

Saint-Victor-de-Cessieu

Effilochage de laine. — Savoyard (André).
Soie. — (filat. de). — Savoyard (J.-Claude.

Salaise.

Laines. — Bonnardel.
Soie (filat. de). — Richard.

Sassenage.

Draps (fab. de). — Mottin.
Filature de soie. — Anthoard.
Soierie (fab. d'étoffes de). — Simon.

Séchilienne.

Tresses de chanvre (fab. mécanique de). — Piconne.

Serezin-du-Rhône.

Couvertures de laine (fab.). — Giroud, maison à Lyon.

Moulinier en soie. — Fulchiron.

Sone (LA).

Soie (filat. et moulinage de). — Bourguignon, Dufêtre père et fils, à Lyon.
Soierie (fab. de). — Mauvernay et Cie de Lyon.

Ternay.

Filature de cocons ou soie grége. — Fayol.

Tour-du-Pin (LA).

Chapeliers. — Cayon, Didon, Durand.
Draperies et nouveautés). — Bouquet, Boudillon, Raclet, Modelon, Perrichon (veuve) et fils, Perrin (G.), Perrin (V.)
Modes. — Mmes et Mlles Bouquet (veuve), Derneaux, Thevenet, Thevenon, Thevenon (Blaise).
Passementerie. — André, Bogey et Cie, maison à Lyon, Arnaud et Pitiot et Cie, à Lyon.
Soieries (fab.). — Anselme, de Boissieu et Cochaud, Chapuis, Devigne, Vuitel.

Touyet (LE).

Soie (filat.). — Buissard (E.).

Tronche (LA).

Albumine (fab.). — Goujon.
Peigneur de chanvre. — Girard.
Soies gréges et ouvrées (fab.). — Buisson (Charles).

Tullins.

Chanvre. — Curtat, Guély (Jos.), Jourdan, Martin et Maillet, Martinet.
Chapeliers. — Boissieux, Germain, Rivière.
Chiffons en gros. — Michon, Molliet.
Couvertures d'étoupesdites de bourrat fab.).— Berger, Chemin, Drevet, Vichard frères.
Draps et nouveautés. — Barbier neveu, Berger, Mlle Chalvin, Chavanne, Davin, Drevon, Manecy, Rabagliati,
Effilochage de laine. — Billon (J.).

Vaulnaveys.

Tissage de soie. — Lambert.

Veyrin.

Soie (fab.). — Michoud.

VIENNE.

Chambre de Commerce. — Harel, président ; Delaigue, vice-président ; Viguier, secrétaire ; Camichel, Jouffray, Trémeau, Perrégaud, Thomas, Galland, membres.

Tribunal de Commerce. — Delaigue (C.), président ; Galland (C.), Chollier (A.), Harel, Reymond, Thevenin, juges ; Baron, Bouvier, Honorat (L.), Ruel, juges suppléants ; Jouffray (M.), greffier.

Conseil des Prud'hommes. — Ledure, président ; Rousset, secrétaire.

Agence de la compagnie d'assurances la *Centrale*, Gailhard, quai du Rhône, 11.

Apprêteurs de draps.—Armanet fils aîné, Begot (J.), Bon (L.), Capatet (Vve), Dervieux aîné, Faure (B.), Gabriel cadet, Lerme et Laurent, Ogier (C.), Pailhoux jeune, Perret (A.), Perret cadet, Puzin et Cie.

Banquiers. — Chollier (A.) et Cie, David (C.), Gleyzolle frères et Cie, Vanel (Gaspard) et Cie.

Cardes à laine et à coton. — Breyton, Chamourin (L.) et Vialleton.

Cardeurs de laine (à façon). — Bonjean, Boyron, Burdy frères, Charreton-Sibut, Delaigue, Gerin et Français, Monnet aîné, Monnet jeune, Novat et Reboul, Tournier frères.

Chapeaux de paille (mds de). — Clavel, Dufêtre, Frison, Janin, Rozier.

Chapeliers. — Allemand, Bedini, Berger, Duthil, Guillemaud (Vve), Lacour, Muet.

Chaussons (fab. de). — Faure, Jacquier.

Chiffons en gros. — Boudier-Bazin, Gonon fils aîné, Pansu, spécialité de laines pour effilochages, commission, réprésentation, quai du Rhône, 17.

Coton (fil. de). — Lassonnery père, Lassonnery fils.

Cordiers. — Montagnon, Rivière.

Corsets (fab. de). — Chaffard, Descours.

Coton filés (en tous genres). — Guerrier (Vve) aîné et ses fils, cotons en laine et déchets ; Madras (E.), maison de commission.

Décatisseurs. — Broduries, David, Giraud, Grosset, Lapierre, Mallet, Paillou (Henri) père et fils, Pouzet (Valentin).

Déchets de laine. — Chamarier Vitet et Meyer, Larrivé fils, Cuzin (N.), Deryaux (A.), Gabert (P.), Gerin fils, Giroud (Henri) et Cie, Gonon fils aîné, Madras (E.), représentant, rubans pour cardes de laines, coton, soie et lin ; Malacourt et Pétrequin, Maréchal fils, Fataud et Cie, Rivoire frères, Rivoire (J.-P.), Silvestre (P.), Vincent (Michel).

Draps à filtrer les produits chimiques. — Dervieux (J.) et Cie, Lambert et Cie, Morel (G.) et Frenay, Trumeau (A.).

Draps croisés, cuir-laines, nouveautés (fab. de). — Alex aîné et Bonneton, Alex cadet, Allagniat (J.-P.), Armanet et Rodet, Avignon.

Béraud et Chautemps, Berlingat, Blanc fils aîné et Cie, Bon (E.). — Vaganay frères, Bonhomme (J.), Bonnier (F.), Bonnier jeune, Bouchard fils, Bouvier (C.-Léon), Bouvier frères, Bouvier et Pailloux, Bouvier (J.), Bouvier-Cléchet, draperies et nouveautés, vente à la commission et à forfait, rue de la Roche, 9 ; Brocard et Cie, Bozon, Buissonnet et Alix, manufacture de draps nouveautés, pantalons, gilets et vêtements complets ; Burle jeune.

Carroz, Champinot fils aîné, Charreton frère et neveu, Charreton-Chaize, Charruit (P.), Chevrot.

Defrance fils et Foleynard, Dervieux (J.) et Cie, Dervieux (J.), Dijoux, Divat, Dubaud, Dumas et Cie, Dumoulin-Durieux.

Echinard (Vve) et ses fils, Eymin.

Galland, Gerin et Chaumienne, Ginet et Vivien, Glasson et Journaud, Gouet neveu et fils, Grange, Grenier.

Honnorat (Frédéric), Honnorat frères, Houilléux et Cie.

Itier Blanc et Cie.

Johanet, Joly, Journet, Journaud-Lerme et Vaganey, fabrique de draps unis et façonnés ; Journaud-Robin et Bossu, Julien (Adolphe).

Lafont et Gay, pantalons et gilets ; Lambert (A.) et Cie, draps de toutes sortes employés par les imprimeurs sur étoffes, les fabricants de produits chimiques et fabricants de bougies, rue de la Gère, 16 ; Lascour et Cie, Leblanc père et fils, Linossier.

Maniguet, Martin (Godefroy), Martin (F.) et Chaumartin, Mathieu (L.), Michel et Albert, Morel (G.) et Frenay, drapiers pour impressions sur étoffes et filtrer les produits chimiques ; Morin jeune.

Pascal-Valluit et Chavassieux jeune, impressions sur étoffes et draperies ; Pégéron cadet, nouveauté ; Perrot, Pertus et Jullien (A.), Piaton et Petiton, Poncet, Ponchon (Joanès), Poulaillon et Munier, Prat et Genevet, Privat.

Revelin aîné, Rey jeune, Reymond Barbarin et Cie, Rivoire (Marcel), Ruelle Bosc et Cie, Société de Beauregard ; gérants : Rousset aîné et Cie.

Thiolier et Burle, Exposition de 1844 médaille de bronze, 1849 médaille argent et bronze, 1867 mention honorable ; Tournier et Sombardier.

Vaudaine et Bajard, draps imprimés ; Vernay frères, Vincent frères et Frécon, Vincent (Michel), articles laînette ; Vitoz (Michel) et Roussillon (J.), Vuldy.

Draps (négts-commission.). — Barbier et Etienne Cuniot, (ancienne maison Charles Bon), Berger et Villeneuve, Bouvier-

Cléchet, Cuzin, Dambuyant (Ch.), Garon (Francisque), Journaud aîné et Cie, Lacour et Cie, Oppé et Cie. Thibaud.

Draps imprimés. — Pascal-Valluit et Chavassieux jeune, Bonnier jeune, Vaudaine et Bajard.

Flanelle de santé (fab.). — Lambert (A.) et Cie, Trumeau, (Arthur).

Fleurs artificielles. — Finand, Rousset.

Foulons de draps. — Cognat, Dijou, Guichard, Lambert et Cie, Ponchon, Rigaud et Champinot.

Ganterie de laine (fab.). — Ponthon (J.), Grand'Rue, 83.

Laines en suint. — Rivoire frères.

Laines en gros. — Cuzin (N.), Deryaux (Ant.), Gonon fils aîné, Larrivé fils, Malacourt et Pétrequin, Maréchal fils, Fataud et Cie, Guerrin aîné (Vve) et ses fils, Poyet (Jean), Rivoire frères.

Laines pour chapellerie.— Berger et Villeneuve, Gerin fils.

Laines filées, peignées et cardage. — Brenier aîné et fils jeune, fab. et filature à Moras (Drôme), magasins et bureaux à Vienne, Guichard aîné, Guichard cadet, Guirand (A.) et Cie, Trumeau (Arthur), filature de laine pour tricots, tissus et bonneterie, manufacture de matfils, laine et poils de chèvre pour stéarineries, fabrique de sacs à pulpe en poils de chèvre pour sucreries, brevetés (s. g. d. g.), médaille de 1re classe à l'Exposition de Toulouse (1865).

Laines (batteurs de). — Bergeret, Bossy, Champin, Chenebon, Désiré (Vve), Faure, Gaillard, Meiller.

Lisières de draps (commerce de).— Piot aîné, Cuzin (N.).

Mécaniciens. — Dupuy frères, Genin frères, Jouffray aîné et fils, machines à papier, calandres à pression hydraulique équilibrée pour l'apprêt des papiers et des étoffes, pompes, presses, machines à vapeur, moteurs hydrauliques et transmissions de mouvement; Jouffray (A. cadet fils, L'huilier-Jouffray, Tournier et Charrereton.

Mèches pour les mines (fab. de). — Hawk, Martin et Cie.

Mercerie en gros. — Fombonne (E.), Racle (A.).

Mercerie détail.— Dufeu, Gonin, Jamet, Racle (A.), Ragno, Mlle Renaud, Ronard, Ronzy, Seguin, Thevenet, Zabel.

Modes. — Mmes et Mlles Blaizat, Chapuis, Danton, Fraisse, Mitiffiot, Pardon, Puzin, Richou, Roche, Rollet, Valansot.

Navettes (fab. de). — Baumann (J.), Baumann (Louis), Baumann (Lucien), Tournier.

Ouates (fab.). — Lassonnerie père, Lassonnerie fils.

Parapluies. — Amat, Boudier (Vve), Joseph, Miard.

Représentants de fabrique. — Benoît, Chorier, Gabert (P.), Gonon fils aîné, Madras (E.), rubans pour cardes de laines, coton, soie et lin; Rérolle (Eug.), Ronjat, Seyty, Villard.

Rouennerie et nouveautés. — Vve Boissonnet, Boissard et Cie, Chatain, Cretinon, Christophe, Dupré, Durif, Mlle Garnier, Garnier-Ginzeux, Geny-Michel, Meunier (Vve), Michel (P.), Poichon, Puzin, Rondet (J.), Ronjat (J.), Mlle Tollet, Tournier.

Rubans et dentelles. — Badord.

Soie (filat. de). — Dupré et Boisard.

Tapissiers. — Banier, Charrier, Serpolier, Velay.

Tailleurs (mds).— Charrier, Couilloud fils, Decour, Dostal (veuve), Dumourier, Jubié, Laurent, Marbach, Miquel, Mouton, Pastre, Poncin, Pont, Roche, Saint-Bonnet, Velay.

Teinturiers.— Berthier, Benon et Baum, Carroz, Deschaux, Drevet, Pocaton, Richard et Vitoz, Silan.

Vif.

Moulin à soie et filature. — Berriat;

Vinay.

Chapeliers. — Vve Borel, Faure, Gillet.

Draps et nouveautés. — Arnold, Boissieu, Bourrin, Champavier, Favre, Guéry, Vitton.

Mercerie. — Boricheran (veuve), Buisson.

Modés. — Mmes et Mlles Borel, Caillat, Cotte, Gonnet, Guinard, Montagny.

Parapluies. — Pain, Vourey.

Soie (filat.). — Breynat, Paysan, Pinet.

Soie fabr. d'étoffes de). — Moiroux et Manuel, taffetas.

Tailleurs.— Boucheran, Miraga, Veyret.

Virieu.

Soierie. — Bouillon, Gaven frères.

Vizille.

Chanvre. — Robert.

Chapelier. — Ayminos.

Impressions sur foulards. — Berthat Gigarel et Cie.

Mercerie. — Chapuy, Faure, Finant, Poncet jeune.

Papeterie. — Peyron frères, spécialité pour le pliage de la soierie.

Soierie (fab. de). — Chapuy (E.), taffetas; Durand frères, foulards et crêpes, maison à Lyon; Guinet (A.), taffetas; Jaubert, Lions Audras et Cie, maison à Lyon.

Voiron.

Banque et recouvrements. — Humbert frères, Landru fils et Cie, Rambcaud frères, Repellin et Roget.

Blanchisseurs de toiles. — Barnier, Bourde, Villard, Castelbon et Alexis Vial, Jacquemet neveu et Cie, Guillaumin.

Chanvre et filasse. — André et Cie, Brochier, Hulmières, Micoud, Morel père et fils, Polosson frères.

Chapeaux de paille (fab. de). — Fugier, Guinat.

Chapeliers. — Barnoud, Barral et Cie, Philibert, Tête.

Chiffons en gros. — Fourneton (L.), Voluzan (Joseph).

Draperie, rouennerie et nouveautés. — Barlet (Vve), Crollard, Dalmais, Dalmais (Joseph), Deguet cadet, Fière (A.), Grabit, Jacquemet (L.), Jourdan et Cie, Sadoux.

Linge de table (fab. de). — Boniel, Borderias, Chollat (Ant.), Demay, Gayme, Jourdanet, Kalmbacher, Odry, Richer, Vachon.

Mécaniciens. — Bret frères, constructeurs-mécaniciens, constructions spéciales de machines pour le tissage, métiers à tisser toutes espèces d'etoffes en soie, lin et chanvre, coton et laine; machines à parer, à ourdir, à bobiner, à faire les cannettes, machines à élargir et apprêter toute espèce de tissus; roues hydrauliques, turbines, transmission de mouvement. Tournier (Joseph), pour soieries; Veyron.

Mercerie et bonneterie. — Barthelon, Georges, Giroud et Jasserand, Jacquin, Pelissier, Pillot.

Mode et lingerie. — Mmes et Mlles Charles, Charvet, Doucet, Humbert sœurs, Massot, Plantier sœurs, Robert, Vial.

Papier (fab. de). — Barjon (F.), spécialité pour l'encartage de la soierie.

Parapluies (mds de). — Ageron (veuve), Bertrand, Deguet, Moneau, Orcel.

Rubans et dentelles. — Mme Rochemure (Vve) et fils.

Soie (tissage de). — Bellon, Berrod, Berthet et Tivollier, satin; Bois (Eugène), foulards; Bret Douron, foulards; Brun et Cie, de Chanay, Favier, foulards et satin; Guinel (Joseph) satin; Lacombe, Mayre et Cie, Pochoy, satin; Poncet (Florentin), Thibaudier, taffetas à façon; Voluzan, satin et foulards à façon.

Tailleurs (confections). — Gabert, Pinal (A.) fils,

Tailleurs (mds). — Berger, Bonnard, Charles, Guilherme et Duplessis, Milliat, Poulet, Rousset.

Tapissiers. — Devaux, Jacquin.

Toiles par métiers mécaniques (fab.). — Jacquemet (Gustave) et Bunot, Jacquemet neveu et Cie.

Toiles tissées à la main (négoc. en). — Allegret, Lalland et Cie, André et Cie, Biroard père et fils, Blanc, Jacquemet père et fils, Bonnard (Jules) et Cie, Bourrion (Nicolas), Chattard (J.), Dalmais (R.), Denantes père et fils, Depard (A.), Deschaux et Griot, Géry et Cie, Hulmière, Jacquemet neveu et Cie, Landru et Ferrier père et fils, Perrier (C.) et Cie,

Pollosson frères, Rachel, Pierre et Aubert, Villard; Castelbon et Alexis Vial.
Tourneurs pour la fabrique. — Bayet, Chardeyron.

Voreppe.

Magnaneries. — Burdet, Mourral, Nicolas, Pal.
Filature de soie. — Sirand.

L'INDICATEUR DAUPHINOIS

17, rue du Lycée, 17.

AGENCE GÉNÉRALE D'AFFAIRES

Fondée en 1850, par SAINTOURS,

ROSTAING et MASSOT

SUCCESSEURS.

Office commercial, industriel, expertises et arbitrage
MESURATION DE PROPRIÉTÉS

SPÉCIALITÉ
pour
la Vente et la Location
des Propriétés
et Appartements,
Fonds de commerce,
Etablissements industriels,
Gestion de propriétés,
Prêts sur hypothèques.

BUREAU
de Placement
de Domestiques et Employés
des deux sexes,
Autorisé par décision
préfectorale
du 14 septembre 1867,
conformément au décret du
25 mars 1852, sur les
Bureaux de placement.

MAISON DE RENSEIGNEMENTS COMMERCIAUX

Contentieux, Recouvrements,
Liquidations et règlements de comptes devant les Tribunaux
de commerce et justice de paix,
Représentation dans les faillites, Réunion de créanciers.

Correspondances avec Paris, les principales villes de France et l'étranger.

MACHINES A COUDRE
Perfectionnées.

J^H STROCK

Constructeur mécanicien.

MAGASIN DE VENTE

à Grenoble, — rue Montorge, 7, — à Grenoble.

SPÉCIALITÉ DE MACHINES POUR FAMILLE

MACHINES DE TOUS LES SYSTÈMES
FRANÇAISES ET AMÉRICAINES
Fil, Soie, Aiguilles, Navettes et accessoires.

Seule véritable Machine américaine
ELIAS HOWE J^{NE}

Réparation de tous les systèmes de machines.

A LA BELLE JARDINIÈRE

Place Grenette, à Grenoble.

CONFECTIONS

POUR HOMMES ET JEUNES GENS

SPÉCIALITÉ POUR ENFANTS

MANUFACTURE DE VÊTEMENTS IMPERMÉABLES HYGIÉNIQUES

Brevetés (s. g. d. g.)

SOUTANES ET DOUILLETTES POUR ECCLÉSIASTIQUES

Robes de chambre et Coins de feu. — Draperie et haute Nouveauté pour vêtements sur mesure.

Cravates, Chemises et Gilets de flanelle, Tricots laine, Velours anglais et français.

DÉPARTEMENT DE LA LOIRE

SAINT-ÉTIENNE, chef-lieu du département.

Chambre de commerce.

Palluat de Besset, président.
Richard (E.) ✷, vice-président.
Duplay-Balay, trésorier.
Gerest (A.), secrétaire.

Membres.

Clozel (Etienne), Arbel, Lanoir, Larcher, Demans ✷. Thiollière, Girinon, Janicot, Gérentel (Cl.) ✷; Secrétaire-archiviste, Silvestre, à la Chambre.

Tribunal du commerce.

Duplay-Balay, président.

Juges.

Thivillier, Pélissier (A.), David (F.), Donneaud (A.), Prénat, Brossard, Calemard, Syméon.

Juges suppléants.

Gauthier (A.), Lacour (A.), Boitard (P.), Béthenod (L.), Clair (V.).
Greffier : Berthon. *Commis-greffiers :* Sauze, Carrot.

Arbitres de commerce.

Choqueney (Ch.), rue de la Loire, 18.
Jacolliot (J.-B.), rue de la Loire, 26.
Marganne (J.-B.), rue de la Loire, 31.
Tabard (A.), rue des Fossés, 6.

Conseil des prud'hommes.

Faure (Auguste) ❋, président.
Bougy (P.) ❋, vice-président.
Pagnon (J.), secrétaire.

Section des Rubans.

Peuvergne (Albert), fabricant de rubans.
Penel (E.), fabricant de lacets.
Denis (A.), fabricant de rubans.
Jacquemont (C.), fabricant de rubans.
Moustier (A.), fabricant de rubans.
Epitalon (J.-M.), fabricant de rubans.
Peraud (B.), maître passementier.
Craponne (A.), maître passementier.
Fabre (A.), maître passementier.
Forgeron (H.-J.), maître passementier.
Roussier (J.), maître passementier.
Chevillard (J.-B.), ouvrier passementier.

Section des Velours.

Arnaud (C.), fabricant de velours.
Verdelet (B.), fabricant de velours.
Chaise (J.-L.), ouvrier veloutier.

Condition des soies.

Berthollet, directeur à la Condition.

Consulats.

Italie : agent consulaire, Faure-Belon (C.), O ❋, rue de la
  Paix, 14.
Espagne : vice-consul, Faure (Auguste), ❋, rue Royale, 8.
Uraguay : vice-consul, Chapon, place Saint-Charles.
États-Unis : agent consulaire, Bechtel, rue de Foy, 10.

Commerce, Industrie.

Banque de France (succursale de la). Place Marengo, 6.

Rondel (A.) ❋, directeur.
Dard, caissier.

Banquiers.

Balay ❋ frères et Cie, rue des Jardins, 13.
Bréchignac (P.), rue de Foy, 3.

Girerd-Nicolas ✺ et Cie, Caisse commerciale de Saint-Etienne, rue de la Bourse, 32.
Raverot et Tranchard, rue de la Loire, 1.
Société Stéphanoise du Crédit au travail, Laforest aîné et Cie, directeur, rue des Arts, 7.

Ameublement (tissus).

Faure (E.), place Mi-Carême, 1.
Michel (S.), fabrique de tissus ameublement genre Gobelin, rue du Grand Gonnet, 28.

Apprêteurs, Moireurs Cylindreurs- d'étoffes.

Bonnand (P.), cylindreur, rue d'Alma.
Bessy (E.), moireur, rue Marengo, 3.
Berger et Frappa, cylindreurs, rue du Jeu-de-l'Arc, 12.
Chapuy (A.), cylindreur, rue du Treuil, 25.
Denis (J.-A.), cylindreur, rue du Treuil, 5.
Drutel (Cl.), gauffreur, rue Saint-Louis, 32.
Fontvieille et Poncet, cylindreurs, rue du Treuil, 14.
Mallet (A.-V.), cylindreur, rue Robert, 3.
Lassablière (J.-D.), lustreur, impasse Saint-Honoré.
Mallet (T.) fils, cylindreur, rue des Arts, 6.
Massardier (B.), lustreur, rue Saint-Charles, 26.
Merieux, rue de Paris, 5.
Meyer (P.), moireur, rue de la Banque, 5.
Morne et Morel, cylindreurs, rue Royale, 14.
Murgue et Ponson, cylindreurs, rue Mi-Carême, 2.
Perrin (J.-C.), cylindreur, rue Marengo, 12.
Plotton frères, cylindreurs, rue de la Croix, 23.
Porte (M.), cylindreur, place de l'Hôtel-de-Ville, 8.
Richard (Cl.), cylindreur, place Marengo, 10.
Rousson (J.-B.), apprêteur, blanchisseur de chapeaux de paille, place Royale, 3.
Sanglard (J.-B.), cylindreur, rue de la Croix, 12.
Sublé (J.), cylindreur, rue Traversière, 1.

Bas (fabricant de).

Couchoud, rue de Lodi, 5.

Blanc (articles de).

Balp (P.), rue du Grand-Moulin, 6.
Bernard (P.), rue du Grand-Moulin, 7.
Donnéaud, rue Neuve, 23.
Dutar (Cl.), rue de Foy, 1.

Goutelle-Chovet, place Royale, 25.
Mathieu (F.), place Royale, 3.
Merle (B.), rue de Foy, 12.
Raymond-Augier, rue de Foy, 8.
Seillon-Gillier, rue de la Bourse, 2.

Bonneterie (voyez aussi Mercerie).

Barnola (J.), rue du Treuil, 4.
Barnola (E.), rue de la Comédie, 3.
Couchoud (Cl.), rue de Lodi, 5.
Crevat, rue Saint-Denis, 7.
David-Babelet, place Royale, 6.
Laurent et Rouhier, *au roi d'Yvetot*, rue de Paris, 7.
Ouvry aîné, rue du Chambon.
Pain (Mme), place Royale, 5.
Peyronnet-Grellet, rue de Lyon, 2.
Prosper-Michel, rue de Foy, 19.

Bordures parisiennes.

Favier (A.), fabrique de bordures pour chaussures et confection, place Saint-Charles, 9.

Bourdaloux, galons, taffetas pour chapellerie (voyez aussi
Rubans de soie, fabricants de).

Astic, rue de la Croix, 9.
Barbier-Rambaud, rue de l'Ile, 10.
Barrière (Math.), fabrique de bourdaloues, velours et galons
pour chapellerie, vente sur banque, rue Traversière, 6.
Bayard aîné et fils, impasse Saint-Honoré.
Bertrand (E.), place de l'Hôtel-de-Ville, 7.
Brun (Camille), rue Marengo, 6.
Callet-Bachelard, rue de la Bourse, 40.
Couturier père et fils, place Mi-Carême, 3.
David (J.-B.), rue de la Bourse, 16.
Faure (Louis), rue de la Pareille, 18.
Gérard (E.), rue Brossard, 6.
Gonon-Arnaud, place Saint-Charles, 7.
Liabeuf, place du Marché, 6.
Martinet (J.-Seb.), place Saint-Charles, 9.
Odin (François), rue Balay, 14.
Palais, rue Saint-Jean, 19.
Taveau jeune, rue de la Bourse, 3.
Tivet, place de l'Hôtel-de-Ville, 9.

Bourre de soie (marchands de).

Boyer (J.), marchand de toutes sortes de déchets en bourre de
soie, rue Royale, 31.
Foujol, rue de la Bourse, 1.
Tardy et Drevet, déchets de solde de fabrique en tous genres,
sous le patronage de la Commission de garantie, place de
l'Hôtel-de-Ville, 3.
Varinier, rue Sainte-Catherine, 9.

Brevets d'invention.

Delorme (E.), rue Saint-Louis, 14.

Caoutchouc (fabricants de tissus en).

Barbier, place Saint-Louis, 25.
Bertrand, place de l'Hôtel-de-Ville, 7.
Chapoton-Feynas, 2 brevets d'invention, rue des Gauds, 36.
Chillet et Cie, commission, exportation, rue Jacquard, 32;
dépôt à Paris.
Coadon, place de la Comédie, 5.
Cuilleron-Policard, noirs et couleurs, au Petit-Treuil.
Durand et Martin, rue de la Bourse, 32.
Favier (Auguste), place Saint-Charles, 9.
Feynas-Dousson, rue Saint-Charles, 32; maison à Paris.
Gaucher (J.), représent. pour les fils-gommes, pl. Marengo, 5.
Jacquet Policard, rue Annonay, 7.
Joucerand Massardier, rue de la Paix, 1.
Marcelin frères, expédition, exportation, rue de Montaud, 2.
Proriol-Doron, à Valbenoite.
Verdelet et Cie, place de l'Hôtel-de-Ville, 9.

Cartons (fabricants de).

Dessagne, rue du Regard.
Norbert-Véron, rue Royale, 40; maison à Lyon.
Thollet, à la Etivallière.

Cartonniers pour la fabrique.

Barrelon (J.), rue Mi-Carême, 2.
Chaize (J.-Cl.), rue Saint-Antoine, 32.
Charretier (Vve), rue de la Bourse, 10.
Chorel, rue de la Paix, 6.
Coupard (J.), rue de la Bourse, 30.
Coutarel (E.), rue Gérentet, 8.

Decoulange (F.), rue du Treuil, 24.
Dumas, place de l'Hôtel-de-Ville, 5.
Dumas (J.-G.), rue du Treuil, 9.
Dumas (Vve), rue de la Bourse, 15.
Fine (Mme), rue du Treuil, 14.
Forissier (Mlle), place de la Croix, 4.
Granger (J.), rue de la Croix, 9.
Jourjon (J.), rue de Paris, 7.
Journond (Mme), rue Neyron, 41.
Legat (A.), rue de la Bourse, 18.
Masclet (Cl.), rue des Jardins, 3.
Matrat (Vve), rue Royale, 13.
Merley (F.), rue Gérentet, 6.
Mottet (Mme), rue de la Bourse, 2.
Paret (A.), rue de Foy, 3.
Parret (Cl.), rue de la Bourse, 22.
Pauze (P.), rue du Treuil, 22.
Peyrol (F.), rue de la Bourse, 3.
Ravier (J.-B.), cartonnages en tous genres ; spécialité de car-
    tons riches et cartes d'échantillons pour l'exportation; car-
    tons ordinaires, fins, surfins et glacés ; boîtes de bureaux,
    de magasins et de voyages, place de l'Hôtel-de-Ville, 10.
Sarrazin (Vve), place Marengo, 17.
Simon (Mme), place du Marché, 6.
Souchon (B.), rue Royale, 1.
Verney (P.), rue des Jardins, 4.

Casquettes (fabricants de).

Baroni (J.-B.), fabricant de casquettes ; spécialité de képys de
    lycées, colléges, gardes, octrois, sapeurs-pompiers et cas-
    quettes chemins de fer, place Royale, 20.
Deutel (L.), rue de Paris, 15.

Chapeaux de paille (fabricants de).

Achten et Cie, rue de Foy, 10.
Jacob (Vve), rue de Foy, 1.
Raffaëli (C.), rue de Lyon, 5.
Reverchon, rue Royale, 36.
Rousson (J.-B.), apprêteur et blanchisseur, place Royale, 3.

Chapeliers.

Avocat (A.), rue de Paris, 3.
Baroni, spécialité de képis, place Royale, 20.
Boyer (Vve), rue la Comédie, 4.

Chanut (L.), rue Neuve, 26.
Coron (P.), rue Roannelle, 4.
Coron (F.), grande rue Saint-Jacques, 11.
Dantel (L.), rue de Paris, 15.
Dugnat et Issartel, rue de la Loire, 19.
Duthil (Alph.), spécialité pour enfants et jeunes filles, rue de Lyon, 12.
Ferrand (E.), place de l'Hôtel-de-Ville, 8.
Giraudon (J.), rue de Roanne, 3.
Karcher (.), rue Marengo, 21.
Magnin, rue Neuve, 16.
Marthoud (A.), place Royale, 13.
Massot (C.), rue de la Bourse, 39.
Mathoulin (J.-B.), rue Lyon, 74.
Raflaëli (C.), rue de Lyon, 5.
Ravel (Cl.), rue de Lyon, 44.
Rigaud (J.), rue Boulevard, 8.
Rocher (L.), rue de la Loire, 28.
Serraille (A.), place de l'Hôtel-de-Ville, 12.
Thomas (Ph.), place du Marché, 6.
Vaganey (P.), rue du Grand-Moulin, 9.

Fournitures pour la Chapellerie (voyez bourdalous).

Boyer (Benoît), rue de Paris, 7.
David (J.-B.), rue de la Bourse, 16.
Dugnat et Issartel, matières premières, rue des Jardins, 16; maison à Londres.
Pillière, rue du Grand-Moulin, 15.
Gidon, rue Royale, 8.

Chemisiers

Laurent et Rouhier, rue de Paris, 7.
Ferlat (Vve), rue du Grand-Moulin, 6.
Magnier-Ulerich, rue de Foy, 9.
Michel (P.), place Royale, 1.

Chiffons en gros.

Bertholey, rue Bourgneuf, 29.
Dailloux, rue Mont-d'Or, 10.
Fournel, rue des Baunes, 16.
Solier père et fils, chemin de Saint-Genest, 7.

Cols-Cravates (fabricants).

Beaulieu (J.), rue Saint-Jean, 3.
Bodoy et Jacquemont, place Marengo, 2.
Gerentet ✳ et Cognet, place Marengo, 5.
Jourdan (P.) et Cie, rue de la Croix, 4.
Lévy (S.) et Cie, cols-cravates fabriquées, rue Royale, 8.
Pothin (C.), rue de Roanne, 3.
Peyronnet (A.), rue du Treuil, 10.

Commissionnaires , marchands de soie.

Arlès-Dufour (F.), C. ✳ et Cie, place Marengo, 9 ; maison à
    Lyon, place Tholozan, 19.
Balay ✳ frères et Cie, et banquiers, rue des Jardins, 8.
Blancher (E.), négociant commissionnaire, rue des Jardins, 8
Braun (Théod.) et Cie, rue de la Bonrse, 22.
Bréchignac (P.), rue de Foy, 3.
Bronac (J. de) et Chabanassy, rue de la Bourse, 16.
Chapuis jeune et Cie, rue de la Bourse, 18.
Chavallard (Antoine) jeune, matières premières, schappes,
    cordonnets, floches, laines, coton fils lustr. r. de la Paix, 8.
Chavallard (Séb.) fils et Delobre, rue de la Loire, 14.
Desgrand (Louis) et Cie, représenté par Cl. Desjoyeaux, rue de
    la Paix, 14 ; maison à Lyon, rue Lafond, 24.
Desplagnes (J. et E.) frères, place Marengo, 3 ; maison à Lyon.
Duplay-Balay, négociant-commissionnaire, r. de la Bourse, 30.
Durand-Badel, marchand de soie, rue de la Bourse, 21.
Faure (C.) O. ✳ et Cie, rue de la Paix, 14.
Fustier aîné, rue des Jardins, 11.
Gillier (Fr.), rue de la Bourse, 23.
Guérin (Vve) fils et Cie, place de l'Hôtel-de-Ville, 8 ; et à Lyon,
    Vve Guérin et fils.
Guichard (Vor) et Eugène Mercier, rue de la Bourse, 3 ; mai-
    son à Lyon.
Jamen frères, rue de la Bourse, 32.
Lestrat, rue de Paris, 9.
Maras (J.-M.), rue de la Bourse, 1.
Monnier fils et Rispal, rue de la Paix, 7.
Planchon (Max.), rue de la Bourse, 14.
Poméon (C.-F.) et Cie, rue de la Paix, 2.
Tamet (Michel) et Cie, rue des Jardins, 4.
Teyter, rue Marengo, 23.
Thiollière (Ernest), rue de la Bourse, 25.
Vignet (Alphonse), rue de la Bourse, 9.

*Commissionnaires en rubans de soie, taffetas, velours,
passementerie, etc.*

Anrès (A.-H.), rue du Palais-de-Justice, 10 ; et à Lyon, rue
Impériale, 1.
Arlès-Dufour C. ❈ et Cie, place Marengo, 9 ; maison à Lyon,
place Tholozan, 19.
Auffm Ordt Sturmer et Cie, représentés par M. Gattet, place
de l'Hôtel-de-Ville, 6 ; maisons à Paris, et à Lyon, rue Puits–
Gaillot. 5 ; à Hambourg et à New-York.
Augier (J.), ancienne maison Buffe et Augier, rubans et autres
articles, place Marengo, 13.

Béhle (Charles) et Cie, place Mi-Carême, 4.
Bernheim jeune (Hesse A. success.), r. du Grand-Moulin, 13.
Bernhiem (C.), rue Royale, 6.
Blancon (Jh–Jn–Mie) fils, rubans, place Marengo, 15.
Blettry (Félix), place Marengo, 7.
Block et J. Ulmann, rue de Paris, 1, et de la Paix, 2.
Boggio (P.) et E. Garand, rue Gérentet, 2.
Bonabeau (A.), rubans et autres articles, pl. Saint-Charles, 9.
Bonjean (Léon), place Saint-Charles, 6.
Boyer (Benoît), rue de Paris, 7.
Brioude (F.) et Cie, pour l'Amérique, pl. de l'Hôtel-de-Ville, 9.
Brunon et Cie, place Mi-Carême, 1.

Candy (C.) et Cie, place de l'Hôtel-de-Ville, 15 ; maisons à
Paris, Lyon, Londres.
Chandler (Richard), place de l'Hôtel-de-Ville, 10 ; maisons à
Lyon, Paris.
Chapon (Antoine) et Cie, place Saint-Charles, 8.
Cholat aîné, rue Forissier, 4.
Coustié (A.), place Saint-Charles, v.
Crépet-Descours (Auguste). rue du Palais-de-Justice, 8.

Dobelin)Ch.), A. Maxein et Cie., de Paris, représentés par
M. Gattet, place de l'Hôtel-de-Ville, 6.
Ducreux (C,) rue Royale, 1.
Dumarest (E.) jeune, place Mi-Carême, 3.
Dugenne et Léger, rue de Foy, 3.

Ellis Howell et Cie, représ. par S. Gondre, pl. Mi-Carême, 4.
Espenschied et Cie, commission, export., rue Saint-Charles, 5

Faure (A.), rubans, rue Royale, 8.
Fauvain (Victor) et Charles Cros, rubans, passementerie et
velours, rue de la Bourse, 3.

Gaisman (Henri), rubans et soieries, pl. de l'Hôtel-de-Ville, 12, maisons à Lyon, rue Lafond, 10, et à Londres, 7, Foster Lane, Cheapside EC.
Gaucher (J.), place Marengo, 5.
Gidon (F.), rue Royale, 8,
Girard (Maurice), place Mi-Carême, 9.
Gobert (Louis), rue des Arts, 6.
Gondre (S.), représentant de la maison Ellis Howell place Mi-Carême, 4.

Hardorff (G.-A.), r. de Beaubrun, repr. à Paris par Pétrequin.
Hervieu, Potard et Cie, rue Royale, 13.
Hess (Alexandre), rue du Grand-Moulin, 13.
Hess (Jules) et Cie, rue des Jardins, 4, maison à Lyon, rue Pizay, 12.
Hogard et Cie, place Marengo, 5.

Kahn frères, rue Gérentet, 2, maison à Londres.
Kutter, Luckemeyer et Cie, de New-York, Coste (G.-A.) représentant, rue Gerentet, 2.

Laurens (P.) place Saint-Charles, 3, représentant de E. Dupont et Perret, de Paris.
Lax frères jeunes, place Marengo, 7.
Leaf, Sons et Cie, représentés par G. Bancel, pl. Marengo, 8.
Legros (G.), expo tation, rue de la Croix, 1.
Liogier et Culty fils, place de l'Hôtel-de-Ville, 1.

Milsom, Poy et Ch. Berry, représenté par Bonnefoy, place de l'Hôtel-de-Ville, 5 ; maison à Lyon,
Montagnac (Frédéric), ancienne maison Châtillon et Cie, rue de Foy, 12.
Mortier (C.) jeune et Cie, place Marengo, 10.

Paliard (Victor), place Marengo, 19.
Palix (J.) et Cie, place Marengo, 4.

Samuel (L.-M.), place Saint-Charles, 4 ; maison à Hambourg.
Schoeler (Henri), rue du Treuil, 6.
Schrameck (M.) jeune, successeur de L.-C. Dutilloy, rubans unis, façonnés, velours et passementerie, place de l'Hôtel-de-Ville, 5.
Soléliac frères, pl. Marengo, 5 ; maison à New-York.

Tamet (Michel) et Cie, rubans et lacets ; exportation, place de l'Hôtel-de-Ville, 10.

Cordiers.

Chavane (Vve), route de Saint-Chamond, 22.
Colliau,, rue Royale, 12.
Sauteret (Vve), rue Royale, 30.

Sauteret fils aîné, rue d'Annonay, 40.
Vignaud, rue Royale, 26.
Vincent-Point, rue de la Montat, 11.
Waas (Vve) et fils aîné, rue de Foy, 6.
Waas (Vve), rue Saint-Louis, 1.

Corsets (fabricants de)

Augier (J.), dépôt de corsets, gants, jupes et cages de la maison Thomson et Cie, de Paris, vente en gros, pl. Marengo, 13.

Chanellière (Mlle), rue de la Charité, 1.

Massard (Mlles), rue Sainte-Catherine, 5.

Perrot (Mme), rue de la Paix, 4.

Cotons et laines filés, fils cirés, fantaisie.

Behlé (C.) et Cie, place Mi-Carême, 4.
Bernard-Michel, rue Montand, 24.
Bouez, rue Brossard, 9.

Chavallard fils et Delobre, rue de la Loire, 14.
Chavallard (Antoine) jeune, rue de la Paix, 8.
Coignet et Gaillard, rue des Arts, 7.
Courrally (Claudius), rue de la Bourse, 3.

Descos (F.), rue de la Loire, 27.
Dumarest (E.) jeune, place Mi-Carême, 3.
Dumarest (Pétrus), rue Marengo, 17; représentant de A. Boissière et Cie, de Roubaix

Faure (C.), cotons écrus, fils cirés, place Marengo, 7.

Gaucher (J.), représent. pour les fils gomme, pl. Marengo, 5.

Lioger et Culty, rue Brossard, 10.

Osmont, rue de la Bourse, 26.

Rambaud-Thoral et Sestier, rue de la Bourse, 7; maisons, à Lyon, quai de Retz, 7; à Nîmes, à Marseille.

Tamet (Michel) et Cie, soies fantaisies, coton filés, place de l'Hôtel-de-Ville, 10.

Courtiers pour la soie.

Courally (Ferdinand), place Saint-Charles, 5, boîte place de l'Hôtel-de-Ville, 8.
Crozet, rue de la Loire, 1.
Gerin (Camille), grande rue Mi-Carême, 6.

Payre (Antoine, Jardins, 2.
Payre (Gilbert), place de l'Hôtel-de-Ville, 8.
Tézénas, rue des Jardins, 20.
Turin, place de l'Hôtel-de-Ville, 6.

Crépins (marchands).

Baudet neveu et Cie, rue de la Loire, 4.
Berger, rue Saint-Jacques, 11.
Bessière, rue Froide.
Chassaing (Cl.), grande rue Saint-Jacques, 30.
Ducroux, rue des Fossés, 9.
Foucherand, rue Neuve, 11.
Grand, rue Saint-François, 2.
Grand, rue Saint-Pierre.
Massardier, rue Froide, 20.
Réal, rue de la Ville, 3.

Découpeuses d'étoffes et rubans.

Chassagnon (Vve), place Mi-Carême.
Guinard (Mlles), rue de la Loire.
Méjasson (Mme), rue de Lodi, 3.
Létissier (Mme), rue Saint-Paul, 8.
Rossignol (Mme), rue du Jeu-de-l'Arc, 3.
Trinquet (Mme), rue du Treuil, 1.

Dentelles.

Bapt, rue du Grand-Moulin, 6.
Berry (Mme), place Royale, 9.
Garnier (Vve), rue des Rives, 3.
Gay (Mlle), rue de Lyon, 5.
Goutelle-Chovet, place Royale, 25.
Jallet, place Royale, 27.
Mathieu, place Royale, 3.

Dessinateurs pour la fabrique.

Berthéa et Decos, rue du Marché.
Chaperon-Chevalier, rue de la Bourse, 25.
Crozet et Decaruge, rue de Lodi.
Dorel et Granger, rue de Foy, 13.
Granger Wild et Berger, Grand'Rue-Mi-Carême, 9.
Wel, rue du Palais-de-Justice.

Draperie, nouveautés et rouennerie.

Bélinac (Alexandre), rue de la Comédie, 8.
Bernier fils et Cie, rue de Lyon, 3, et du Grand-Moulin, 39.
Bourlier, rue de la Bourse, 32.
Boué, rue de la Loire, 16.
Chauvet (Vve), place du Marché, 6.
Chavanne-Boiron, rue de Lyon, 40.
D'Aurelle (L.) fils aîné, rue de Foy, 18.
Georges (J.), rue Saint-Louis, 2.
Giron (Miles), rue de Lyon, 44.
Greilsamer frères, rue de Foy, 3.
Grubis (Mme), rue Saint-Louis, 12.
Jabouley, rue Roannelle, 27.
Luison, rue de Lyon, 24.
Meunier (Cl.), rue Sainte-Catherine, 6.
Ploton et Pontal, place de l'Hôtel-de-Ville, 15.
Société ouvrière : Menu et Cie ; nouveautés, r. de la Loire, 13.
Varenne (Guill.), rue des Arts, 6.
Vial et Cie, rue de Lyon, 36.

Droguistes pour la teinture.

Arnaud, place Royale.
Chautin jeune, aux *Deux-Serpents*, rue du Grand-Moulin, 13.
Faure (Benoît), au *Lion*, rue de la Comédie, 12.
Faure (J.-B.) et Cie, au *Dragon*, rue de la Comédie, 9 ; usine rue d'Annonay, 15.
Girard aîné, place Royale, 12.
Péthaud (Vve), rue de Grand-Moulin, 8.
Richard (M.), rue de la Comédie, 7.

École de tissage pour la fabrique.

Maurice, professeur de théorie et de pratique ; médailles aux Expositions universelles de Paris 1855 et 1867 ; professeur de l'Enseignement professionnel du département de la Loire, rue de la Bourse, 9.
Mayéry (P.), rue de la Croix, 25.
Seillon jeune, rue de la Bourse, 2.

Échantillonneuses.

Autin (Cl.), rue Berthon, 5.

Bouchet (Mme), rue Passerat, 8.
Brive (Mme), rue de l'Ile, 20.
Buisson (Mme), rue du Treuil, 73.
Buisson (J.), rue Robert, 13.

Carot (Mme), rue du Treuil, 76.
Chabot (P.), rue des Deux-Amis, 14.
Chabot (F.), rue de la Banque, 9.
Changeon (Mme), rue des Chappes, 9.
Charras (Mlle), rue des Gris. 21.
Charrat (Mme), rue de la Vigne, 2.
Colombet (Mme), f. la Croix.
Courbon, rue des Chappes, 1.

Deprat (J.). rue Robert, 13.
Dubost (Mme), rue du Treuil, 45.

Fayolle (Vve), rue Saint-Denis, 5.

Jourjon, rue Saint-Paul, 14.

Linossier (Mme), rue de la Croix, 24.

Massardier (Mlle), rue Brossard, 1.
Morel, rue de l'Eternité, 16.
Moulin (Mme), rue de la Croix, 22.

Paul, rue des Gris, 11.
Payrard (T.), rue de l'Attache-aux-Bœufs, 10.
Plotton, rue Saint-Antoine. 5.

Rivière (Vve), rue Villedieu, 7.
Rousset (Mme), rue de la Croix, 23.

Sabot (Mlle), rue de la Loire, 25.
Sauvignet (Mlle), rue de Loire, 35.
Sève (Mlle), rue Beaubrun, 1.
Souchon (Mme), rue des Gris, 13.

Vincent (Mme), rue de l'Ile, 26.

Épingles pour rubans (dépôt d').

Mazodier (F.), place Marengo, 9.

Fleurs artificielles.

Chapelon, rue de la Comédie, 2.
Couny (Mme), petite rue Saint-Jacques, 18,

Goutelle-Chovet, place Royale, 25.
Raymond-Augier, rue de Foy, 8.
Reymond-Forest, place Royale, 49.
Riou (Mlle), rue de la Comédie, 8.
Thomas (Mlle), rue Royale, 10.

Fuschine (Société de la).

Boutard (Antonin), dépositaire, rue des Jardins, 1.

Galons pour tailleurs (fab. de).

Astic (F.), rue de la Croix, 9.
Barbe, place de l'Hôtel-de-Ville. 1.
Bernard et Carré, rue des Gris, 1.
Bertrand (E), place de l'Hôtel-de-Ville, 7.
Bonon frères, rue des Jardins, 14.
Brun (C.), rue Marengo, 6.
Chamussy et Gabillot, place de l'Hôtel-de-Ville.
Couturier père, place Mi-Carême, 6.
Dumarest (J.), rue Balay, 14.
Gelas (Etienne), rue de Lodi, 11.
Girard, rue Brossard, 6.
Joubert neveu et Cie, rue des Jardins, 4.
Liabeuf, place du Marché, 6.
Michel (S.), nouveautés, rue de Grand-Gonnet, 28.
Peuvergne, frères, rue Balay, 14.
Soulié et Vende, rue Royale, 3.
Thivet, place de l'Hôtel-de-Ville, 9.
Trouilleux, rue Royale, 3.
Verdier-Crépet et Cie, spécialité de galons pour tailleurs, ceintures Régence, satins noirs, tranchefiles, raconis pour relieurs, rue Praire, 21.

Gants.

Ulrich sœurs (Mlles), rue de Foy, 9.
Sylvain, rue de Paris, 1.

Glaceurs de fil.

Allier (H.), à la Chaléassière.
Coron (teinture et glaçage), rue des Trois-Meules, 17.

Faure, au Petit-Treuil.
Hervier frères, rue Marengo, 7.
Payre Hervier et Cie, rue Haut-Vernay, 6.
Payre (F.), rue des Mouliniers.
Villars (J.), rue Beraud.

Lacets (fabricants de).

Anglade père et fils, au Rez-Valbenoite.
Dumarest (J.-M.), rue Marengo, 12.
Fulchiron frères, grande rue Tréfilerie, 17.
Legros (G.), spécialité de tresses alpaka, rue de la Croix, 1.
Penel (J.-E.), fabricant de lacets et cordons, ganses souta-
  ches, etc., aux Petites-Molières-Valbenoite.
Renodier père, fils et Cie, rue de la Loire, 14.

Laines en tous genres.

Bertrand-Forest, rue de Foy, 10.
Boutany-Ferriol, rue Saint-Louis, 1.
Charvet (J.-B.), rue Neuve, 11.
Chavalard (A.) jeune, en gros, rue de la Paix, 8.
Chevalier, rue de Foy, 5.
Convers-Siman, rue de Foy.
David-Barbelet, place Royale, 6.
Foillard, place du Marché, 8.
Gaucher, maison de gros, place Marengo, 5.
Grellet-Peyronnet, rue de Lyon.
Griot, rue Neuve, 5.
Ladet-Arnaud, rue Neuve, 3.
Ladet-Charvet, place Royale.
Massardier (J.-B.), rue de Lyon, 45.
Mazet, place de la Croix-de-Mission.
Neyret (Mme), place Royale, 3.
Perrin (Mlle), place Royale, 33.
Pognon-Hermès, grande rue des Capucins, 23 (fileur).
Silvain-Chataing, rue de Paris, 1.
Silvain-Sabatier, rue de la Comédie, 6.
Valette (M.), rue de Foy, 16.

Lingerie.

Alexandre, rue de la Comédie, 9.
Avril (Mlle), rue Saint-Charles, 19.
Barnier (Mlle), rue Royale, 33.
Berger sœurs, rue de la Loire, 19.
Decousus—Cuilleron (Mme), rue de Paris, 11.
Dumas (Mme), rue de la Loire, 4.
Faure (Vve), rue de Lyon, 3.
Faverjon (Mme), rue Saint-Charles, 20.
Gaubert (Mlles), rue de la Bourse, 11.
Journel (Mme), rue de la Loire, 4.
Levy (Leon), rue de Foy. 19.
Perillon (Mme), rue de la Comédie, 4.
Seillon-Gillier, rue de la Bourse, 2.

Liseurs de dessins.

André (Ch.), place de l'Hôtel-de-Ville, 6.
Barlet (J.), rue des Jardins, 30.
Beauser, rue Villedieu, 3.
Brea, rue Praire, 13.
Chadigny (Cl.), rue de l'Ile, 13.
Chandeny, rue Robert, 3.
Chanavaz, rue du Treuil, 8.
Chapelon (L.), rue Saint-Charles, 17.
Clémençon (A.), rue de la Banque, 1.
Clément (J.), rue de la Bourse, 20.
Desage (J.-M.), rue Saint-Charles, 17.
Faure, place de l'Hôtel-de-Ville, 5.
Fillieul (B.), rue Royale, 11.
Guichard (J.-L.), rue de la Bourse, 9.
Guillaumont (J.), rue du Treuil, 13.
Limousin (J.), rue de la Bourse, 2.
Marrel (J.-B.), rue Robert, 9.
Montagne, place Saint-Charles, 5.
Montagnon (J.-B.), rue du Treuil, 54.
Montbabut (J.-B.), place Mi-Carême, 1.
Palais (F.), rue de la Croix, 29.
Poirier, rue des Gris, 9.
Rey-Chardigny, rue de la Paix, 16.
Ray (Mme), place Marengo, 2.
Rippert (A.), place Saint-Charles, 7.

Robert, rue Villedieu, 2.
Robin (J.), rue Saint-Paul, 2.
Rocher (J.-B.), rue des Gris, 11.
Vasille aîné, place de l'Hôtel-de-Ville, 3.
Vasille jeune, rue dn Treuil, 9.
Vial (E.), rue Royale, 5.

Literie.

Baudet-Désarmaux (Cl.), rue Neuve, 25.
Bonnet (E.), rue de la Vierge, 13.
Chazet (A), grande rue Saint-Jacques, 22.
Cognet (Vve), rue Neuve, 16.
Désormeaux (P.), rue Neuve, 21.
Digonnet (T.), grande rue Saint-Jacques, 16.
Ferrand aîné, rue Royale, 14.
Loy aîné, rue du Grand-Moulin, 5.
Loy, Joseph (dit Léonard), place du Marché, 15.
Mallet-Paillat, rue Neuve, 40.

Nebout (Vve), rue Neuve, 24.
Piot (J.), rue de Roanne, 41.
Valette (Vve), rue Neuve, 8.

Machines à coudre.

Bador-Danguin, rue Royale, 17; maison de machines à coudre d'Elias Howe Goodwin et de tous les autres systèmes, grande facilité pour le paiement, se charge de piqûres et broderies.
Hélie (E.), machines à coudre perfectionnées, réparations et fournitures, rue de la Bourse, 28.
Calliat-Abrial, place Jacquard, 8.

Mécaniciens.

Audouard frères, à la Richelandière.
Beau (Camille), mécanicien breveté s. g. d. g., atelier de construction de battants pour métiers à tissus, spécialité de battants brocheurs, rue Marengo, 16.
Boger (B.), rue Soleysel, 25.
Bregon (J.), grande rue Saint-Roch, 71.
Cognet fils, mécanicien, spécialité de mécaniques pour cordiers, machines à fraiser, machines à tarauder, laminoirs, articles pour cylindreurs, découpoirs, cisailles, emporte-pièces et pièces de tours, se charge des réparations, rue Royale, 61, et rue des Chappes, 40.

Clair frères, atelier de constructions mécaniques, fonderies de fonte et de bronze, chaudronnerie, fabrique spéciale de canons de fusils brevetés s. g. d. g., rue de Lyon, 118.

Davaise (C.), rue Saint-Jean-Baptiste, 6.
Defon, place de l'Etang-Tardy, 10.

Fargère (P.), rue Paillon, 9.
Fargère (A.). grande rue Saint-Roch, 47.
Fargère, rue Paillon, 1.
Ferrier (J.), spécialité de cylindres à rubans, r. des Gauds, 12.
Filliod, rue de la Bourse, 20.
Fraissinet, (E.), rue Saint-Genest-Lept, 3.

Gay (J.-B.), grande rue Saint-Roch, 69.
Gerin, rue des Gris, 19.
Géry (P.), rue du Jeu-de-l'Arc, 2.
Gourgaud (J.), rue de la Banque, 8.

Hélie (E.), mécanicien pour machines à coudre, rue de la Bourse, 28.

Jacquet, rue Marengo, 47.

Martin, rue d'Annonay, 11.
Michel (C.), rue Duvernay, 9.
Moine (J.-B.), rue Bourgneuf, 10.
Mondon (F.), rue de l'Etang-Tardy, 14.
Momea (L.), place Chavanelle, 16.

Oudet (A.), place Saint-Charles, 2.
Oudet ainé, place Sainte-Barbe, 11.

Oudet, rue la Charité.

Pignatel, rue Neyron, 27.
Pomerol, à la Richelandière.

Reverchon, rue de l'Etang-Tardy.
Robert, grande rue de Notre-Dame, 9.

Travers (Germain), fabrique de battants-brocheurs, garantis brevetés s. g. d. g., battants de une jusqu'à douze navettes. Réparations à des prix modérés à toute espèce de système, rue de Montaud, 11.

Vacher, rue Raisin, 3. Constructeur en métiers complets pour velours et rubans, marchant à la main et à la vapeur; nouveau système breveté pour désembrailler le métier; battants de divers systèmes et roquettes brevetés; arbres de transmissions et tout ce qui concerne la fabrique.

Voutat (J.-B.), fabriq. de battants brocheurs, r. Montaud, 16.

Mercerie en gros.

Bertrand-Forest, rue de Foy, 10.
David-Barbelet, place Royale, 6.

Gallet-Anglade, place Royale. 2.
Méhier-Cédié et Cie, rue de Foy, 11.
Spitallier et Cie, rue de Lyon, 38.
Ladet-Charvet, place Royale, 38.

Mercerie en détail.

Anglade, place Royale, 4.

Bastide (Mme), rue Montaud, 20.—Bastie (J.), rue Marengo, 6.
— Berne (Vve), rue Boulevard, 8. — Bertrand-Forest, rue
de Foy, 10, — Bouchu (Mme), rue Saint-Charles, 32.
—Brun (Mlle), rue Froide, 22.

Callet (A.), gr. rue Saint-Roch, 73. — Chatain (Silvain), rue
de Paris. 1. — Châtain-Sabatier, rue de la Comédie. 6. —
Chazelles-Romier, (Mme), rue Saint-Louis, 25. — Chevalier
(N.), rue de Foy, 6. — Chenet (Cl.), au Soleil. — Convert
(J.-B.), rue de Foy, 5. — Crozet (Mlle), rue de Foy, 3.

Damas (M.), rue Roannelle, 34. — David (J.) place Royale, 6.
— Davèze (Mlle), place Chavanelle, 12. — Decot (Mlle), rue
de Loire, 18.—Dechelle (Vve), place de l'Hôtel-de-Ville, 13.
—Deflacieux (B.), au Petit-Cabaret. — Descot (G.), rue Poli-
gnais, 20. — Devun (Mme), place Marengo, 19. — Dumas
(Mme), rue de Lyon, 55. — Dussel (Mlle), petite-rue-Saint-
Jacques, 20.

Emornais (Vve), rue Saint-Pierre, 6. — Esparlier, rue de
Lyon, 36. — Esterling (Vve), rue Saint-Louis, 7.

Faudrin (Vve), rue Royale, 1. — Forissier (Mlle), rue Badouillère, 25. — Forissier (Mme), rue Royale, 25. — For-
tunier (Vve), rue du Treuil, 5 — Frécon (Vve), rue de
Lyon, 83. — Fressinet (Mlle), place Saint-Roch, 8. — Fru-
gier (T.), rue Vernay, 50.

Gaillard (Vve), rue du Bois, 7. — Gallet-Angladde, rue de
Foy, 18. — Gardin (J.), rue Roannelle, 24. — Gay (Mme),
rue Beaubrun, 18.—Giraud (B.), rue Saint-Charles, 29. —
Gobert (Mme). rue Praire, 20. — Gonon (Cl.), rue Valbenoite, 17. — Goutorbe (J.-B.), rue de l'Arsenal, 16.

Hélie, spécialité et fournitures pour machines à coudre, rue de
la Bourse, 28. — Hospital (J.-P.), gr. rue Saint-Jacques, 5.

Josserand (Mlle), gr. rue Saint-Roch, 20. —Jurine (Mme), rue
Saint-Louis, 12.

Ladet-Charvet, rue du Marché, 2. — Lambert (Mme), rue
Royale, 34. —Landonnier (F.), rue de Treuil, 103. — Laval
(Mme), rue de la Comédie, 8. — Ludon, rue Saint-Louis, 9.
— Luzardy (D.), rue Valbenoite, 15.

Mazet (J.) place Royale, 13. —Mory (Mme), rue de Lyon, 114.
Nardy (E.), rue de la Croix, 15. — Neyret (Mme), place
 Royale, 3.
Outin (Mme), rue de Foy, 9.
Palle (Mme), rue Neuve, 50. — Perrin (Cl.), rue du Puy, 37.
 — Perrin (Mlle), place Royale, 33, et rue Froide, 1. — Pey-
 ronnet-Grelet, rue de Lyon, 2. — Pichon (J.-B.), rue
 Neuve, 2. — Pinède (Mme), Petite-rue-des-Fossés, 6 —Pon-
 cet (M.), rue de la Paix, 1.
Quatrefages, rue Beaubrun, 16.
Sauvignet (Mlle), rue Sainte-Catherine, 6. — Séon (Mme), rue
 Praire, 21. — Seux-Pandreau, Grande-rue-Saint-Jacques, 3.
 Soulavie (Mme), rue Villedieu, 3.
Tardy (Mlle), rue des Jardins, 22. — Tardy)Vve), rue Notre-
 Dame, 8. — Targe (Mlle), rue de la Comédie. 8. — Théve-
 non (Mme), rue Saint-Charles, 33.— Thier (B.), Grande-rue-
 Saint-Roch 33.
Vantajol (Vve), Grande-rue-Saint-Jacques, 12. — Venet (J.),
 rue d'Annonay, 18. — Villemagne (E.), Grande-rue-Saint-
 Roch, 44. — Vincent (Mlle), rue de Lyon, 116.

Métiers, fabricants et marchands (voir mécaniciens).

Beau (C.), rue Marengo, 16.
Cel, rue Boulevard-Valbenoite, 3.
Fontvieille (P.), rue des Deux-Amis.
Gidon (P.), rue Chapelon, 11.
Pignatel, rue Neyron, 27.
Vacher, rue Raisin, 3.

Modistes (voyez aussi lingerie).

Augénieux (Mme), rue Jacquard, 24.
Barbier sœurs (Mmes), place Marengo, 8. — Bequin, rue Neyron, 13.— Beraud, faubourg de la Croix. — Berger, rue de
 la Loire, 29. — Bernier, rue Chambon, 21.— Berthail, rue
 de Lyon, 16. — Besson, rue Marengo, 33. — Blanchard,
 petite rue des Capucins, 11.— Boncompin, rue Marengo, 3.
 — Bonnefoy, rue Saint-Louis, 2.— Bonnet, rue du Jeu-de-
 l'Arc, 10. — Bourganel, rue Saint-Honoré, 14. — Boyer,
 rue du Grand-Moulin, 5.
Carrot (Mmes), grande rue des Fossés, 5. —Champagnon, rue
 Sainte-Barbe, 9. — Charles, rue Vernay, 1. — Chaumeton,
 rue de la Croix, 27. — Chausson (Vve), petite rue Mi-Carême, 3. — Chevalier, grande rue Saint-Roch, 6. — Cheva-

valier, rue Badouillère, 21. — Cluzel, rue de Beaulieu. — Cordonnier, rue Haut-Vernay, 21. — Cuinard, rue de Lyon, 39.

Dandurand (Mmes), rue Royale, 56. — Dard sœurs, rue de Foy, 8. — Dechelle, rue Saint-Louis, 7. — Delorme, rue Gérentet, 4. — Dubœuf (A.), rue Sainte-Catherine, 14. — Dubois (Vve), rue Bas-Vernay, 15. — Dubouchet, rue des Gris, 5. — Durand (G.), rue Saint-Louis, 30.

Faure Vve (Mmes), rue Royale, 7. — Faure-Aubertot, rue Sainte-Catherine, 6. — Faverjon, rue Saint-Charles, 20. — Flachon, place du Marché, 8.

Gamond (Mmes), rue Franche-Amitié, 7. — Gamond, rue Saint-Paul, 4. — Gauthier, rue Marengo, 30. — Gidrol, rue de la Providence, 23. — Gilliez, rue de la Loire, 4. — Gonin-Fabrot, petite rue Neuve, 7. — Guette, place Saint-Charles, 3.

Lafont-Chanu (Mmes), rue de la Bourse, 25. — Langlois (Vve), rue de la Bourse, 46. — Laurençon (Vve), rue de Foy, 12. — Lenin-Faure sœurs, rue de Paris, 13. — Lespinasse, rue de la Ville, 1.

Marquet (Mmes), rue Valbenoite, 22. — Marrel, impasse des Capucins, 6. — Martin, rue Robert, 1. — Martinier, rue Grange-de-l'Œuvre, 39. — Mazet, rue de la Providence, 27. — Merlat, rue Saint-Jean, 27. — Montagneux, rue Marengo, 9. — Moury, rue du Treuil, 33.

Patrouillard (Mmes), Grande-Rue-Saint-Jacques, 8. — Paufique, rue du Marché, 6. — Perrier, rue Saint-Jean, 9. — Perrin, rue Valbenoite, 35. — Peyrol, rue de la Loire, 12. — Pinatel, rue de la Paix, 38. — Pommier, Petite-Rue-Saint-Jacques, 13.

Ravel (Mmes), rue de la Ville, 22. — Raymond, rue Valbenoite, 41. — Revol, rue Marengo, 35. — Robert, rue de Lyon, 36. — Rullière, rue Roannelle, 28.

Sada (Mmes), Grande-Rue-du-Marché, 6. Seguin, rue Royet, 19. — Serrier, rue de Lyon, 11. — Souchon, Grande-Rue-Saint-Roch, 24. — Soulier, rue de la Loire, 5.

Tarsinary (Mmes), Petite-Rue-Saint-Jacques, 18. — Tardieu, Petite-rue-du-Marché, 2. — Tétafort, rue Beaubrun, 12. Thibaut, rue Neyron, 27. — Thivillon, rue de Lyon, 32.

Vial (Mmes), rue de Lyon, 65. — Vigier, rue Sorlier, 8. — Vittal, Petite-Rue-Mi-Carême, 18. — Vocanson, rue du Boulevard-Valbenoite, 4.

Modes (Fournitures pour)

Deschaud, (Mme), rue du Grand-Moulin, 11.
Goutelle-Chovet, place Royale, 25.

Mouliniers.

Batonal (P.), rue des Trois-Meules, 3.
Dubouchet, rue de la Badouillière, 7.
Fillal, à Saint-Genest-Malifaux. — Flachier, rue du Treuil; 61.
— Fonrvielle (J.), rue la Rivière, 18. — Frachette (J.-M,),
rue du Treuil, 27,
Ginot (A.), au Bois-Noir. — Gabert aîné, au Rey. — Gabert
(P,) au Rey. — Gabert frères, au Rey. — Gaubertier (J.-Cl.),
à la Barnerie. — Guillaumond (J.), au Bois-Noir.
Javelle, au Petit-Treuil.
Linossier, (J.-B.), rue de l'Ile, 4.
Mayer (E.), aux Mottetières. — Mongiraud (J.-J.), au Bernay·
— Muthuon, au Bas-Treuil.
Thibaud (Mme), rue de l'Eternité, 2. — Vernet (Cl.), à la
Vallette. — Veyre (F.), au Bas-Rey.

Naveliers (Fabricants).

Chevalier (J.-.J.), Grande-Rue Saint-Roch, 59.
Delobre, rue des Gris, 1. — Dubost, rue des Gris, 18.
Joubard (J.), rue de la Cité, 3. — Joubard (A.), rue de Mon-
taut, 1.
Louison (E.) rue Tarentaise, 62.
Malescourt (J.), rue de la Loire, 11. — Moncoudioul (L.), rue
de Roanne, 17.
Pinton, rue de la Vierge, 17.

Nouveautés.

Bélinac (Alexandre), rue de la Comédie, 8. — Bergelin et Cie,
place du Marché, 8. — Berger-Granger, rue Valbenoite, 13.
— Bernheim, rue du Grand-Moulin.
Chaffin-Roux, rue Saint-Louis, 13. — Chanteloup (Mlle), rue
de la Loire, 28. — Chauvet (Vve), place du Marché, 6.
Dumas (J.), rue du Grand-Moulin, 1.
D'Aurelle (L.) fils aîné, rue de Foy, 18.
Fargette, rue de la Loire, 29. — Fond sœurs, rue Saint-
Louis, 7.
Georges (J.), rue Saint-Louis, 2. — Georges, rue du Grand-
Moulin. — Giraudet (Mlle), rue Saint-Louis, 29. — Gran-
jon-Meunier, rue Roannelle, 1. — Greisalmer frères, rue de
Foy, 3.
Jaboulay, rue Roannelle, 27. — Jacquier (F.), rue du Grand-
Moulin, 5.
Pernot (P.), place Royale, 3.

Roussier (Vve), rue Saint-Louis, 23. — Roux (Vve), rue de la
Comédie, 7.
Sirech Delaistre et Cie (au Sablier), deuil, rue de Foy, 2.
Vial et Cie, rue de Lyon, 36. — Vignon et Cie, rue Saint-
Louis, 12.
Weill (Léon), rue de Foy, 10. — Weill (Aaron), rue de la
Comédie, 5.

Ornements d'église.

Millet (Mlle), rue de la Loire, 13.
Tourrès (Mlle Irma), successeur de l'ancienne maison Tourrès,
ornements et lingerie d'église, passementerie, étoffes d'or,
d'argent et de soie; bannières, drapeaux et décorations pour
églises, communes, fêtes et sociétés; ceintures pour maires,
adjoints et fonctionnaires publics.

Papetiers (Fournitures pour la Soierie).

Cottet (A.), place de l'Hôtel-de-Ville, 15.
Duterrail (Henri), fournitures géoérales pour la fabrique de
rubans, bureaux, dessins et écoles, rue de Foy, 2.
Dumas, rue Royale, 9.
Lantz, rue de la Loire, 4.

Parapluies (Fabricants et Marchands de).

Arnaud, rue Saint-Jacques, 32. — Augère, rue de Foy, 8.
Benet (F.), rue Royale, 3. — Borde (P.), rue Saint-Louis, 27.
— Brioude (S.), rue du Treuil, 14.
Charrière (L.), rue de la Loire, 19. — Charrière (P.), rue
Saint-Charles, 32. — Chassagnard (L.), rue Saint-Louis, 6.
— Chassagnard (F.), rue de Lyon, 100. — Cognet-Hard-
met (Vve), rue Neuve, 16. — Coupade (Vve), rue de la
Loire, 28.
Depalle (J.), rue Royale, 21. — Dolly (T.), rue de Foy, 12.
Maridet (P.), rue de la Loire, 12.
Nebout (Vve), rue Neuve, 24.
Pons, rue Saiut-Louis.
Reynier (Vve), rue Royale, 7.
Tardy (Mme), petite rue Mi-Carême, 20. — Thelier, place du
Marché, 2.
Verdier (J. B.), place de l'Hôtel-de-Ville, 6.

Passementeries en tous genres (Fab. de).

Arnaud et Reymondon, place Saint-Charles, 14.
Barbe, place de l'Hôtel-de-Ville, 1.
Béal Barlet, nouveauté, rue de la Paix, 13.

Beaulieu (J.), rue Saint-Jean, 3.
Besson (R.-L.) frères, rue Royale, 12.
Bonon frères, rue des Jardins, 14.
Baufils (F.) et Mayosson, rue Royale, 14.
Brun (C.), rue Marengo, 6.
Chamussy et Gabillot, place de l'Hôtel-de-Ville, 5.
Chapuis-Avril, rue de l'Ile, 20.
Collomban (A.), rue de la Paix, 41.
Cunit (L.), rue de la Bourse, 23.
Denis (A.), place Marengo, 2.
Deville père et fils, rue du Treuil, 8.
Dumarest fils, rue de Foy, 2.
Fargère, rue Brossard, 6.
Faure (E.), place Mi-Carême, 1.
Faure (J.), rue Brossard, 7.
Fleury fils, rue Royale, 9.
Fourneyron et Cie, rue de Foy, 2.
Gelas (Étienne), rue de Lodi, 11.
Grenetier, rue de la Paix, 2.
Guillaume Staron jeune et Cie, place Mi-Carême, 1.
Jarey (C.), place Saint-Charles, 11.
Joucerand (C.), rue de Foy, 6.
Liabeuf, place du Marché, 6.
Neyret (J.-B.), rue Royale, 19.
Pallert Foujols, rue de la Croix, 3.
Penel, Lacour et Dufour, place Marengo, 9.
Société des rubaniers, rue de la Bourse, 2.
Soulié et Vende, rue Royale, 3.
Tillon jeune, rue du Treuil, 8.
Tivet, place de l'Hôtel-de-Ville, 9.
Trouilleux, rue Royale, 3.
Verdié-Crépet et Cie, rue Praire, 21.
Vignat (M.), rue du Chambon, 10.
Vinson et Sagnard, rue Royale, 25.
Wolf et Thiollier, rue Royale, 4.

Peignes à tisser (Fab. de).

Chassaing, rue du Treuil, 21. — Chometton (A.), rue de la Croix, 27. — Coudray (Vve) et Honor, rue de la Paix, 6.
Damon (D.), rue de la Croix, 16. — Desflache fils, rue Sainte-Catherine, 4.
Grivel, rue d'Annonay, 12.
Joly aîné et Cie, rue Gérentet, 12. — Joly-Chardon, rue Gérentet, 4.
Maurice (B.), rue du Vernay, 40.

Peillon (Cl.), rue Royale, 4. — Plotton (Vve), rue Villedieu, 8.
Pergier (G.), rue d'Arcole, 12.
Villars (J.), rue Grand-Gonnet, 33.

Produits chimiques (voyez droguistes pour la teinture).

Biolet (P.), représentant, rue de la Ville, 13. (Teinture).
Biot (A.), rue de Roanne, 43, acide phénique et ammoniaque.
Boutard (A.), représentant de la Fuschine; bureaux, rue des Jardins, 1.
Carvès et Cie, usine aux Marais; bureaux, rue de Paris, 4.
Chautin, aux Deux-Serpents, rue du Grand-Moulin, 13.
Comte (N.), représentant, rue de la Loire, 37.
Faure (J.-B.) et Cie, rue d'Annonay, 15.

Rubans de soie (voyez aussi bourdaloux, passementerie, Fab. de).

Angenieux frères, unis et façonnés, rue de la Paix, 10.
Arnaud (C.) et Reymondon, velours unis et façonnés et passementerie nouveauté, place Saint-Charles, 14. Mention honorable 1867, médaille à l'exposition du Havre.
Astic (Frédéric), galons et chapellerie, rue de la Croix, 9.
Avril (Ant.) et fils, velours et rubans noirs, r. des Jardins, 28.

Balay aîné, satins unis façonnés et velours, Grande-Rue-Mi-Carême, 4.
Balay (Jules) ✳ et Cie, rubans grèges, Gde-R.-Mi-Carême, 16.
Barbe, passementerie et galons, place de l'Hôtel-de-Ville, 1.
Barbier-Rambaud, articles pour chapellerie, rue de l'Ile, 10.
Barlet (E.) et Cie, unis et façonnés, pl. de l'Hôtel-de-Ville, 12.
Barlet (P.), unis et façonnés, place de l'Hôtel-de-Ville, 11.
Barrailler-Sablière, vel., galons et taffetas noirs, r. Royale. 25.
Barrallon et J. Brossard, médaille argent, Paris 1844, mention honorable 1851, médaille première classe, Paris 1855. Londres 1862, Porto 1865, argent, Paris 1867, rubans grèges et couleurs unis et façonnés, rue Royale, 3.
Bayard aîné, chapellerie, imp. Saint-Honoré, maison à Lyon.
Béal-Barlet, effilés et passementerie, nouveauté, galons, articles de confection, rue la Paix, 13.
Beaufils-Forest, taffetas et galons, place Saint-Charles, 9.
Beaufils (F.) et Mayosson, passementerie, nouveautés, rue Royale, 14.
Beaulieu (J.), passementerie et cols-cravates, rue Saint-Jean, 3.
Belingard (J.), rubans, passementerie et nouveautés, rue Saint-Louis, 19.
Bernard et Carré, fabrique de galons, tresses, gances, rue des Gris, 1. maison à Paris.

Bertrand (E.), galons pour tailleurs, pl. de l'Hôtel-de-Ville, 7.
Besson (C.) unis et façonnés, rue Royale, 14.
Besson (J.-B.) jeune, taffetas cuits couleur, rue des Deux-Amis, 2.
Besson (R. et L.) frères, rubans de soie, spécialité de petites largeurs, ceintures, cordons, maison de fabrique à Saint-Didier-la-Sauve, magasins et comptoir à Saint-Étienne, rue Royale, 12.
Bodoy et Jacquemont, cravates et nouveautés, pl. Marengo, 2.
Bonon frères, velours, passementerie et galons, rue des Jardins, 14.
Boudarel (J.) velours et taffetas noirs, rue Traversière, 6.
Boudarel-Bonhomme, satins gréges unis, faveurs, taffetas unis et couleurs, taffetas noirs, galons croisés et velours, place de l'Hôtel-de-Ville, 3.
Boudarel neveu, velours, taffetas, rue de la Croix, 4.
Boulin (J.), fabrique de rubans unis et façonnés, r. du Grand-Moulin, 4.
Bourgaud (F.), rubans, rue de Foy, 8,
Bresson aîné, unis et façonnés, place de l'Hôtel-de-Ville, 15.
Bret et Augier, unis, façonnés et passementerie, r. Royale, 13.
Brossier-Devaize (J.), velours, place de l'Hôtel-de-Ville, 13.
Brun (Camille), rubans, galons; fournitures de chapellere, rue Marengo. 6.
Brunon (Antoine), rubans unis et façonnés, pl. St-Charles, 12.
Bruyères, Beau et Cie, passementerie et aric'es pour la chapellerie, rue de Paris, 7.

Calemard, unis et nouveautés, lingerie, rue de la Bourse, 22.
Calonnier-Peyron fils, rubans unis et façonnés, r. Royale, 4.
Chaleyer (J.) fils, spécialité de rubans noirs, et velours, rue Saint-Louis, 21.
Champagnac, rue de la Croix, 4.
Chapelon (Cl.), et Offray jeune, taffetas bords satin unis et couleurs, et articles pour fleurs, rue de la Bourse, 26.
Chapelon et Dauphin, fabrique de rubans de soie, place Marengo, 3.
Chapet et Morel, taffetas, liserés, et galons. rue la Croix, 9.
Chapon (Jules), unis et façonnés, qualités régulières, rue Gérentet, 12.
Chapuis et Touzet, satins et façonnés, place du Marché, 1.
Chapuis fils aîné, taffetas unis, qualités lingerie et impériale, rue du Treuil, 8.
Chapuis-Avril, velours, rubans et passementeries, r. de l'Ile, 20.
Chomier-Chavanne et Beraud, unis et façonnés, pl. Marengo, 5.
Chorein, unis et façonnés, vente sur banque, r. de la Bourse, 30.
Coadon (C.), noirs unis et velours, rue de la Comédie, 5.

Cognard, satins unis et façonnés, taffetas unis, rue des Jardins, 22.
Colcombet (Fs) et Cie, spécialité de rubans noirs unis et façonnés, rue Royale, 5.
Colomb (C.) et G. Granjon, uniés et nouveautés, rue de la Bourse, 4.
Colombat (A.) et Cie, velours, frange, passementerie, rue de la Paix, 41.
Coste frères et Durieu, unis et façonnés, rue Ville-Dieu, 9.
Couzon, unis et façonnés, rue de la Croix, 1.
Crépet-Descours (Auguste), velours, place Mi-Carême, 7.
Cunit (L.), velours, passementerie et ceintures, rue de la Bourse, 23.

David, spécialité de noir, place Mi-Carême, 7.
David (Antoine), place Mi-Carême, 7.
David (J.-B.), velours unis noirs et couleurs, r. de la Bourse, 16.
David frères, rubans unis et façonnés pour deuil, rue des Jardins, 13.
Delcros-Héraud, unis et façonnés, rue Saint-Charles, 41.
Denis (Antoine), galons et passementerie, velours unis, place Marengo, 2.
Descours (A.) et Cie, médaille d'argent (Paris 1867), rubans, velours noirs et nonveautés, place de l'Hôtel-de-Ville, 15 ; fabrique à Saint-Paul-en-Cornillon (Loire) ; maisons à Paris, Londres et Bruxelles.
Deville père et fils, rue du Treuil, 8.
Deville (J.-P.), velours, rue Royale, 25.
Dubreuil (F.), rubans, lingerie nouveauté, rue Gérentet, 8.
Dugnat Gauthier et Cie, brevetés (s. g. d. g.), médaille d'argent (Paris 1867) ; rubans velours et nouveautés, place Marengo, 13.
Dumarest (E.) fils, galons et passementerie, rue de Foy, 2.
Dumarest (J.), chapellerie et galons, rue Balay, 14.
Durand (Benoît), rubans et rubans velours, r. de la Bourse, 11.
Durand et Martin, galons, velours et tissns caoutchouc, rue de la Bourse, 32.

Egalon (J.), unis satins et façonnés, rue de la Loire, 4.
Epitalon frères, médailles de 1re classse : Paris, 1855, Londres. 1862, Paris, 1867 ; satin et taffetas unis, rue de la Bourse, 22,

Faure (E.), passementerie, place Mi-Carême, 1.
Faure-Chavanne (C.), rubans, velours, rue Royale, 4.
Fauvain (A.), rubans, velours couleurs et noir, et chapellerie rue Royale, 9.

Favier (Antoine), rubans façonnés, place Mi-Carême. 4.
Favier (Auguste), tissus caoutchouc, galons, bordures, place Saint-Charles, 9.
Favre-Chometon, unis et façonnés, pl. de l'Hôtel-de-Ville, 3.
Fleury fils, rubans, velours ; médaille de bronze, le Havre 1868; rue Royale. 8
Fond (P.), rubans, gaze et crêpes, rue Royale, 6.
Foujols (Ls) et Cie, unis et façonnés, spécialité de faveurs, rue Froide, 14.
Fourneyron (J.) et Cie, rubans et passementerie, r. de Foy, 2.
Fraisse-Brossard fils jeunes, velours, rue de la Paix, 6.
Fraisse-Jacquet frères et Cie, velours et passementerie, place Marengo, 15.
Fraisse-Merley, façonnés, place Marengo, 5.
Fraisse-Fraisse (J.), velours rubans et galons, pl. Marengo, 7.

Gauthier-Peyron, unis et façonnés, rue de Paris, 1.
Gélas et Badinand, rue de Lodi, 11.
Gérard (E.), art. poils de chèvre, ceintures, r. Brossard, 6.
Gérentet ✳ et Coignet, médaille d'argent, Paris 1867, place Marengo, 5.
Girard, Ogier et Cie, rubans unis et façonnés, place de l'Hôtel-de-Ville, 15.
Giraud et Deschaud, unis et façonnés, rue Royale, 8.
Girinon fils et Seigneur, rue la Bourse, 9.
Giron frères, ✳, velours unis et façonnés, rue Royale, 11.
Giry, rue Traversière, 4.
Gobert (P.), rue Royale, 1.
Gonon et Cie, mention honorabl , 1855, Paris, rubans nouveautés, rue Royale, 1.
Grange (Chs), rubans velours, rue de la Bourse, 3.
Grenetier (A.), passementerie pour dames, rue de la Paix, 2.
Guérin (Vve) façonnés, place de l'Hôtel-de-Ville, 3.
Guillaume Staron jeune et Cie, nouveautés, pl. Mi-Carême, 1.
Guitton-Nicolas et Cie, unis et façonnés, place Marengo, 7; maison à Paris.

Henry et Cie, unis et façonnés, place Saint-Charles, 9.
Hérard (Claude), unis et façonnés, rue de la Bourse, 10.
Hervier-Soullier (V.), taffetas et satins unis. r. de Roanne, 5.

Jacod (Denis), rue dé l'Ile, 10.
Jaray (Cl.), façonnés, place Saint-Charles, 11.
Joubert neveu et Cie, rubans et galons, rue des Jardins, 4.
Joucerand fils aîné, rubans, cravates, rue de Paris. 1.
Joucerand-Massardier, rubans et cravates, rue de la Paix, 1.
Joucerand (Claudius), unis et façonnés, ceintures, r. de Foy, 6.

Jourdan père et Cie, taffetas, unis et brochés, r. de la Croix, 4.
Lacour (E.), unis et façonnés, place de l'Hôtel-de-Ville, 10.
Lacroix (Eugène) et Cie, spécialité de taffetas noir et moiré, rue de Paris, 17; maisons à Paris, rue Saint-Denis, et à Bruxelles.
Lafond (Vve) et Cie, unis et façonnés, rue de la Bourse, 24.
Lafond, place de l'Hôtel-de-Ville.
Larcher frères, unis façonnés, place Marengo, 19, médaille d'argent. Paris 1867.
Legros (G.), rue de la Croix, 1.
Liabeuf, ceintures, passementerie, articles pour tailleurs, place du Marché, 6.
Liotard, Bernard et Cie, unis et façonnés, place Marengo, 13.

Marchand, unis et façonnés, rue de Paris, 1.
Marcou (P.) et Cie, rubans de modes, pl. de l'Hôtel-de-Ville, 1.
Marsaix (Victor), fabrique de rubans velours, r. du Treuil, 8.
Martinet (J.-Seb.), mention honorable, Paris 1867, satins taffetas grèges, nouveauté déposée et articles chapellerie, place Saint-Charles, 9.
Michel (S.), galons pour tailleurs, rue du Grand-Gonnet, 28.
Moustier (Ant.) et Cie, taffetas unis et façonnés, r. Bourse, 3.
Neyret (J.-B.), rubans pour décorations, ceintures, franges et passementeries, rue Royale, 19; maison à Paris.

Palix (J.) et Cie, en tous genres, place Marengo, 4.
Palle et Gobert, taffetas unis satins, crêpes, gazes et nouveautés, place Royale, 26.
Penel, Lacour et Dufour, velours, passementerie; place Marengo, 9.
Pénel (C.), rubans et velours nouveautés, rue Royale, 6.
Perrichon-Paradis, velours pure soie et tramés, r. Roanne, 3.
Peuvergne (A.), unis et façonnés, chapellerie, pl. Marengo, 2.
Peuvergne frères, rubans, passementerie, galons soie pour chapellerie, vente sur banque, rue Balay, 14.
Peyret-Lacombe (H.), rubans, lingerie, pl. Saint-Charles, 9.
Peyret, Gérin et Cie, unis et façonnés, rue Brossard, 9.
Peyronnet (A.), velours dits veloutine et cols-cravates, rue du Treuil, 10.
Philip (J.-M.), fabricant de rubans, satins, taffetas et velours, rue de la Bourse, 13.
Pinatel fils, velours, rue Brossard, 1.
Policard et Satre, façonnés et gazes, rue de Roanne, 3.
Pothin (C.), rubans et cravates, r. Roanne, 3.
Portafaix et Faure, cordons-ceintures, rue Saint-Charles, 20.
Portallier (A.) velours noirs et couleur, système breveté s. g. d. g., rue de Roanne, 3.

Preynat et Rozier, unis et façonnés, pl. de l'Hôtel-de-Ville, 15.
Pupil et Forissier, cordons pour ceintures, r. des Jardins, 14.

Revel aîné et Cie, unis et nouveautés, rue Gérentet, 6.
Rey (C.) et Cie, velours couleurs et noirs, pl. Mi-Carême, 4.
Rispal frères, gaze noire, taffetas cuit noir, satin grèges et
    taffetas coton, rue Marengo, 6.
Rivolier (Claude), unis façonnés, place de l'Hôtel-de-Ville, 6.
Robert (Antoine), unis et façonnés, rue Gérentet, 10.
Robichon (L. ✳) et fils, unis et façonnés, rue de la Paix, 10.
Roche et Cie, société des rubaniers, rue de la Bourse, 2.
Rondard (J.) et Cie, unis et façonnés, rue de la Paix, 14.
Rouchon et Cie, unis et façonnés, rue de la Bourse, 32.

Sabot (Jules), nouveauté, façonnés et unis, rue de Foy, 10.
Sabot (Jacques), gaze et taffetas, rue Saint-Denis, 1.
Sarda (Augustin), velours noirs et couleurs, r. St-Charles, 17.
Serre et Cie, taffetas, gaze et crêpes noirs, pl. du Marché, 1
Seux (Christophe), velours et taffetas, pl. du Palais-des-Arts.
Société des Rubaniers de Saint-Etienne, manufacture de ru-
    bans en tous genres, Roche, gérant, rue de la Bourse, 2.
Soulié et Vende, passementerie, nouveauté et velours unis, rue
    Royale, 3.
Syveton (L.) et Cie, rubans unis, faveurs et taffetas, rue de la
    Bourse, 10.

Tamet-Gagnière, rue de l'Eternité, 11.
Tardy (Félix), unis et façonnés, rue de Paris, 9.
Taveau jeune, galons, taffetas, chapellerie, r. de la Bourse, 3.
Tempier (L.) et Cie, façonnés et unis divers, pl. Marengo, 2.
Tillon jeune, nouveautés, velours, rue du Treuil, 10.
Tivet, velours, galons pour tailleurs, pl. de l'Hôtel-de-Ville, 9.
Trouilleux, rubans et galons pour tailleurs, rue Royale, 3.
Troyet (P.) et Cie, rubans nouveautés, médaille d'argent 1867,
    rue Royale, 13.

Vacher (A.), rubans, velours, rue de Lodi, 5.
Vaillant (Pierre), rubans façonnés, rue de la Croix, 1.
Valancogne fils, ruéans et velours, rue des Jardins, 11.
Verdelet et Cie, velours unis, place de l'Hôtel-de-ville, 9.
Vignat (Félix), rubans unis et cordons, r. Chambon, 10.
Vincent (J.), taffetas et satins unis et faç, r. de la Croix, 3.
Vinson et Sagnard, rue Royale, 25.
Wolff et Thiollier, ceintures et galons, rue Royale, 4.

Rubans et coupons (Marchands).

Bernheim (Constant), rue Royale, 6.
Boyer-Benoît, ruc de Paris, 7.

Chol (P.), rue Saint-Louis, 6.
Dubœuf (Mlle), rue Royale, 4.
Dumas-Targe, rue de la Comédie, 8.
Gaudin, rue de Lyon, 15.
Gidon (F.), rubans, articles chapellerie, rue Royale, 8.
Goutelle-Chovet, place Royale, 25.
Jampierre-Monier, rue du Grand-Moulin, 9.
Lacroix-Lamy, rue de Foy, 15.
Marcoux-Pagat, place Royale, 11.
Montagnac (Frédéric) velours, crêpes et soieries, r. de Foy, 12.
Pitre-Coignet, rue de Foy, 14.
Taberd et Cie, rue de Foy.
Toussaint (Mlle), nouveautés, rue de Foy, 12.

Soies (*Titres des*).

Arnaud (Vve), rue de la Bourse, 28.
Basset (Mlle), rue de la Loire, 1.
Debeaux (Mlle), rue de la Bourse, 21.
Decroix (Mme), rue de la Bourse, 20.
Dugenne (Mlle), rue de la Bourse, 32.
Foujol (Mme), rue de la Bourse, 1.
Manaud sœurs (Mlles), rue des Jardins, 8.
Méjasson (L.), rue de la Bourse, 24.
Paire-Brossard (Vve), rue des Jardins, 8.
Pinsard-Bongrand, rue de la Bourse, 25.
Pons (Mme), rue de la Bourse, 34.
Preynat (Mlle), rue de la Loire, 8.
Raimond (Mlle), rue de la Bourse, 21.
Varaine (Mme), rue de la Bourse, 9.

Soieries (*Marchands de*).

Constant-Bernhein, rue Royale, 6.
Varinier, rue Sainte-Catherine, 9.

Tailleurs confectionneurs.

Berard, petite-rue-Saint-Jacques, 4.
Boiron, place Royale, 15.
Gagnière, rue de Paris.
Levy (Charles), place de l'Hôtel-de-Ville, 6.
Mars, place de l'Hôtel-de-Ville, 2.
Taravellier (Régis), rue de Lyon, 1.
Taravellier-Cognet (Vve), place Royale, 23.
Taravellier-Robert, place Royale, 9.

Tailleurs principaux.

Arrial, place de l'Hôtel-de-Ville, 10.
Badiou jeune, rue de Paris, 15.
Best-Badiou, place de l'Hôtel-de-Ville, 8.
Boué, rue de la Loire, 16.
Bourgeois, rue de la Loire, 19.
Brion et Janin, place Royale, 26.
Buisson, place Royale, 43.
Burgstahler (L.), rue Gérentet, 2.
Carteron, rue de Foy, 12.
Camus, place du Marché, 6.
Chaniac, rue Valbenoite, 13.
Ferrier, rue de Paris, 13.
Ganière (A.), rue de Paris, 13.
Guérard (A.), rue de Foy, 10.
Kaiser, place Royale, 5.
Martinier, rue de la Loire, 28.
Midroit, rue Saint-Louis, 12.
Olagnier, rue Saint-Louis, 35.
Ostant, Petite-rue-du-Marché, 4.
Plotton et Pontal, place de l'Hôtel-de-Ville, 15.
Poulet, place de l'Hôtel-de-Ville, 1.
Prunière, rue de Foy, 5.
Rébé, rue du Grand-Moulin, 3.
Robert, rue de la Bourse, 29.
Rotheler et Crétien, rue de Foy, 14.
Rottier, rue de Foy, 3.
Rousson, rue de Lyon, 18.

Tapissiers.

Berger (T.), petite rue Mi-Carême, 5.
Bernard (M.), rue de la Croix, 1, et rue Gérentet, 2.
Bernard, rue du Treuil, 6.
Bertet jeune, rue Froide.
Chaize-Rivoire, rue de la Paix, 2.
Dauphin (V.), rue Neuve, 16.
Rivoire fils aîné, rue de Jardins, 3.
Rivoire fils, rue de Roanne, 1.
Teyssot (J.) rue Saint-Louis, 17.

Teinturiers.

Teinturerie de l'Industrie Stéphanoise, rue Grange-de-l'Œuvre, 2; Vignat Aimé, directeur; siége social, M. Bouzerand (Julien) représentant, rue de la Loire, 28;

Andrillat-Célard, teinture en rubans, soie, passementerie, galons, etc, atelier et apprêtage, dépôt et magasin, pour le pliage et l'encartonnage, spécialité de rubans et de velours reteints, rue des Gauds, 17.
Archac, rue Boulevard-Valbenoite, 84.
Arsac (E.), grande-rue-Tréfilerie, 7.

Baburel (A.), rue des Mouliniers.
Bonnefoy et Berne, à la Digonnière,
Bruas et Chambeyron, à la Digonnière.
Burel et Rivaud, à la Valette.

Chavoin (O.), grande-rue-Tréfilerie, 3.
Chibolon (J.), rue des Rives, 4.
Coron fils (C.), rue des Trois-Meules, 17.

Dupin et Cie, à la Valette.

Fournier et Pichon, bois de teinture, à Valbenoite.

Garde, rue de la Vapeur.
Giraud et Samouillet, à la Valette.
Girod aîné, place des Ursules, 9.
Grand neveu et Dubœuf, rue des Mouliniers.
Gonon et Proal, à la Digonnière.
Gande, rue de Montaud.
Grenetier (J.), rue des Teinturiers, 17.
Guichard (J.-M.), chemin des Grandes-Molières.

Jacquet (Cl.), à la Rivière,
Jacquet-David, rue d'Annonay, 11.
Journoud fils, rue du Sablier, 1.
Journoud (Cl.), à la Rivière.

Lallier (J.-B.), en soie et coton, Grande-Rue-Tréfilerie, 1.
Leymond-Maréchal, rue Haut-Vernay, 2.
Lyonnet, Fraisse et Cie, rue Thiollière, 5.

Mayrel, au Rez.
Milliant et Halder, à Valbenoite-Saint-Etienne; atelier de teinture soie et coton, médailles à diverses expositions; dépôt à Saint-Etienne, rue de Foy, 4, et à Lyon, rue Hippolyte-Flandrin- 24.

Paret et David, grande-rue-Tréfilerie, 19.
Perrieux, rue Saint-Denis. 28.

Perrin et Barailler, rue de la Vapeur, 6.
Ponson, grande rue Saint-Roch, 83.
Pichon (L.) rue Basses-des-Rives, 14.
Rand jeune, soie, à Valbenoîte.
Théolier (L.), rue Basses-des-Rives, 21.
Valadier (L.), au Rey.

Toiles et Calicots.

Bernard (P.), rue du Grand-Moulin, 7.
Bourlier (F.), rue le Bourse, 32.
Déléage et Cie, rue Traversière, 7.
Chauvet (Mme), place du Marché, 6.
Donneaud frères. rue Neuve, 23.
Dorel, rue de Foy, 20.
Dutar (L.), rue de Foy, 1.
Journel (Mme), rue de la Loire, 4.
Raymond-Augier, rue de Foy, 8.

Tourneurs sur bois pour la fabrique.

Barlet (P.), rue du Palais-de-Justice, 10.
Barlet (J.), rue des Creuses, 5.
Barallon et Chaleyer, rue Mi-Carême.
Chaleyer, rue de la Bourse, 8.
Decoulange, rue du Treuil, 24.
Fonvieille, marchand de bobines, rue de Lyon, 27.
Magnolon, place du Palais.
Meyer (J.), rue Praire, 7.
Moulin, rue de Lodi, 6.
Peyrard, rue des Jardins.
Tardy, rue du Treuil, 28.

Ustensiles pour la fabrique.

Forest fils jeune, maillons et barbins, rue Beaubrun, 14.
Forest (A.), place de la Croix.
Forest (P.), place Saint-Roch.
Maurice, rue Saint-Honoré.
Michel-Bernard, fil et coton, rue de Montaud, 21.
Moulinier, rue de Montaud, 31.

Velours noirs et couleurs (Fabric. de).

Arnaud (C.) et Reymondon, place Saint-Charles, 14.
Avril (Ant.) et fils, rue des Jardins, 28.

Balay aîné, Grande-Rue-Mi-Carême, 4.
Barrailler-Sablière, rue Royale, 25.
Bonon frères, rue des Jardins, 14.
Boudarel-Bonhomme, place de l'Hôtel-de-Ville, 3.
Boudarel (J.) neveu, rue de la Croix, 4.
Brenier (J.), rue de la Croix, 18.
Brossier-Davaize (J.), place de l'Hôtel-de-Ville, 13.

Chaize-Bonnard, grande-rue-Royet, 32.
Chaleyer (J.) fils, rue Saint-Louis, 21.
Chapuis-Avril, rue de l'Ile, 20.
Circaud, rue Neyron, 55.
Coadon (C.), rue de la Comédie, 5.
Colombant (A.) et Cie, rue de la Paix, 41.
Crépet-Descours, place Mi-Carême, 7.
Cunit (L.), rue de la Bourse, 23.

Dard et Cie, spécialité de gaufrés, découpés, rue Robert, 3.
David (J.-B.), rue de la Bourse, 16.
David (Vve Ch.), rue de l'Ile, 14.
Denis (Ant.) place Marengo, 9.
Descours (A.) et Cie, place de l'Hôtel-de-Ville, 15.
Dugnat, Gauthier et Cie, place Marengo, 13.
Dumarest fils, rue de Foy, 2.
Durand et Martin, rue de la Bourse, 32.
Durand Benoît, rue de la Bourse, 11.

Faure-Chavanne, rue Royale, 4.
Faure jeune, rue Brossard, 7.
Fauvain (A.), rue Royale, 9.
Fleury père, rue Royale, 9.
Fontvieille (L.), rue de Montaud, 52.
Fraisse-Brossard fils jeune, rue de la Paix, 6.
Fraisse Jacquet frères et Cie, place Marengo, 15.
Fraisse-Fraisse (A.) et Cie, noir et couleurs, place Marengo, 7.

Giron ✳ frères, rue Royale, 11.
Grange (Ch.), rue de la Bourse, 3.

Joucerand (C.), rue de Foy, 6.

Larcher sœurs, Vve Chandenier et Cie, rue des Arts, 11.
Levy Bernheim, couleurs, rue de la Bourse, 26.

Marsais (Victor), rue du Treuil, 8.
Mortier aîné, place Marengo, 10.

Penel, Lacour et Dufour, place Marengo, 9.
Penel (C.), rue Royale, 6.
Perrichon-Paradis, rue de Roanne, 3.
Peyronnet (A.), rue dn Treuil, 10.

Philip (J.-M.), rue de la Bourse, 13.
Pinatel fils, rue Brossard, 1.
Portalier (A.), rue de Roanne, 3.
Prat (C.), place de l'Hôtel-de-Ville, 10.

Rey (C.), place Mi-Carême, 3.
Sarda (Augustin), place Saint-Charles, 17.
Soulié et Vende, rue Royale, 3.

Tamet-Gagnière, rue de l'Eternité, 11.
Tillon jeune, rue du Treuil, 10.
Tivet, place de l'Hôtel-de-Ville, 9.

Vacher (A.). rue Lodi, 5.
Valencogne fils, rue des Jardins, 11.
Verdelet et Cie, place de l'Hôtel-de-Ville, 9.

Arcinge.

Articles du Beaujolais et couvertures (fabr. de).— Ferrand-Thivind.

Boën-sur-Lignon.

Banque et recouvrements. — Brault et Cie.
Chapeliers.— Baton. Duché, Magnien.
Chiffons en gros.— Dupuy, Fayolle.
Cordier. — Maguet.
Coton (filature de). — Dubrue (Jules).
Draps (mds de). — Bréas,Dubrue (M.), Gourey, Monillaud,
Paccard, Raffin,
Mercerie.— Bouchange, Dubrue aîné.
Tissage et bobinage. — David frères.
Vers à soie. — Turquais-Drutel (Cl.).

Bourg-Argental.

Crêpes (fabrique de).—Rivière, maison à Lyon; Sénéclause père et fils, Vidon et Chambon.
Mécaniciens. — Veillet frères.
Mouliniers en soie. — Fara fils, Jamet.
Rubans (fab. de). — Berne père et fils; fabrique de bords et bourdaloux, maison à Paris; Vidon et Chambon.
Soies ouvrées. — Défours, Rivière, Sénéclause père et fils.
Tissage de rubans et impressions sur étoffes. — Société de l'Industrie stéphanoise, siége social à Saint-Etienne (Loire).

Bussière.

Mousselines et broderies. — Chirat, Palais, Montagne, Raynaud.

Chambon-Feugerolles (Le)

Chapeliers. — Berger, Charas.
Couvertures de laine (fab. de). — Preher fils.
Draps et rouennerie. — Berger, Charras, Courbon, Denis,
Cotta, Leymarie, Limouzin, Preher fils, Rey (J.),
Laines. — Preher fils.
Modes. — Bastie (Mlle), Wilme (Mlle).
Mécaniciens. — Fourneyron.
Moulinier en soie. — Rispal.
Teinturier en laine. — Preher fils.

Charlieu.

Conseil des prud'hommes. — Hugand (J.), président ; Moncorger (A.), vice-président.
Banques et recouvrements. — Helle (A.), Vadon jeune.
Articles du Beaujolais (marchands d'). — Ardenne (Jeanne), Chadéra, Degueuse-Chavoin, Larue. Primpier-Alamartine.
Chapellerie. — Argoux aîné, Argoux cadet, Maizilly, Monnier.
Cotonnes, fabrique de rouennerie forte et coutils. — Ardenne et Delomier, Jules Vadon père et fils ; maison à Roanne.
Draperie, rouennerie, nouveautés, — Argoud-Auclair, Aubré (Alexandre), Déchelette frères et sœurs, Daigne-Balmain, Daigne-Aubré. Gobet-Maurice.
Lisses et peignes pour le tissage. — Dechavane, Moyne fils, Vacogne fils.
Machines à coudre. — Hugand.
Mercerie, bonneterie. — Devers, Dolliat fils, Martinot, Valdot.
Navettes (fab. de). — Chassiné, Curé, Fleuret fils, Popelin.
Parapluies. — Déclas, Mosnier. Dufour.
Soieries (fabricants de). — Capony frères, étoffes unies. Finat fils, Gonon Valorge et Cie, maison à Lyon ; Baty (A.), Dinet (J.) à Jarnosse ; Moncorgé, Ressort, Sérolle, Janvier, Lesieux père et fils, Masoyer.
Teinture. — Bérard, Durand fils, Montmessin.
Toiles, linge de table et coutils (fab. de). — Ardennes (C.), Ardennes (Etienne), Chassy, Mériclet.
Toiles et cordats (fab. de). — Ardennes (Etienne), Garniveau fils.

Chavanay.

Cocons (filat.). — Tardy.
Moulinier, en soie. — Dervieux, Gerin fils.
Mercerie. — Pelloux.
Nouveautés. — Dervieux, Grubat.

Chazelles-sur-Lavieux.

Chapeaux (fabr.). — Neel frères et Verpilleux.

Chazelles-sur-Lyon.

Banquiers. — Gonnárd père et fils.
Chapeaux feutres (fab.). — Besson père et fils, Besson (H.), Bertholon cadet, Clavel fils, Deloy fils frères, Fléchet, Grange, Hibruit aîné, Morreton, Maurice fils, Néel et Verpilleux frères, Poizat (Vve.), Poizat jeune, Porosse, Pupier, Pupier-Blanchard, Thomas frères, Tisseur, Venet frères, Verpilleux. Brosse.
Découpeurs et apprêteurs de poils pour chapellerie. — Guillot frères.
Draps (march.). — Bourrin (Vve), Goulte, Léon, Séon.
Merciers. — Bertholon, Durret, Guyot.
Parapluies. — Rivoire.
Souffleuses à vapeur pour poils de chapellerie. — Civier, France, Guyot.
Teinturiers-apprêteurs en chapeaux. — Fayolle frères, Guy, Hibruit (François).
Soieries (fab. de). — Dufêtre père et fils, maison à Lyon.

Chirassimont.

Mousselines (fab.). — Duclos fils.
Brochés et plumetis. — Junet (P.) jeune.

Colombier.

Moulinage. — Gillier et Corompt.

Coutouvres.

Cotonnes et doublures (fab. de). — Traclet fils aîné.

Cuinzier.

Mousseline et calicots (tiss. mécan. de).— Chatelus-Dubost.

Doizieu.

Mouliniers. — Albert aîné, Duclos.

Ecoche.

Filateurs et commiss. en cotons filés. — Glattard frères.

Feurs.

Chapeliers. — Maurice, Sarely, Tissot.
Chiffons en gros. — Maillers.
Draps (mds). — Baraille, Mecaudière, Staps,
Mercerie. — Durand, Madin, Miette, Pine.
Modes. — Patural (Mlle), Vial (Mme).
Tailleurs. — Macaudier, Micolon, Staps.

Firminy.

Chapeliers. — Boiron, Jourget.
Draps, toiles et tissus. — Bertail-Perrin, Jousserand, Meyrieux (Vve), Perrin-Perrin, Valette.
Mercerie. — Barnier, Benneton, Carraud, Carteret (Vve), Chapelon, Chovet, Faure, Faverjon, Largeron, Limouzin (Vve André), Rebaud aîné, Romeyer, Tardy, Tillion.
Modes et lingerie. — Mlles Alary, Bachelard, Garnier.
Moulinier. — Dubouchet (B.).
Parapluies. — Julien.
Passementiers. — Mercier (J.) et Cie.
Tailleurs. — Brossard, Josserand, Meyrieux, Plotton (L.), Plotton (F.), Valette

Fourneaux.

Articles brochés (fabr. d'). — Junet (P.) aîné.
Broderies sur mousselines (fabr. de). — Chizallet-Fougerat, Coton-Coton, Larivière-Renouard ✻, Rey (A.).

Izieux.

Blanchisserie de coton. — Patouillard (A.), Viricel (J.).
Lacets (fab. de). — Badard (Claudius), Balas père et fils, usine hydraulique et à vapeur; Michel (Williams), Renodier père et fils et Cie, usine hydraulique et à vapeur, comptoir à Saint-Etienne. Richard frères, maison à Saint-Chamond.

Lorette.

Mouliniers. — Bonnay neveu (fab. de lacets); Bonnay oncle.

Machezal.

Mousselines (fab.). — Mignard fils et Girin, dépôt et maison à Tarare.

Maclas.

Mouliniers. — Copin, Michel(J.-M.), Cartelier, Chauvet (F.), Pourret, Girard (E.).

Malleval.

Soie (tissage de). — Loup.

Montagny.

Cotonnades et articles de Beaujolais (fab.) — Chambosse, Déchelette frères, maison à Roanne ; Déchelette père et fils et Deveaux, Gardet, Gouttenoire, Pagneux jeune.
Cotons filés. — Déchelette frères.
Teinture (ateliers de). — Delorme, Deveaux (J.), Fouillaud-Pagneux.

Montbrison.

Banquiers. — Gonnard-Tissier, Sénéclause.
Chanvre (mds de). — Beaumel (L.), Beaumel (S.).
Chapeliers. — Baleydier, Bélisson, Mellet (J.), Rage (J.).
Merciers. — Arguillière (D.), Braly, Chabreriat, Chaland (J.-M.), Chaland, Chenevier (P.-A), Chenevier, Doctravé (P.), Fréry (Vve), Miolanne (P), Moingt (Vve), Montard (Vve), Paret (Mlle), Plume (J.), Vinois fils.
Modes. — Mmes Chalard (Cl.), Durel, (M.), Gouilloud (Vve), Sabin.
Nouveautés, draperie. — Artaud (Vve), Bourge, Brunel (L.), Entendu, Gouilloud (Cl.), Jaune fils, Relave, Surieur.
Parapluies (mds de) — Giraud (L.). Giraud.
Tailleurs. — Baley (J.), Cognasse (P.), Desmaison (L.-F.), Durand, Durandel, Gonnard (A.), Granger.
Tapissier. — Legrand (G.).
Velours (md de). — Lafond (F.).

Pacaudière (La).

Draperie. — Lafay, Marcou.

Panissières.

Linge de table damassé et ouvré (fab. de). — Bonnassieux père et fils, magasin à Lyon, rue de l'Impératrice, 23 ; Loire (J.) fils, magasin à Lyon, grande rue Longue, 19 ; Martin père et fils, dépôt à Lyon, grande rue Longue, 22 ; Valin, Terraillon (Vve).

Soieries (fab. de). — Contre-maîtres : Dumas et Rousset, Fouillet, Froget-Sigaud, Froget-Pierre, Froget-Grange, Froget-Chirat.

Toiles (fab. de). — Freguière fils, Martin fils, Perrot, Subrin-Terraillon, Vaillon fils.

Pelussin.

Bourre de soie, draperie et toilerie. — Eyraud (J.).

Mécaniciens-constructeurs. — Celle, Chavanon, Chardon frères, Louis, Mousset.

Mercerie. — Curvat, Foriel, Marcelin, Raffard.

Mouliniers. — Augez (Joseph), Augez (Henri), Bredoux (Jean), Bonnet, Boué, Chaize (François), Charlot, Chenevat aîné, Charvet aîné, Charvet jeune, Chaize fils, Chaize (Jean), Cholet, Dousson fils, Filliat aîné, Forez (Siméon.), Forez (Vve), Guigal père, Guigal fils, Guigal (Joseph), Granger, Girard, Lombard (Théodore), Martin, Marton, Mousset, Michel, Mondon, Marsot (Jean), Oriol (Eugène), ParetG-lodin, Paret (Louis), Pessonneaux (Étienne), Pessonneaux (Benoît), Prunier (Casimir), Pascal, Revollon (Jean-Claude), Revollon (Vve), Ravachot (Jean-Antoine), Rolland, Robélet, Randon (J.-M.), Vincent, Vergelas.

Marchands de soie. — Dousson fils, Filliat aîné, Martin.

Pouilly-sous-Charlieu.

Coton (filature et tissage). — Tevenin (F.).

Reguy.

Chapelier. — Roussillon (Benoît).

Impressions sur étoffes de coton. — Desaye.

Mécaniciens. — Lacroix (Claude), Masson (Jean).

Mercerie et tissus. — Garret-Fleuy (G.), Pivot.

Ouates (fabrique de). — Ponthus et Roche.

Teinturiers. — Burnichoux (François), Desaye, Fayot et Planchet ; maison à Thizy, Jourlain (Romain), Patay-Chavanon, Pravieux, Fayot, Vallossière.

Toiles et cotons du Beaujolais. — Fabre-Somain, Jourdan père et fils, Pinot et Auger.

Renaison.

Chapelier. — Duclos.

Chiffons en gros. — Fayet, Parent.

Mercerie. — Fayet.

Rive-de-Gier.

Banquiers. — Fayard (V.) et Cie, Marel et Virissel, Ronzy fils.

Blanc et broderies. — Suchet.

Chapeliers. — Auger, Bertholon, Chaize, Chorlio, Janin, Ollagnier, Roux.

Draps (fab. de). — Chaize, Dumas (Clément), Novat, Novat-Poyat.

Draperie, rouennerie, nouveautés. — Arnaud-Brunond, Charles, Fond (N.), Fredière aîné, Gabert, Gonsolin (Vve), Nizières (Vve), Novat-Chaize, Papillon, Pinel (Vve), Rancier, Sygward sœurs, Vernay-Viallon (Mmes).

Mercerie. — Achard (Mlles), Gagnière, Hubert, Matrat-Cote, Paque (Vve), Perroton, Poyet, Renard.

Modes. — Mmes et Mlles Chambeyron, Charmet, Degrange, Fleurand, Paret, Privas, Rivallier, Vergnory, Villette.

Parapluies (mds de). — Andrevy, Boucher, Despaulis, Papillon.

Tailleurs. — Charmit, Condamin, Dumas, Dussurgey, Grévon-Rivoire, Royer.

ROANNE.

Chambre de commerce.

Guilloud, président; Déchelette (Rémy), vice-président; Chaverondier (Franscisque), secrétaire; Cherpin aîné, Raffin (Félix), Guillon, Déchelette-Dépierre, Bajard (Jules), Raboudin père, membres.

Tribunal de commerce.

Chaverondier (Francisque), président; Boussaud, Fenouillet, Bajard (Jules), juges; Bonnaud, Hérail, Gardet (Benoît). Fillon (Louis), juges suppléants; Pothier, greffier.

Arbitres de commerce.

Bostmenbrun, Desmurger, Gardetton.

Conseil des prud'hommes.

Raffin (A.), président; Lapoire (André), vice-président; Gardetton, secrétaire.

Apprêteurs d'étoffes.

Forest, Gamet (G.), Rebay-Belliveau, Vadon.

Banquiers.

Besse, Boussand et Rollet (Alexandre), Jeannez (Vve) Chaverondier et fils.

Blanc (Articles de).

Brisson, Chollet (A.), Dauphin (A.), Gauthier, Laurent-Richard, Perret (Mlle), Piat (Mlle), Rivière-Durantet, Verger (Mlle).

Bonneterie en gros.

Bardon frères, Bochard (C.) et Cie, Charvin et Blanc, Gardet frères et Perret, Guyon (Jules), Mugnier (J.-F.), Patural et Cruzille, Robelin (J.), Trial (Mme).

Chanvre (Mds de).

Celeron (G.), Frobert (Cl.), Gamet, Rolin (Cl.), Thuinet, Tourlegnat (Cl.).

Chapeliers.

Burlot, Carly (A.), Decloître (J.), Monvenoux, Monvenoux (L.), Pegon (E.), Peutet (J.), rue du Collége, 15, chapeaux de soie et castor pour hommes, articles de voyage et fourrures ; Peyrard (P.), Préjol (P.), Rabery (E.).

Chapeaux de paille.

Boivin et Vanerie, en gros ; Peutet (J.).

Chemisiers.

Baudier (Mme), Gauthier (Mme), Gravillon et Miseri, Laurent (Mme).

Chiffons en gros.

Claustre, Dumaison (L.).

Cordiers.

Aubert, Baussans, Chavanne, Thimonier.

Corsets (Fab. de).

Mlle Laissu (R.), rue du Collége, 13, fabrique de corsets et ceintures élastiques.

Coton (Filat. de).

Chaverondier frères, à Saint-Germain-Laval ; Martin (Auguste), établissement à Riorges.

Cotons fils, moulinés et pelotonnés.

Balouzet frères, Barge (Gilbert), Devillaine jeune et Cie, Dissard et Cie, Gugonnet-Roux (Vve), Guillebert (H.) et Cantel; Money (T.), Point (J.) et Margue. Portier-Bessy, Subrin aîné, Vadon (Paul).

Cotonnades (Fab. de).

Beluze-Pothier, Benoît-Subrin et fils, Bertaud (C.), Berthelier (A.), Berthelier, Blanc-Ducher. Bourbon aîné, Bournichon (Marc). Bournichon aîné et Michalard; Brison-Daumont et Cie, fab. en tous genres, spécialité de grand teint pour tablier, maison à Clermont-Ferrand, rue des Gras, 26, (Puy-de-Dôme).

Chabrier, Chamussy père, Chancloube et Javourez, Cherpin aîné, Chevreton (Eugène) et Cie.

Darroux-Villeneuve, Dechavanne (Joanny), Déchelette et Lapoire; Déchelette frères; maison à Clermont (Puy-de-Dôme, fab. à Montagny; Déchelette-Depierre et Cie, Deygas et Denis; Depeux-Tête, Depierre, Dumourier neveu. Dupéray.

Fabre-Chamusay (J,). Félix Raffin, Fourt (A.).

Georges (A.). Goujon fils, Groussot frères et Cachat, Guilloud-Chaland.

Jacquemont et Forest, Jonard-Gauthier, Joubert.

Labarre (Antoine), Labouré fils, Lachal et Joubert.

Marchand (A.), Martin-Cortey, Merle (A.) fils, Michalon et Poude, Moncigny jeune, Monteret frères, maison à Charlieu.

Pelosse jeune, Perche-Poyet, Perichon-Perche, Poyet et Caquet, Prost (J.).

Raffin (E. et A.) frères, maison à Marseille; Rey-Guillon et fils, teinture; Renon (J.-M.), Rigothier Darmet et Cie.

Seyrole et Bergerand, Subrin (Alexandre).

Vindrier frères et Cie.

Cotonnades de Roanne, art. du Beaujolais, doublures, etc.
(négociants el commissionnaires.)

Alex et Dubost, Chanteloube et Javourez, Colombat cousins, Coste, Bochard et Fenouillet, Darme et Jacquet, Dechelettes-Despierres et Cie, Durand-Fenouillet, Fougerat, Gonnon (Joan.), Therre-Giboudau.

Crépins (Marchands.)

Ducarre, Jotillon, Nottin, Vignon.

Draperies et nouveautés.

Busson-Marcet, Caire frères et Audifred, Chabanon fils, Cinquantin et Marc sœurs, Coste, Bochard et Fenouillet, maison de gros; Déchelette frères et Dubuis, Jourdier, Magnin, Terre-Giboudeau, Tachet.

Drogueries pour teinture.

Fessy-Lamy, pour teinture et médecine; Fessy jeune, Hérail-Lapilonne, Montroussier (Vve.)

Hôtel de la Paix.

Picard fils (ancien hôtel du Loup enchaîné), rue du Collége et de la Gare, meublé à neuf, chevaux et voitures à volonté, chambres de familles, services particuliers.

Laines (Marchands de).

Dionnet (Mme), Guyon, Point et Murgue, Rey.

Lingerie.

Beaudier-Beurot (Mme), Gauthier (Mlle), Piat (Mlle), Prost (Mme)

Literie.

Blondel, Colombat-Grenetier, Grangeneuve-Pullin.

Machines à coudre.

Martin, Grand assortiment de plusieurs modèles français et américains pour tailleurs, tailleuses, lingères, chapeliers, cordonniers, tapissiers, et pour familles, dans tous les prix; dépôt de diverses machines d'agriculture.

Mécaniciens sur bois.

Gaspard, Mousset, Tête.

Mécaniciens sur fer.

Boury, Duché (J.), Guillet, Joanin, Laffay aîné, Masson, Perroquin.

Mercerie en gros.

Blanc (E) Charvin et Favre.
Charvin et Blanc.

Gardet frères et Perret.
Nourrisson jeune fils et Vve.
Patural et Cruzille.

Merciers en détail.

Allier (B).
Bagneau (P.), Balouzet (J.-M.), Barlerin (J.), Berthet. (J),
Blanc (J.), Bonjour (Vve), Brunelin (J.-M.), Busson (A.).
Cartalas (J.), Chapt (Vve), Chapoint (Vve), Charmette (E.),
Cheminade (J.), Creuzille.
Dalery (Cl.), Déal (D.-F.), Debougy (veuve Girard), De-
channe (J.-M.), Devigny (F.), Duc (M.), Dumas (L.).
Fargues (E.), Foivard (P.-M.), Frobert (A.).
Gardet (B.), Gardet (J.), Garret (U.), Gravard (femme Ver-
morel), Grizard (Vve).
Joannin (veuve Cristin).
Lemoine (veuve Munot).
Michaud (M.).
Nely (A.), Neyron (veuve Lechavanne).
Paturel (Cl.), Pavy (veuve Boisset), Perret (E.), Pine (J.),
Poizat (A.).
Raffin (P.), Rey.
Usclade (femme Demure).
Vaudier (Vve), Vernassière (J.).

Modistes.

Balin (A.), Bijard (J.-M.), Chapon (M.), Cherpin (M.-J.),
Daudin (Mme), Devaux (S.), Dumont (F.), Godard (Mlle), Gou-
lard (Th.), Gruet (F.), Henry (Mme), Lepinat (F.), Penel (G.),
Bontet (F.), Riberolle (M.), Veyfour (A.).

Navetiers (Fabricants).

Poyet, Rousset, Thévenet.

Nouveautés (Magasins de).

Bancillon (J.) et Cie, Busson-Marcet, Caire frères et Audif-
fred, Cinquantin et Marque sœurs, Dechellette frères et Dubuis, Jourdier.

Parapluies.

Basset, Chabaut, Combe, Cote, Giraud.

Passementerie et Broderies.

Allier, Cholleton (J.-M.), Demolière, Paperin (veuve Mou-
quet), Pavy (Mme), Rey (A.), Roche (C.), Sérol, Thimonnier,
Viallon et fils.

Retordeurs de fils de coton.

Anglard (P.), Benoît. Chaverondier (F.), Martin (A.) à Riorges; Verrière (B.).

Rubans (Marchands de).

Delay (veuve Duhourg), Rivière et Durantet, Vital (Vve).

Sacs (Fab. de).

Rollin (C.) fils aîné.

Tailleurs.

Barriquant (Cl.), Boudinant (J.), Burnichon (J.),Colombat (P.). Dubernet (J.), Galopin (E.-J.),Giraud (Vve), Hérand (L.). Laigle, Lay (J.), Loup (Cl.), Mauchon, Martinez (J.), Moulin (Ph.), Musset (J.-M.), Rochard (Vve Mme), Thévenet (J.)., Vernay.

Tapissiers.

Chaize, Durand, Lausdat (Jules).

Teinturiers.

Beluze-Pothier, Benoît-Subrin et fils, teinture et fabrication.
Chambosse oncle, et fab., Chapelat, Chatelet, Cherpin aîné, teinture et tissage.
Debat (E.), Depierre, Devarenne, Devillaine jeune et Cie.
Guillaud-Chaland et fab.
Martin (J.-B.) ❊ et Pétrus. ❊
Palais (Pierre), Perraut.
Raffin (P.-A.) et frères, Reyguillon, Rigottier Darmet et Cie.
Subtil et Gourgaud.

Toiles (Fab. de).

Chabaut.
Lespinasse frères.
Rollin (C.) fils aîné.

Tricots à l'aiguille (Fabricants de).

Bochard (C.) et Cie. Goutorbe (J.), Guyon (J.), Lacomme (Mme), Robelin (J.), Trial (A.).

Roizey.

Mouliniers. — Allégre (J.), Odouard(J.).

Saint-Bonnet-le-Château.

Chapeaux (fab. de) — Favier, Jacon, Fréry.
Dentelles (fabr.).— Balp aîné, Blanc-Rochette, Daurelle.
Draps. — Faure-Favier, Jacon-Cussonnet, Roux-Lartiôme, Suchet (Mlle), Faure-Baleyguier.

Saint-Chamond.

Conseil des prud'hommes. — M. . . . . . . *président*. Berthaud, *secrétaire*.
Banquiers. — Comptoir commercial de Saint-Chamond, J.-P. Coste, Pascal-Gourgout.
Blanchisseurs de lacets. — Patouillard, Véricel.
Caoutchouc (tissus en). — Coignet et Bacquard, Durand (J.-B.), Ferraton fils, Chaland et Fourchedoire, Pascal (L.-X.), exportation ; Poizat-Gerin, fabrique de tissus caoutchouc pour chaussure ; Roux (E.) et Cie.
Cartonniers pour la fabrique. — Bochu, Jacquin.
Chapeliers.—Bonnet, Citron, Deflasieux, Fournier, Souchet.
Chiffons. — Fournel (Jean), à Saint-Julien. Rossari, à Saint-Julien.
Cordiers. — Charvet, Dufresne, Roux.
Draps, rouennerie et nouveautés. — Boiron, Boyet, Buère et Renard, Caron-Tranchand, Couchoud, Dagier-Carnier, Dumas, Dard-Rivori, Faure-Vaganay, Ferraton-Chanard, Jalla (Vve), Jayet (A.-M.), Moine, Nicolas, Rand (Mlles), Réstaing (Mme), Roux (Mme), Souchet-Fournier, Tourtoulon, Vaillant (Léonard, Vincent (Vve).
Ferreurs de lacets.— Mongiraud (Vve), Revol (J.-C.).
Franges, passementerie et galons (fabr. de). —Coignet et Bacquard, Pascal (L.-X.).
Fabrique de galons pour tailleurs. — Poizat-Guérin.
Fuseaux pour fabrique de lacets (fabr. de). — Grivolat, Thouilleux (Louis), Touilleux-Balas, Thouilleux (Vve) au Creux.
Hôtel du Lion-d'Or tenue par Jules Marchi, Grande-Rue, 80, entièrement reconstruit. MM. les voyageurs y trouveront tout le confortable désirable.

Lacets et cordons (fab. de). — Alamagny-Oriol et Cie, fabrique spéciale de tresses et lacets, médaille d'or 1867 ; maison à Paris, rue Thévenot, 9.
Badard (C.), au Creux ; Balas-Dubouchet, Balas père et fils, Beck (Auguste), fabrique de lacets et cordons en tous genres, usine à vapeur ; Berne (Mme Jeny), Bergé-Berne, Berne (P.-A.), Brun (Irénée) et Cie.

Castel (Henri), représentant, au Creux ; Coignet-Terrasson, Coignet et Bacquard.

Dubouchet (Joanny), à Saint-Julien, tissage mécanique et fabrique de lacets ; Durand (J.-B.), commissionnaire.

Grangier et Reymondon, médailles (Londres 1862), argent (Paris 1867), fabrique de lacets en tous genres, spécialité de soutaches et de tresses nouveauté, expédition, exportation, usine à vapeur ; Guy fils.

Lassablière et Chaland fils, fabrique de lacets en tous genres, maison à Paris, chez MM. Detrave et Leroy, rue du Petit-Lion, 15.

Macabéo (Vve), Matricon, Maillon (J.-B.), Michel W, au Creux. Poizat-Gerin.

Renodier père fils et Cie, au Creux ; Revol (J.-B.), Richard frères, manufacture de tresses organsin, de lacets de soie, de coton, de cordon et soutaches, maison à Paris, médailles d'argent à diverses expositions.

Simon (G.), fabrique de lacets et tresses en tous genres.

Mécaniciens. — Chavanne-Brun, Deygas, Lanet (J.-B.) et Cie, constructeurs de ponts, charpentes et planchers en fer, chaudières à vapeur, gazomètres et appareils pour usines à gaz, pour sucrerie, distillerie, etc.

Mercerie. — Bonnard (Mlles), Courtine, Dubœuf (Mlle). Ogier (Vve), Ogier fils, Pitiot (J.).

Métiers à lacets (fab. de). — Albert (L.), constructeur de métiers à lacets, cordons, soutaches, tresses et tout ce qui concerne le moulinage, expédition, exportation ; Berne (Paul-Augustin), Chabanel (J.-B.), Martinier (Auguste), Martinier-Davier, Vercasson (Pierre), Sarron,

Modes. — Mmes et Mlles Bonjour, Bonnefoy, Bonnet, Chazey (Mme), Chazey (Mlle), Fond, Fond (Gabrielle), Larroux, Perrier, Perrin, Ravachol.

Parapluies. — Mlles Boyer, Charpentier, Souchet-Fournier.

Produits chimiques. — Comte, acide galique ; Jamet. Lanet (J.-B.) et Cie, amoniaque, couperose et rouille pour teinture ; Paret-Berne.

Rubans de soie (fab. de). — Coignet et Bacquart, commissionnaires. Roux (Étienne) et Cie.

Soie en bourres. — Carro (F.), Durand (J.-B.).

Soies gréges et ouvrées, commissionnaires. — Bertholon-Vigier, Chatagnon Mathieu, Coignet et Bacquard, soies, laines et coton, Coste (J.-B.), Duclos (Jules), Durand (J.-B.). Pascal-Gourgout, Richard frères.

Soie (moulinage de). — Alamagny-Oriol et Cie, Albert, à Doisieux ; Alirot, Bertholon-Vigier, Bonhomme et Albert, Brun Irénée et Cie, Chatagnon (M.), Duclos (Jules), Durand (J.-B.), Girard-Balas, Richard frères, Simon (G.).

Tailleurs. — Chazay, Cluzel, Degat aîné, Degat jeune, Degat-Régis fils. Dumont, Fontaines, Moulin, Relave, Vincent.

Tapissiers. — Fayard, Frécon, Monnier Prénat.

Teinturiers en soie, fleuret et coton. — Bergé (H.), Boutier fils. Duchez jeune, Duchez (J.), Gillet et fils, au Creux; Journoux, Pichon et Bonneval, Puthod (J.-N.), Richard frères, Salignac (A.), Targe-Piney.

Teinturiers en laine, poils de chèvre et drap. — Quioc, Raymon et Chauvet, Vial, Vial (Pétrus), teinture de draps et apprêt.

Tissage mécanique et fab. de lacets. — Dubouchet (Joanny).

Sainte-Agathe-en-Donzy.

Mousseline. — Delorme.

Saint-Cyr-de-Valorges.

Moussel. et brod. (Fabr.). — Duvière, Faye.

Saint-Galmier.

Chapeliers. — Carteron, Fraisse, Merle, Pitaval, Thollot.
Nouveautés, (march. de). — Besson, Blanchon, Duvert (Vve), Fessy, Néel, Peycelon, Poncet, Philippon (Miles).
Soie (moul. de). — Oriol et Perrichon.
Soieries (fab. de). — Fessy fils, contre-maître.

Saint-Genest-Lerpt.

Draps. — Antin, Chomat père, Chomat fils.

Saint-Germain-Laval.

Coton (fil. de). — Chaverondier frères.
Cotonnes (fab. de). — Colombat, Remayny (Louis).
Nouveautés. — Boisset, Colombat, Freydière, Mivière.
Tailleur. — Damont.

Saint-Jean-Soleymieux.

Dentelles (fab. de). — Breby (Mme Virginie).

Saint-Julien-Molin-Molette.

Mouliniers en soie et fabrique de crêpes. — Charlot, Chomel (Vve), Chomel (Paulin); Corompt et fils, foulards en gros, maisons à Lyon, Paris, Londres et New-York. Cremillieux, Gillier et Corompt, Perrier aîné, Perrier jeune.

Saint-Julien-en-Jarret.

Chiffons en gros. — Fournel (J.), Rossary.
Lacets (fab. de). — Berne (Mme Jenny).
Tissage mécanique et fab. de lacets. — Dubouchet (Joanny).

Saint-Just-en-Chevalet.

Chapeaux de paille (fab. de). — Blanc.
Cotonnades (fab. de). Dawon, Drevet.
Soieries (fab. de). — Blanc.

Saint-Just-la-Pendue.

Mousseline et broderie. — Chadier, Giroudon, Vial.
Drapier. — Bernard.

Saint-Just-sur-Loire.

Chapeliers. — Dufour, Grenet.
Impressions sur tissus. — Halder cadet.
Rouennerie, draperie et toilerie. — Grenetier (Louis).
Teinturier sur soie. — Cizeron jeune.

Saint-Martin-en-Coailleux.

Lacets de soie et coton ((fab.). — Coignet (Claude), machine
à vapeur, Macabéo, machine à vapeur, Montellier-Motiron,
spécialité de lacets coton, usine à vapeur.

Saint-Paul-en-Jarret.

Chapelier. — Perret.
Lacets (fab. de). — Couchoud de Gournay; maison à Paris.
Mécanicien. — Bernard.
Modes. — Mmes Brosse, Couchoud, Girard, Vidal.
Mouliniers. — Bouchet père, Bouchet fils, Brouy (L.), Char-
rin (A.), Chataignon, Chorel (Vor), Coffy, Dégabriel père et
fils Bourrin et Cie, maison à Lyon ; Dubost, Dubreuil, Hervier,
Lacombe aîné, Micol (A.), Morel, Peyrard, Picollet fils et Cie,
maison à Lyon ; Poidebard (J.), Vanel, Salomon, Chanard fils.
Soie (bourre et fantaisie). — Dervieux (Vve), Pipet (Gus-
tave), gros, expédition.
Soie (mds de). — Poidebard J. et fils.

Saint-Pierre-de-Bœuf.

Chapeliers. — Penet fils.
Modes et articles de blanc. — Faury (Mlle), Cellard.
Tissus de soie pour Lyon (fab. de). — Eimain, Marchand,
Rabatel, Sève.

Saint-Symphorien-de-Lay.

Cotons filés. — Gouttenoire (Paul), maison à Tarare.
Draps. — Combe, Fonfrède, Rodet.
Mousselines (fab. de). — Deberchoux (F.) et Alcipe
Estragnat, Demonceau-Giroud, Deschamps jeune Leclerc et
Cie, Fougerat, Francolin (Vve) et Buzon, Mottin frères.
Toiles. — Favrichon, Moncigny.

Saint-Victor.

Bourre de soie (filat.). — Auquier frères ; maison à Thizy.

Sail-sous-Couzan.

Laine (filature et carderie de). — Moissonnier.
Rouleaux pour filatures et fabriques de Rubans. — Baralon, Magnolon.

Sévelinge.

Coton (filature hydraulique de). — Chapon (Mlles).

Sury-le-Comtal.

Chapeaux de paille (fabrique de). — Batel, Blanc.
Drapiers. — Lardellier (Mme), Dissard, Jacquemont, Michalon, Rolland.

Usson.

Dentelles. — Ballet (Georges) frères, Bost-Durand, Carret frères, Carret (Jean), Dupin (A.), Gay, Tuscartes.
Rouennerie, draperie et nouveautés. — Carret (Bosalie), Faveyrial, Petit (Vve), Rivallier-Robert, Valentin (Rosalie).

Verranne.

Mouliniers. — Conniet, Chaise (P.), Guillot.

Villars.

Draps. — Rocher, Bruyère, Rancon.
Mercerie. — Louison.

Violay.

Mousseline. — Piard aîné.

POMPE GONIN
BREVETÉE en France et à l'Étranger
(S. G. D. G.)

Cette Pompe, d'un prix très-modéré et qui diffère essentiellement de tous les systèmes connus jusqu'à ce jour, a les qualités suivantes (garanties par l'inventeur), qu'il est facile de reconnaître à la première inspection :

1° Elle est sans aspiration ; — 2° N'ayant jamais besoin d'engrener ; — 3° Ne craignant pas la gelée ; — 4° Elle peut être placée à de très-grandes distances du puits de son alimentation ; — 5° Elle peut monter l'eau à plusieurs étages ; — 6° Elle peut servir pour pompe à incendie et à l'arrosage des jardins, et allant à toute profondeur.

S'adresser à l'inventeur, GONIN, rue de la Loire, n° 3, à Saint-Etienne.

MACHINES A COUDRE

ET A BRODER

Françaises, Américaines, etc.

PERFECTIONNÉES

Récompensées à l'Exposition universelle de 1867.

 **E. HÉLIE** 

Ingénieur-Mécanicien

Rue de la Bourse, 28, à Saint-Étienne (Loire)

VENTE AVEC FACILITÉS DE PAYEMENT

MACHINES

DE

FAMILLE

à chaînette

ET A NAVETTE

(Point indécousable)

MACHINES

DE

LUXE

argentées

AVEC MEUBLES

de salon

MACHINES D'ATELIER

POUR

Tailleurs, Couturières, Lingères, Modistes, Confectionneurs, Chapeliers, Corsetières, Cordonniers, Selliers, Bandagistes, Tapissiers, Fabricants de Cravates, etc., etc.

AIGUILLES, FOURNITURES ET ACCESSOIRES.

Atelier spécial pour la Réparation.

Toutes les Machines vendues ou réparées par la Maison sont garanties.

DÉPARTEMENT DE SAONE-ET-LOIRE

MACON, chef-lieu du département.

Tribunal de Commerce. — Président, Renard-Gardon. — Juges : Dupasquier (Louis), Jacquelot, Charnet-Crozet. — Greffier : Bertrand.

Juges suppléants. — Parisot, Goyon, Ferret, Collin-Dejoux.

Arbitres de commerce, syndics de faillites. — Buguet, Plumet (J.-P.).

Commerce, Industrie.

Banquiers. — Bouillard (J.-B.), caisse d'escompte. — Charnay, Villard et Vauclin, Léon Cottet. — Comptoir Mâconnais, Longepierre aîné, Pelissier (Adolphe), Vadon (Jh).

Blanc (Art. de). — Beau jeune et Cie, Gandil, Lecapelin (F.), Merle-Robert.

Bonneterie en gros. — Cabezat frères, Dupont-Giraud et Cie, Forest-Joly, Giraud (J.-M.), Goy-Dion et Perraud, Janvion-Moindrot, Pasquier père et fils, Perret frères, Vacher-Thévenon et Cie.

Chanvre (Commerce en gros). — Perret, Jambon, Matray (J.-B.)

Chapeaux de paille en gros. — Dufour, Morin.

Chapeliers. — Crotte, Guépy, Lapierre, Manoncourt, Morier, Ratton, Robert (Vve).

Chemisier. — Bert.

Chiffons en gros. — Dessite, Fontat, Piatat.

Cordiers. — Aujas, Coiffard, Chamonard fils.

Crépins (Art. de). — Billard, Gaillon, Lambert, Loron.

Dentelles (Fab. de). — Vacher-Thévenon.

Draperie, rouennerie, nouveautés et toiles en gros. — Cuynat, Défretière, Fortou neveu et Goyon, Goyon père et fils (à St-Laurent), Lions-Vésinier et Rey, Montaigut et Courtin, Planche, Turin, Tessier père et fils, Silvestre et Arbaud.

Draperie nouveauté et toile en détail. — Chamonard (Vve), Chardonnet-Delnoy, Disson, Ferret-Lauvergne, Guillard, Lafont, Lagroste, Lemaire, Platret, Vésinié fils.

Fleurs. — Mmes Baconnet, Durand-Blanpoix.

Lingerie confectionnée. — Dumoulin (Mme).

Mercerie, bonneterie et articles de Paris en gros. — Calezaz frères, Dupont-Giraud et Cie, Esmenjaud-Cottet, Forest-Joly, Goy-Dion et Perraud, Giraud (J.-M.), Janvion-Moindrot, Pascalin (Paul), Pasquier père et fils, Perret frères, Richard-Grand-Clément.

Mercerie et bonneterie (en détail). — Barachim (Mme), Belle-Benoît, Bonningay, Condemine, Evieux, Cinquin (Mme), Cortet (Mlle), Demigneux et sœurs, Févret (Mlle), Flachot (Mlle), Guépy-Benasse, Lissoty, Marot (Mlle), Parisot, Péchard-Vessot, Vanot, Vuillaume (Vve).

Modes. — Mmes et Mlles, Authelain, Baconnet, Chanu, Charpillon, Deshaires, Dubois, Gris, Lamontagne, Manceaux, Pelletaz, Spay, Tabouréau.

Rubans. — Giraud (J.-M.), Robert.

Sparterie. — Thevenet.

Tapissiers. — Bellardelle, Larigoderie fils, Longepierre, Marot, Meulien fils, Tondu, Stollet fils.

Tailleurs. — Bonhomme, Caton, Calard, Dourdan, Forest, Forissier, Guilbert, Lafont, Lasjuinas, Litaud, Gagère (X.), Richard-Devarenne, Thuiliers, Valet.

Toile à sac (Fab. de). — Buy (à St-Laurent).

Autun

Tribunal de Commerce. — Président : Rossigneux (J.). — Juges : Constant, Diot, Goin (A.), Sauzay. — Suppléant : Renault. — Greffiers : Douhéret, Mangematin, Grenot, Seguin. — Agréés : Mollard, Cibot, Canel (J.-L.)

Banquiers. — Alexandre-Baret et Pouillevet, Constant fils, Desvaux et Moissenet, Jarlot et Rodary.

Blanc (Art. de). — Boulez fils, Brette (Jules), Diot frères, Michaud-Chevrier, Seguin et Cie.

Chapeliers. — Jarlot aîné, Garnier jeune, Labouré, Rebreget-Brossard, Rebreget fils, Sebille, Vieillard.

Corsets et jupes (Fab. de). — Cornibert (Mme), Flouvat (Mme), Fontritte (Mme).

Dessinateur de broderies. — Chazel (Mme Marie).

Draperie, rouennerie et nouveautés. — Brette (Jules), Demezières-Beaufort, Develay (Aldre) et Chossard, Fagothey-Allois, Gauthier, Juncas-Thiébaut, Mangematin et Dechaume, Seguin et Cie, Viard.

Laines et crins. — Bourgogne, Rérolle, Janin.

Laines (Filat. de). — Corot, Gard, Perrot (Mlle).

Mercerie et bonneterie, gros et détail. — Canet frères, Chapaux (Vve), Cibot (Mme), Diot frères, en gros; Duployer, Follot cadet (Vve), Faivre Lagoutte (Vve), Martenot, en gros; Menot-Miller (Mme), Michaud-Chevrier, en gros.

Modes et lingerie. — Mmes et Mlles Clerget, Gaudriot, Gaudry, Jarlot, Mathieu-Gauthier, Moulot, Pellegrin.

Nouveautés et confections pour dames. — Brette, Mathieu-Gauthier, Seguin et Cie.

Tailleurs (Marchands). — Boyer, Cuzin, Lombois, Louis, Rémond et Duverne, Wonner.

Tapissiers. — Huet, Jourdain, Mariotte, Mercier.

Toilerie. — Boulez fils, Brette (Jules), Mangematin et Déchaume, Seguin et Cie.

Bourbon-Lancy.

Chapeliers. — Saint-Aubain aîné, Saint-Aubain (L.), Sallier, Vierge.

Draps. — Charbonnel, Isnard, Lavocat, Pain.

Buxy.

Chapeliers. — Badet.

Draps (Marchands de). — Bacheret, Bocquin, Douharet (Mlle), Lartaud, Launet.

Chagny.

Chapeliers. — Caillet, Changarnier, Hairon.

Draperie, rouennerie, etc. — Amiot, Friau, Monin, Moreau, Theurot.

Modes. — Mmes Friau, Cornu, Guy, Léauthier, Michon.

Parapluies. — Androt, Boudias.

Châlon-sur-Saône.

Chambre de commerce. — Président : Guichard Potheret ✻. — Secrétaire : Chabas ✻. — Membres Champonnois, Chagot (Jules) ✻, Chevrier (A.), Boisserand-Mariolle, Charles Gros, Pernet, Jouffroy, Bô (M.). — Membres correspondants : Lachise, Schneider (C.) ✻, De Chambort, Campionnet, Piot, Avril (Ch.).

Tribunal de commerce. — Président : Muratier-Serdon. — Juges : Beau-père, Foret (Hippolyte), Pernet, Jouffroy, Berger. — Supléants : Lavraut fils, Gras-Picard, Menand-Copreau, Bordet-Boyer. — Greffier : Terrage.

Banque de France (succursale de la). — Directeur : Aniéré.
— caissier : Jouffroy.

Banquiers. — Druar frères, Garnier.

Comptoir d'escompte. — M. Bô et Cie.

Caisse d'escompte. — Lavalette et Cie (F.) et Cie, Lagadriller et Meulien fils, Poulet (Atin) et Cie, Theuret (Jules).

Bleu (fab. de). — Grosbois neveu.

Bonneterie en gros. — Combas-Burdy, Couturier (Jules), Forest frères, Forest (Emile) jeune, Grappin, Cornesse et Chamfroy, Janin et Gouin, Lombard-Giroux, Menand-Suchet et Cie, Menand-Copaux, Pellotier-Vassel.

Chapeaux de paille et cabas (Fab. de). — Diconne (J.-B.), Morin-Mitancheyz.

Chapeliers. — Chapuis et Desbois, Cornu, Delau, Grillot, Loup, Millet-Latour, Robin, Sicard, Vacher.

Chiffons en gros. — Goutte-Baconin, Gouy (A.), Roy-Combe, Savron fils.

Cordiers. — Carré, Lapalut, Maugé, Pélissier, Sordet.

Dentelles (Fabrique de). — Foret frères, Foret (Emile) jeune, Foret-Bontoux, Grappin, Cornesse et Chanfroy, Menand-Suchet et Cie, Pelottier-Vassel.

Draperie, lainage, toilerie, rouennerie et nouveautés en gros. — Bordet-Boyer, Chevrier, Laurent et fils, Cordier (J.-B.) et Limoge, Druard frères, Garnier (Eugène) et Cie, Pellon-Prouvèze, Soty et Motray frères, Thiebaut (E.) et Brintet, Thiesson et Cie.

Draperie, lainage et toilerie (en détail). — Audinet-Thiébaut, Billot-Ringuet, Bonin-Matray, Bonnette-Joureçeau, Bullier (Mlle), Budin (A.), Champion-Brocard, Chaudat et Cie, Chaudron (J.-F.), Chifflot-Guyot, Cornu-Ducel (veuve), Dubié-Bouquin, Fuget Bergeron, Gaillard-Gouot, Gras Picard et Cie, Gros-Trémeau, Guyot-Lebeau-Carré, Lechenault, Panay, Lombard-Barbeset, Magnin-Hémey, Maurel-Bouzon, Passerat-Maitre, Pautel-Torland, Perrain-Lambert, Pelon, Prouviaze, Ruy-Falconnet, Trémeau-Maire, Strubino-Billot.

Drogues pour peintres et teinturiers. — Besson (P.), Bligny (R.), Porriquet, Preuil (F.) et Remandet.

Fleurs artificielles. — Dubois (Mlle), Forest-Bontoux, Forest (E.) jeune, Forest frères, Grappin, Cornesse et Chamfroy, Pellotier-Vassel.

Laines et canevas. — Berthon-Labru, Dufour, Taupenot (Mme), Tête (Mlle), Viollot (Mlle).

Laines en gros et crins. — Roy-Combe, Lacomme, Mercier-Joanne.

Lingerie. — Mmes Cinquin, Chaudet, Chevassu, Duchemin, Jullien, Hérodi (Mlle), Tixier (Mme).

Merciers, quincaillers en gros.—Combas-Burdy, Couturier (Jules), Driancourt, Janin et Gorien, Foret frères, Foret (Émile) jeune, Lombard-Giroux, Menand-Copeaux, Menand-Suchet et Cie, Montange, Pelottier-Vassel.

Mercerie en détail. — Arragon-Brunet, Baudonnet, Bozon, Cornu-Ducel, Crétin, Creusot-Ganier, Dufour-Caupenot, Marbassio (veuve), Gueldry, Guérin, Jourdan, Lamouin, Laronze, Marlin-Monneau, Moine-Mueynot, Montange, Passerat-Maire, Randon, Rinder, Lavoye, Scordelle, Verrier-Lavis, Viellot (Mlle).

Modes. — Mmes et Mlles Boisson-Lecrique, Bonneau-Morel, Bourbon-Chaudouet, Chaillet, Dubost, Demu, Duchemin, Duvernay, Dutartre, Fauconnet, Frou, Giraudot-Gaillard, Muérin, Jaquemont, Garconnet, Leclerc, Gartinelli, Novat, Oger, Perrou (C.), Perrier, Ragon, Richard.

Mousseline et articles de blanc en gros. — Bourat fils aîné, Couturier (Jules), Foret frères, Foret jeune, (Emile), Foret-Bonthoux, Brappin, Cornesse et Chamfroy, Menand-Suchet et Cie, Menand-Copeaux et Cie, Pelottier-Vassel.

Mousseline, détail. — Arragon-Brunet, Richard, Martin-Monot, Pernot-Lesne (veuve).

Nouveautés, châles, soieries. — Aubinet, Bonnin-Matray, Péllon et Prouvèze, Thiébaud, Thiesson et Cie.

Parapluies.—Burnichon, Comte, Fréaud, Guillermin, Nérat, Oudoul, Vigier.

Rubans en gros. — Bouillot-Marcelin, Couturier (Jules), Foret frères, Foret (Emile) jeune, Foret-Bonthoux, Grappin, Cornesse et Chamfroy, Menand-Suchet et Cie Pellotier-Vassel.

Tailleurs. — Achard aîné, Achard jeune, Besse jeune, Dubuisson, Peteln, Soubdé, Vaillat, Verger.

Tailleurs coufectionneurs. — Coste, Dillof, Ebsten frères, Gaillard-Gonnot, Weil (C.), Wormster.

Tapissiers (Marchands). — Boisson, Bouzereau, Briand, Crétin-Perny.

Toiles en gros. — Foret-Bonthoux, Janin et Gorin, Lechenault-Doublot, Nicolle, spécialité, maison de gros.

Charolles.

Chapeaux (Fab. de). —Augros, Desmurs, Labaune, Perrin.
Cordier. — Ferrand.
Draps et toiles. — Auduc, Baudot, Dumont, Martin.

Chassigny-sous-Dun.

Mouliniers en soie. — Aucour, Jalet.

Chauffailles

Bourre de fil. (de soie). — Botton fils.
Chanvre. — Aubray, Dumont, Morette.
Chapeaux (Fab. de). — Condemine, Pelletier.
Coton (Carderie de). — Roche.
Doublures (Fab. de). — Bréchard neveu.
Draps, toiles. — Jenny-Barbier, Laroche, Rollet, Sadot frères, Simon, Therville (Vve).
Soieries (Fab. de). — Chamfray, Chavanis, Couchot, Dufêtre père et fils, maison à Lyon; Foussemagne, Michel frères, Vivier.

Clayette (La).

Banquier. — Gonthier.
Draps et rouennerie. — Buzard, Clerc, Muguet, Perret.

Cluny.

Chapeliers. — Carly, Chachuat, Desmurs père, Desmurs fils.
Draps. — Janin, Lefranc fils, Patouillard, Ruet.
Laine (Filature de). — Berthet, Bonnet, Fleury.
Nouveautés. — Litaud, Patouillard, Raverot (Mlle).
Mercerie. — Lambert, Poncet.
Modes. — Copin, Desmus.
Soierie (Fab. de). — Algoud frères, de Lyon.

Couches.

Chapeliers. — Cornu, Ledion, Parize, Theulot.

Creusot (Le).

Banquier. — Dubois-Grognot.
Chapeliers. — Barrault, Mayer, Poillot.
Droguerie pour teinture. — Martin (F.).
Modes. — Mlles Chevigny, Rozet.
Nouveautés. — Fyot-Granget, Glaise, Godard, Martini, Nectoux.

Cuisery.

Chapeaux (Fab. de). — Bourgeon père, Bussière.
Draps. — Bussière, Grognot (veuve), Bourgeon.
Nouveautés. — Bontoux, Bourgeon, Bussière, Grognot (Ve).
Tailleurs. — Magnin, Thénet.
Vers à soie. — Charlet, Oudin, Vergnet.

Digoin.

Banquiers. — Rambaud et Cie.

Broderies (Fab. de). — Mehu (Mlles), Denolle, Chassenard, Perin-Ducrout, Perrin-Ravier.

Chapeliers. — Bernard, Léna.

Chiffons en gros. — Desmaison. Gâteau, Subert, Thomas.

Draps et toiles. — Aubaille, Bailly, Besacier, Leschère, Semet (Jules), Tissier.

Soierie (Fab. de). — Milsaut-Jamet.

Tailleurs. — Blin, Dupuit, Pagnon, Rosier.

Toile de chanvre (Fab. de). — Baudin, Bazard, Bernigaud. Matin, Murard.

Givry.

Chapelier. — Cuinet.

Draperies et toilerie. — Adenot, Chalençon (F.), Farizy.

Toile de chanvre (Fab. de). — Bailly, Cannet, Lafouge. Souillot.

Geugnon.

Chapelier. — Debrye.

Draps, mercerie. — Bouvet, Burtin, Dubrye, Laurent Michel-Laly.

Louhans.

Banquiers. — Lachyze, Lefebvre frères.

Chapeliers. — Maupoil, Meunier, Orillard.

Draps, toiles. — Brintet-Janin, Châtrain, Griffaut (Léon), Jomard, Montange aîné, Montagne jeune, Potiquet, Sixdenier,

Toiles en gros. — Mollet (veuve).

Marcigny

Chapeliers. — Chenat, Coard, Joudet, Robin.

Chapeaux de paille. — Sérol.

Draps. — Alamartine, Bachelet-Lacaille, Bouléry, Deville-Monteret, Fayolle.

Linge de table (Fab. de). — Auloy, Milleraud et Cie, Chauvet-Fayol et Cie.

Lingerie. — Berthier, Dubois, Gardin, Gondart, Morestier (Mlles).

Mervans.

Draps (marchands). — Chanut, Gacon (L.), Monnot, Talpin.

Mercerie. — Bon (C.), Cerlon (C.).

Montcenis.

Chapeliers. — Déjean, Grasset.

Draps, toiles. — Barbet, Masson, Saclier, Taillarde.

Moutpont.

Chiffons en gros. — Cabot. Crétiot.
Draps (marchand). — Curaut.

Moussy-sous-Dun.

Mercerie. — Curaut, Pernaton.
Couvertures de coton (fabricant de). — Thevenin.

Neuvy-Grand-Champ.

Étoffes de laine et de coton. — Valette.

Paray-le-Monial.

Chapeliers. — Dunoux, Lauvernier.
Draperie.— Morin (P.), Salmier, Désert, Juif.
Mercerie. — Dubois, Gilbert.
Modes. — Dumont, Maurier, Tivelet, Brivet, Charrier, Saint-Léger.
Tailleur. — Salmin.
Soieries (Fabr. de). —Molinet, Partrat.

Pierre.

Chapeliers. — Plessis, Simonnot.
Draps, mercerie et toile (Mds). — Gavillet, Cabaud, Quignard, Noir.
Parapluies. — Boos, Molinier.

Romanèche-Thorins.

Chapeliers. — Couthon, Rouby.
Modes. — Dorier, Pardon, Rey.
Nouveautés. — Foillard.
Parapluies, — Belouze (Vve).
Tailleurs. — Cinquin, Denuelle, Perrier.

Saint-Bonnet-de-Joux.

Chapeliers. — Bernard-Lolive, Reignier (fab.).
Draps, rouennerie. — Bernard-Lolive, Isaac, Jacquet (Vve), Laforest, Marseille.

Saint-Gengoux-le-Royal.

Chapeliers. — Chalier, Granger.
Draps et indiennes. — Boussin, Buchot-Charolles, Du-

charne-Henry, Hamard-Brasson, Porchet, Ruchot, Tremaux, Viollot.
Modes. — Mme Furjot, Jandot.

Saint-Germain-du-Bois.

Draps (Mds). — Baldy-Fèvre, Michellaud.

Saint-Germain-du-Plain.

Draps (March.). — Boulay et Borlot, Broyer.

Saint-Igny-de-Roche.

Coton (Fil. de). — Glatard frères.
Draps, toiles et doublures (Fab.). — Batailly.
Soierie (Atelier de). — Comby.

Saint-Maurice-les-Châteauneuf.

Moulinage de soie. — Jallet.

Saint-Ytaire.

Draperie, mercerie, rouennerie. — Bordet (C.), Motaty.

Sennecey-le-Grand.

Banquiers. — Dodey père et fils.
Chapelier. — Mauguin.
Draps. — Bontemps, Labarre, Marceau, Sordet.
Mercerie. — Aubœuf, Bontemps, Foucault, Ponsot.
Modes. — Mmes Laurence, Romaney.

Tramayes.

Chapeliers. — Berret, Delome, Guillemin.
Parapluies. — Sangouard.

Tournus.

Tribunal de commerce. — Président : Bessard. — Juges : Lacôte (J.-P), Monnot-Pariat, Lebrun. — Suppl. : Duchaine (J.-M.). — Greffiers : Dumont, Ferré.
Banque et recouvrements. — Dugrivel.
Chapeaux (Fab. de). — Bruel, Buillet, Girard père et fils, Fatisson, Jurkowski, Mancel. — (Marchands) : Filancher, Barrault, Basset, Chardot, Guichard.

Couvertures de coton (Fabricant de). — Terrillon.

Draps et rouennerie. — Bouillon-Provençal, Cormod aîné, Cormod cadet, Faure-Butte, Forge (L.), Grizot-Lambret, Lagrange, Millet, Montagnon, Moulin.

Soie grége. — Terrillon-Fort.

Velours et soieries (Fab. de). — Dumaine frères.

Verdun-sur-le-Doubs.

Chapeliers. — Bonin, Simonnot père, Simonnot fils.

Nouv. et rouenn. — Biguey (Vve), Galland, Gérard, Guillin, Jandet (Vve), Mouriaux (Vve), Verrand, Sordet.

TABLE DES CHAPITRES

POUR

Lyon et les principales villes des départements

Lyon, Association typographique. — Regard, rue Tupin, 31.